榆林学院 2024 年教材建设项目（JC2430）

中学语文
教学方法创新概念

张子华◎主编

江西科学技术出版社

江西·南昌

图书在版编目（CIP）数据

中学语文教学方法创新概念 / 张子华主编. -- 南昌：江西科学技术出版社，2024.9. -- ISBN 978-7-5390-9136-5

Ⅰ．G633.302

中国国家版本馆CIP数据核字第202473FK89号

中学语文教学方法创新概念 张子华　主编

ZHONGXUE YUWEN JIAOXUE FANGFA CHUANGXIN GAINIAN

出版 发行	江西科学技术出版社
社址	南昌市蓼洲街2号附1号
	邮编：330009　电话：（0791）86623491　86639342（传真）
印刷	河北万卷印刷有限公司
经销	全国新华书店
开本	787 mm×1092 mm　1/16
字数	230 千字
印张	13.5
版次	2024 年 9 月第 1 版
印次	2024 年 9 月第 1 次印刷
书号	ISBN 978-7-5390-9136-5
定价	78.00 元

国际互联网（Internet）地址：http://www.jxkjcbs.com　选题序号：ZK2024115　赣版权登字：-03-2024-349

责任编辑：朱　丽　　　　　装帧设计：寒　露

版权所有　侵权必究

（赣科版图书凡属印装错误，可向承印厂调换）

前言

中学语文课堂教学承载着培养学生语文核心能力的重要使命，其价值不仅体现在学生语言文字能力的提升上，还在于通过文学、语言、文化的熏陶，提高学生的综合素养。随着社会的不断发展和进步，教育的改革也在不断进行，语文课堂教学必须实现从"知识传递"到"综合能力提升"的转变，从"单一教学"到"多元创新"的飞跃。将教学的传统优势与现代教育技术、创新理念相结合，是当下中学语文教育领域亟须解决的问题。

语文教学创新的核心在于实现教学内容、教学方法与教学模式的全面提升。课堂不再只是知识灌输的场所，更是学生探究知识、发展思维、培养个性的重要平台。语文教师需要不断优化教学设计，从激发学生兴趣出发，运用多元化的教学手段促进学生深度的学习，同时关注学生的个性发展，挖掘学生的内在潜能。本书的出版可以帮助中学语文教师在教学实践中寻求创新路径，促进学生的全面发展。

《中学语文教学方法创新概念》一共分为七章，具体安排如下。

第一章：概述，主要内容包括语文课堂教学方法创新概念、语文课堂教学方法创新理论和语文课堂教学方法中的创新素质。

第二章：中学语文课堂教学模式的发展与创新，主要内容包括语文课堂教学模式的发展趋势、语文课堂教学模式的创新方法、语文课堂教学模式的创新原则。

第三章：中学语文教师的必备素质，主要内容包括加强语文教师对新教学理念的认知、语文教师必备的教学能力与素质、语文教师的再教育与专业培训。

第四章：中学语文课堂写作教学创新，主要内容包括中学语文课堂写作教学现状、写作教学创新素质与能力的开发培养、写作教学创新性策略方法的研究和中学语文课堂写作创新案例解析。

第五章：中学语文课堂阅读教学创新，主要内容包括语文课堂阅读教学的概念与理论基础、语文课堂创新阅读教学的必要性与可行性、语文课堂创新阅读教学的方法研究与环境构建和中学语文课堂创新阅读教学案例解析。

第六章：中学语文课堂修辞教学创新，主要内容包括语文教学与修辞学的关系、语文课堂中修辞学教育现状、语文教学中的修辞教学与创新训练和中学语文课堂修辞教学案例解析。

第七章：中学语文课堂思维能力教学创新，主要内容包括中学语文课堂思维教学的基本策略及目标、中学语文课堂中的形象思维与抽象思维、中学语文课堂的感悟思维教学法和中学语文课堂思维能力教学案例解析。

由于作者水平有限，书中难免有不足之处，敬请各位专家、同行和读者批评指正。

目　录

第一章　概　述 …………………………………………………………… 001

第一节　语文课堂教学方法创新概念 …………………………………… 001
第二节　语文课堂教学方法创新理论 …………………………………… 005
第三节　语文课堂教学方法中的创新素质 ……………………………… 008

第二章　中学语文课堂教学模式的发展与创新 ………………………… 012

第一节　语文课堂教学模式的发展趋势 ………………………………… 012
第二节　语文课堂教学模式的创新方法 ………………………………… 016
第三节　语文课堂教学模式的创新原则 ………………………………… 020

第三章　中学语文教师的必备素质 ……………………………………… 026

第一节　加强语文教师对新教学理念的认知 …………………………… 026
第二节　语文教师必备的教学能力与素质 ……………………………… 037
第三节　语文教师的再教育与专业培训 ………………………………… 072

第四章　中学语文课堂写作教学创新 …………………………………… 077

第一节　中学语文课堂写作教学现状 …………………………………… 077
第二节　写作教学创新素质与能力的开发培养 ………………………… 082

第三节　写作教学创新性策略方法的研究⋯⋯⋯⋯⋯⋯⋯⋯⋯⋯⋯⋯090

第四节　中学语文课堂写作创新案例解析⋯⋯⋯⋯⋯⋯⋯⋯⋯⋯⋯114

第五章　中学语文课堂阅读教学创新⋯⋯⋯⋯⋯⋯⋯⋯⋯⋯⋯⋯⋯117

第一节　语文课堂阅读教学的概念与理论基础⋯⋯⋯⋯⋯⋯⋯⋯⋯117

第二节　语文课堂创新阅读教学的必要性与可行性⋯⋯⋯⋯⋯⋯⋯126

第三节　语文课堂创新阅读教学的方法研究与环境构建⋯⋯⋯⋯⋯136

第四节　中学语文课堂创新阅读教学案例解析

　　　　——以《再别康桥》为例⋯⋯⋯⋯⋯⋯⋯⋯⋯⋯⋯⋯⋯143

第六章　中学语文课堂修辞教学创新⋯⋯⋯⋯⋯⋯⋯⋯⋯⋯⋯⋯⋯148

第一节　语文教学与修辞学的关系⋯⋯⋯⋯⋯⋯⋯⋯⋯⋯⋯⋯⋯148

第二节　语文课堂中修辞学教育现状⋯⋯⋯⋯⋯⋯⋯⋯⋯⋯⋯⋯156

第三节　语文教学中的修辞教学与创新训练⋯⋯⋯⋯⋯⋯⋯⋯⋯163

第四节　中学语文课堂修辞教学案例解析

　　　　——以《荷塘月色》为例⋯⋯⋯⋯⋯⋯⋯⋯⋯⋯⋯⋯⋯169

第七章　中学语文课堂思维能力教学创新⋯⋯⋯⋯⋯⋯⋯⋯⋯⋯⋯173

第一节　中学语文课堂思维教学的基本策略及目标⋯⋯⋯⋯⋯⋯⋯173

第二节　中学语文课堂中的形象思维与抽象思维⋯⋯⋯⋯⋯⋯⋯184

第三节　中学语文课堂的感悟思维教学法⋯⋯⋯⋯⋯⋯⋯⋯⋯⋯197

第四节　中学语文课堂思维能力教学案例解析

　　　　——以《卧薪尝胆》为例⋯⋯⋯⋯⋯⋯⋯⋯⋯⋯⋯⋯⋯202

参考文献⋯⋯⋯⋯⋯⋯⋯⋯⋯⋯⋯⋯⋯⋯⋯⋯⋯⋯⋯⋯⋯⋯⋯⋯⋯205

第一章 概 述

【课程目标】

1. 理解并掌握语文课堂教学方法创新的概念和方法,掌握创新教学的相关理论。
2. 学习并应用语文课堂教学创新方法,了解语文课堂中创新素质的重要性。
3. 掌握语文课堂教学创新素质的培养方法,帮助教师建立正确的创新观念,提升教学水平。

第一节 语文课堂教学方法创新概念

一、基本概念界定

(一)创新

"创新"这个词源于拉丁语"crcarc"。《辞海》中将其解释为:"创"即创始、首创之意,"新"是第一次出现、改造和更新之意。国际上对创新的研究起源于经济领域,1912年美籍奥地利政治经济学家熊彼特在他的《经济发展理论》中提出了创新理论。我国根据成果新颖程度的不同,将创新分成三个层次,分别是个体意义上的创新、群体意义上的创新和社会意义上的创新。

个体意义上的创新是"对于活动者本人而言,是活动者以往从没有想到的或做到的"。群体意义上的创新是对于群体而言，社会意义上的创新则是关注于社会产生的既有价值。就一般意义而言，创新是指"个体或人群根据一定的目的，运用已知的信息，产生出某种新颖、独特、有社会或个人价值的产品活动"。

（二）创新意识

创新意识是指人们根据社会和个体生活发展的需要，产生创造前所未有的事物或观念的动机，并在创造活动中表现出的意向、愿望和设想。它是人类意识活动中的一种积极的、富有成果性的表现形式，是人们进行创造活动的出发点和内在动力，是创造性思维和创造力产生的前提。

创新意识具有主动性和被动性两大类，它或是为了满足新的社会需求，或是用新的方式更好地满足原来的社会需求，因此具有求新的特性。创新意识包括创造动机、创造兴趣、创造情感和创造意志，这些要素共同构成了创新活动的内在驱动力。

创新意识的发展是一个复杂且多方面的过程，创新往往需要跨越不同领域的知识和思维方式。因此，培养跨学科思维能力对于创新意识的发展至关重要。创新意识的发展是一个需要长期投入和持续努力的过程，涉及多个方面的培养和实践，课堂教育应积极提供创新培训和学习机会，包括创新方法和工具的学习，以及创新案例的分享和讨论，可以更好地发现问题并解决问题。

（三）教学创新

随着社会的进步和科技的发展，教学创新不断得到推动和深化。传统的以教师为中心、单向传授的教学模式逐渐被打破，代之以更加多元化、个性化的教学方式。

教学创新是指教师在教学过程中，为了解决教学问题、促进学生全面发展，进而主动去更新教学观念，主动去学习先进的教学方法，并且"可以创造性地将这些运用到教学活动的过程"。同时，教师还应该以"提高教学实践活动的教学效果"为目的，在教学过程中，将学生更好地成长与发展视为教学目标，采用新的教学理念、教学内容、教学方法与手段等，以便提高教学效果。此外，创新教学还要注重学生的思维发展，教师要把创新意识与能力有机地渗透到课堂教学中，这样不仅能够增加教学活动的新颖性，还能够创造出更适合自身教学特点的教学方式，能够帮助学生更好地学习。

1. 教学创新的重点

教学创新是教育领域中的重要发展趋势,其发展与意义主要体现在以下几个方面:

(1)技术融合。在线教育、远程教育、虚拟现实等新技术的应用,使得学习更加灵活和自主。学生可以随时随地通过手机或电脑进行学习,教师也可以通过云平台进行线上授课和交流。

(2)模式转变。开放式教育模式的兴起推动了教育向以学生为中心的方向发展,注重学生的主动参与和合作学习。这有助于培养学生的全面发展能力。

(3)跨学科教育。跨学科教育的发展帮助学生更全面地理解知识,拓宽思维视野,提升综合素质和解决实际问题的能力。

2. 教学创新的意义

教学创新的意义在于它对学生学业发展和社会进步具有积极而深远的影响,主要体现在以下几个方面:

(1)激发学习兴趣和动力。教学创新通过多样化的教学方法和资源,激发学生的好奇心和求知欲,使学习变得更加有趣。

(2)促进综合能力发展。教学创新注重培养学生的综合运用知识的能力,通过项目制学习、合作学习等方式,使学生在解决问题的过程中提升综合素质。

(3)培养创新思维和解决问题的能力。传统的教学方式往往忽略了创新思维和解决问题能力的培养。而教学创新通过引入设计思维、创新技术等内容,让学生在解决问题的过程中培养创新意识和能力。

教学创新不仅有助于提升学生的学习效果和终身学习能力,还能推动社会的进步和发展。因此,教师应该积极推动教学创新,为培养更多具有创新精神和实践能力的人才作出贡献。

二、语文课堂创新教学

(一)语文课堂创新教学理论

语文课堂创新教学是指以培养学生创新精神为基本价值取向的教学,它强调在富有创造力的教师开展的教学环境与资源中,以活动化的课程与教材为依托,采取以学习者为中心,以学生自主活动为基础的新型教学方式。这种方法致力于促进每个学生的创新学习，并培养他们的创新态度、思维、习惯和品质。

具体来说，语文课堂创新教学并不是完全摒弃传统的教学方式，而是在此基础上进行创新和提升。它强调教师角色的转变，教师不仅是知识的传播者，更是学生学习的引导者、创造力的激活者。创新教学鼓励学生主动参与、积极探究，注重培养学生的批判性思维、问题解决能力和团队合作精神。语文课堂创新教学旨在推动教育的发展和提升学生的学习效果，是教育发展的必然趋势。

（二）语文课堂创新教学的必要性

语文课堂创新教学的必要性主要体现在以下几个方面：

（1）随着社会的快速发展和科技的日新月异，传统的教学方式已无法满足现代教育的需求。创新教学能够帮助学生更好地适应未来社会，提升他们的综合素质和竞争力。通过创新教学，学生不仅能够掌握基础知识，还能培养创新思维和实践能力，为将来的发展奠定坚实基础。

（2）创新教学有助于激发学生的学习兴趣和主动性。传统的教学方式往往以教师为中心，学生被动接受知识，容易导致学习厌倦和缺乏动力。而创新教学注重学生的主体地位，通过设计多样化的教学活动和情境，激发学生的学习兴趣，使他们能够主动参与学习过程，提高学习效果。

（3）创新教学还有助于培养学生的创新精神和创造力。在创新教学中，教师鼓励学生独立思考、勇于探索，培养他们的批判性思维和创新意识。通过不断地实践和尝试，学生能够逐渐发展出独特的思维方式和创造力，为未来的创新活动提供源源不断的动力。

（4）创新教学也是提升教师自身专业素养的重要途径。在创新教学过程中，教师需要不断更新教育理念，提升教学方法和技巧，以适应不断变化的教育环境和学生需求。这有助于教师实现自我成长和发展，提升教学质量和水平。

综上所述，语文课堂创新教学对于培养学生的综合素质、提升学生的学习兴趣和主动性、培养学生的创新精神和创造力以及提升教师自身专业素养都具有重要意义。因此，我们应该积极推广和实践创新教学，推动语文教育的不断发展和进步。

第二节 语文课堂教学方法创新理论

一、建构主义学习理论

建构主义学习理论认为,学习是学习者主动建构内部信息表征的过程。这个过程不是被动地接受,而是主动的生成过程。一方面,学习者对新信息的理解是在原有的知识、经验的基础上进行的;另一方面,学习者从自己的记忆系统提取原有知识,也是不断选择、不断整合的,而不是简单的提取过程。这一过程既是对新信息的意义的建构,又是对原有经验的重组。

建构主义学习理论与传统教学理论最本质的区别是由传统的以教师的"教"为中心向以学习者的"学"为中心的转变,主张学习者在与环境的交互中学习,这是建构主义学习理论富有生命力的内核。建构主义学习理论认为"情境""协作""会话""意义建构"是学习环境中的四大要素。网络成为实现建构主义学习理论理想的有力工具。

网络环境下的语文阅读教学正是本着建构主义的理念,借助网络技术使语文阅读突破传统方法在时间空间上的限制;突破学习内容与生活实际的界限,让学生在更丰富的背景、更多的信息资料与更多的互动对话中主动建构知识。比如学生通过浏览网上资源进行自主学习,获得有关的文字、图片和视频资料信息等,再对获取的资源进行归纳、分析、调阅。在学生自主学习的基础上,通过网络提供的互动交流、在线调阅等功能,学生进行协作学习和会话,在网上进行讨论、质疑和释疑。讨论的问题是能引起争论的初始问题,或能将讨论一步步引向深入的后续问题,也可以是讨论过程中发现的新问题。协作学习过程中,大家相互讨论、交流,借助别人的学习成果进行学习等都使教学资源得到充分利用,既促进了学习内容的理解和深化,又可激发自己的思维,不时地迸发出创造的火花,从而达到创新语文阅读教学的目的。

二、情境认知理论

情境认知理论是20世纪80年代中后期形成的重要的学习理论。情境认知理论认为，学习的实质是个体参与实践，并在实践中与他人、环境等相互作用的过程，个体在这个过程中形成实践活动的能力。该理论认为学习具有以下三个特征：

（一）情境性

思维学习与其所发生的情境之间是不可分割的，现实生活情境对学习有着重要意义，并强调真实的情境经验而不是去情景化地学习，注重对学习过程的培养。学校教育中所学的大部分知识，之所以不能有效地为问题解决情境所利用，是因为知识获取的方法忽视了情境和认知之间的相互依赖性。

（二）实践性

情境认知理论强调学习者不能仅仅学习课本或他人的经验和总结，还必须积极进行与所学知识内容相关的实践。学习者不应只关心学习成绩，而忽视了对发现问题、分析问题和解决问题能力的培养。

（三）主动性

情境认知理论强调为学习者提供多元的学习资源，触发学习者主动学习。以情境认知理论为指导的教学模式主要有三种：抛锚式教学模式、随机进入教学模式和认知学徒教学模式。其中抛锚式教学模式是本书研究的重要理论基础之一，抛锚式学习特别强调技术在教学中的运用。一方面依靠技术创设逼真的学习情境；另一方面，学生可以依靠计算机等技术支持，从多种视角拓展实践学习的领域。在抛锚式教学中，教师不再是知识的先知，教师的主要作用不再是回答学生提出的所有问题，而是变身为学生的"学习伙伴"，创设相关情境，帮助学生顺利穿越"最近发展区"，培养学生解决问题的能力。

三、教师专业发展阶段理论

教师的专业发展是一个不断提高自身教育教学能力、充实更新知识的过程。它是教师的职业理想、职业道德、职业情感，以及社会责任感不断成熟、不断提升、不断创新的过程，需要教师真正做到终身学习。1969年，美国学者富勒编制了"教师关注问卷"，成为教师发展理论研究的开始，揭开了教师发展阶段理论研究的序幕，他认为教师需要经历四个阶段，分别是：任教前的关注阶段、早期的生存关注阶段、教学情境关注阶段和关注学生的阶段。

此后，国外对于教师专业发展主要形成了三种基本理论，分别是：卡茨教师专业发展四阶段理论，即分为求生存时期、巩固时期、更新时期和成熟阶段；伯顿的教师教学生涯发展的三阶段理论，即分为求生存阶段、调整阶段和成熟阶段；费斯勒的教师生涯循环理论，即职前阶段、入门阶段、能力形成阶段、热心和成长阶段、生涯挫折阶段、稳定和停滞阶段以及生涯退出阶段。

国内教师发展阶段理论也受到教师专业社会化理论的影响。教师专业社会化即教师由普通人逐渐成长为教育者，并最终融于教师共同体而成为其中一员的动态化过程。学者吴康宁认为，教师专业化的过程就是专业社会化的过程，包括任教前的预期专业社会化与任教后的继续专业社会化。此外，还有教师一体化发展阶段论、教师发展时期论、教师职业生命周期论等。

四、创新动机理论

任务动机是创新的主要构成要素，这是从创造社会心理学的角度出发而提出来的。"任务动机包括决定个体完成某一给定任务以及达到某一行动目标的动机变量。"它是一个人在具备了做某事的能力素质后选择"怎么做"的重要决定因素。

该理论认为工作动机包括两个因素：一个是个人对任务的基本态度，它产生于个体对这一任务进行认知评价的时候，其强度与个体的偏好和兴趣相关联；另一个是对在某种情况下从事这一任务的动机的感知，这种感知很大程度上是依赖于外部环境的，尤其是这种外部制约因素特别突出的情况下。

任务动机的发展依赖于指向任务的现实动机的初始水平，同时依赖于是否存在明显的外部制约，以及个体使外部制约最小化的认知能力。不仅如此，屈从会使个体产生抵触情绪，进而诱发出与创新过程相违背的动机，但是随着这种外部制约的消失，创新思维也逐渐得以激发和促进。创新不是在个体安逸舒适的状态下涌现的，毫无压力会使个体产生懈怠感，不利于激发创新思维。也就是说，消除外部压力对于激发创新性是有益的，但过于安逸而导致自身的懈怠则是有害的。

第三节 语文课堂教学方法中的创新素质

一、语文课堂教学中创新素质的重要性

创新素质是指人在先天遗传素质基础上,后天通过环境影响和教育所获得的稳定的在创新活动中必备的基本心理品质与特征。在语文课堂教学方法中,创新素质的培养是至关重要的。这种创新素质不仅体现在教师的教学理念和手段上,还深入贯穿于学生的学习过程和思维发展中。

从教师的角度来看,具备创新素质的教师能够打破传统的教学框架,勇于尝试新的教学方法和手段。他们善于利用现代信息技术,将多媒体、网络等教学资源融入课堂,创造出富有创意和吸引力的教学环境。同时,他们注重激发学生的兴趣和好奇心,通过设计具有挑战性和启发性的教学活动,引导学生主动参与、积极思考、大胆创新。

从学生的角度来看,创新素质的培养是语文教学的重要目标之一。在创新性的语文课堂中,学生不再是被动的知识接受者,而是成为主动的学习者和探索者。他们通过自主思考、合作学习和实践探索等方式,发展自己的创新思维和解决问题的能力。同时,他们也能够在教师的引导下,学会批判性思考,敢于质疑和挑战现有的知识和观点,从而培养出独特的见解和创造力。

此外,创新素质的培养还需要注重跨学科的融合和拓展。语文作为一门基础学科,与其他学科有着密切的联系。通过与其他学科的交叉学习,学生可以拓宽视野,丰富知识储备,从而更好地理解和运用语文知识。同时,这种跨学科的学习也有助于培养学生的综合素质和创新能力。

在语文课堂教学方法中,创新素质的培养是不可忽视的。只有具备创新素质的教师和学生,才能够在不断探索和实践中,推动语文教学的改革和发展,培养出更多具有创新精神和创造力的优秀人才。

二、语文课堂教学中创新素质的培养

创新素质的培养不是一蹴而就的,需要教师在日常教学中不断尝试、总结和完

善。同时，也需要学生积极参与、主动探究，才能真正提升自己的创新素质。

（一）语文教师创新素质的培养

培养语文教师的创新素质是一个长期而复杂的过程，需要教师在实践中不断探索和努力。只有具备了创新素质的教师，才能更好地培养学生的创新精神和实践能力，推动语文教育的改革和发展。以下是一些具体的培养方法：

1. 更新教育观念

教师需要摆脱传统教学观念的束缚，积极接受和适应新的教育理念和教学方法，尊重学生的主体地位，关注学生的个体差异和全面发展，注重培养学生的创新精神和实践能力。

2. 加强专业知识学习

教师要深入学习和研究语文学科的前沿知识，了解最新的教育理论和研究成果。通过参加专业培训、研讨会等方式，不断提升自己的专业素养和教学水平。

3. 提升教学技能

教师应掌握多样化的教学方法和手段，如项目式学习、探究式学习、合作学习等，以适应不同学生的需求。还要善于运用现代信息技术手段，如多媒体教学、网络教学等，丰富教学形式和内容。

4. 培养创新思维

要学会从不同角度、不同层面思考问题，勇于尝试新的教学方法和策略。在教学中进行实践和探索，不断总结经验教训，形成个人教学特色。

5. 增强科研意识

积极参与教育科研活动，通过课题研究、论文撰写等方式，提升科研能力和水平。将科研成果应用到教学中，促进教学质量的提升和创新素质的培养。

6. 加强交流与合作

与其他教师、专家、学者进行交流和合作，分享教学经验和心得。通过集体备课、观摩教学等方式，相互学习、相互借鉴，共同提升创新素质。学校和教育部门也应为教师创新素质的培养提供支持和保障，如提供必要的培训资源、建立激励机制等。

（二）学生创新素质的培养

语文课堂上创新素质的培养方法多种多样，旨在激发学生的创新思维和创造力，提升其综合素质。在寻求创新变化的过程中，语文教师要想办法提升学生的创新思维能力，这样才能与时俱进。以下是一些具体的方法：

1. 营造宽松和谐的教学氛围

教师应构建积极、开放、包容的课堂环境，鼓励学生敢于表达、敢于质疑、敢于尝试。在这种氛围下，学生更容易放松心态，大胆创新。

2. 创新教学方式

教师应采用多样化、灵活的教学方式，如项目式学习、探究式学习、合作学习等，让学生在实践中学习，培养解决问题的能力。同时，利用现代信息技术手段，如多媒体教学、网络教学资源等，丰富教学内容和形式，激发学生的学习兴趣。

3. 注重启发式教学

教师可通过提问、讨论、案例分析等方式，引导学生主动思考、探究问题，培养他们的创新思维和批判性思维。教师还可以设计一些具有挑战性和开放性的问题，激发学生的想象力和创造力。

4. 开展实践活动

教师可以组织学生参与各种语文实践活动，如文学创作、演讲比赛、辩论赛等，让学生在实践中锻炼创新能力和表达能力。同时，这些活动也能帮助学生将所学知识运用到实际中，增强他们的综合素质。

5. 鼓励求异思维

教师在教学中应鼓励学生对同一问题提出不同的看法和解决方案，培养他们的求异思维。通过引导学生从不同角度、不同层面思考问题，有助于培养他们的创新思维和创造力。

6.跨学科融合教学

将语文与其他学科进行融合教学,让学生在跨学科的学习中拓宽视野,培养学生综合运用知识的能力。这种教学方式有助于培养学生的创新思维和综合素质。

【思考题】

(1)语文课堂教学方法创新概念是如何界定的?

(2)语文课堂教学方法创新理论是什么?请详细描述。

(3)创新素质在语文课堂教学中有怎样的意义?创新素质该如何培养?

第二章　中学语文课堂教学模式的发展与创新

【课程目标】

1. 理解并掌握语文课堂教学模式发展的特点与趋势，了解教学方法如何随社会、技术的变迁而进化，从而深刻认识创新教学模式的必要性和迫切性。

2. 学习并应用语文课堂教学模式的创新方法，学会根据不同教学内容和学生特点，灵活选择和应用这些创新教学方法。

3. 掌握语文课堂教学模式创新的基本原则，建立正确的教学模式创新观念，在实际教学活动中合理设计和调整教学策略，提高教学效率。

第一节　语文课堂教学模式的发展趋势

在中学语文课堂教学中，教师想要提高教学效率，不仅需要学生与教师之间的相互配合，还需要教师及时创建出最新的教学模式与教学方法，这样才能从根本上提升学生的学习能力。

中学语文课堂教学模式向着民主、和谐的师生关系方向发展，语文课堂呈现多元化，而不是仅仅依靠教材内容，语文学科讲求举一反三，因而，语文课堂的多样教学可谓是发展的必然趋势。

第二章　中学语文课堂教学模式的发展与创新

一、中学语文课堂教学模式发展的特点

当前的中学语文课堂教学又面临着一个较大的变革——在素质教育的大背景下，全面推行课程标准，使用新教材。在这种情况下，中学语文课堂教学的发展趋势有"四新"的特点。概括起来，那就是"理念新""方法新""手段新""评价新"。

（一）理念新

《语文课程标准》中明确指出，语文课程应致力于学生语文素质的形成与发展。语文课程必须面向全体学生，使学生获得基本的语文素质。语文课程应培养学生热爱祖国语文的思想感情，指导学生正确地理解和运用祖国语文，丰富语言的积累，培养语感，发展思维，使他们具有适应实际需要的识字、写字能力，阅读能力，写作能力，口语交际能力。

（二）方法新

实施素质教育以来，特别是《语文课程标准》的制定，"以学生为主体，面向全体学生"，以成为课堂教学设计与实施的总的出发点及归宿。因此，出现了"创新学习""研究性学习""讨论式学习""综合性学习"等一系列新的教法及学法。特别是"综合性学习"，体现了语文教学"方法新"这一趋势。

（三）手段新

主要指在课堂教学中，电教手段的大量运用，有些学校受经济困扰，电教手段落后，但新的教学手段大量运用的趋势不可阻挡，正确、合理运用电教手段进行课堂教学有四点重大意义：有利于调动学生学习语文的积极性；有利于改革教学方法；有利于开发学生的智力；有利于突出教材的重点，突破难点，提高教学效率。

（四）评价新

语文教学的评价、考核方式及内容正面临着一场较大的变革。过去以一张考卷评价教师的教和学生的学的现象，转变为以人为本，全方位、多角度的评价标准。

二、中学语文课堂教学模式的发展趋势与前景

（一）优质教育资源应用

当今这个人才竞争的时代，只靠教师的专业素养和学生的天赋不足以让教学取得成功。选择优质教育资源并将其应用到教学过程中，这才是能够真正改变教学质量的重要方向之一。中学语文教学处于不断探索优质教育资源和应用的过程中，在实践中应找到一些特别有力的措施。

（二）以学生教育为主体

学生是课堂的主体，所以语文课堂的未来发展以适合学生的未来身心发展为基础。因此，在中学语文课堂教学中，教师应结合教学特点，激发学生的求知欲与学习兴趣，让学生主动学习并发表自己的意见。教师还要注重培养学生的问题意识，时刻关注学生之间的差异性，让学生积极主动地参与到学习中去，从而充分地进行实践与思考。要营造轻松的学习环境，减少学生的课业压力，设置更多的课外活动，让学生在轻松的环境中学习。学校可以多设置课外活动，如阅读分享、写作俱乐部等，让学生在活动中提升能力。此外，教师还可以优化课堂设计，提高课堂教学效率，让学生在课堂上就能掌握知识点，减少课后的重复练习。这样可以减轻学生的课业负担和校外培训压力，让学生有更多的时间去进行体育、艺术、阅读等活动，促进学生的全面发展。

（三）教学模式多元化

教师要时刻关注每一个学生的未来发展，促进学生的全面进步，所以教学模式应向着多元化的方向发展，因为不同的教学模式在相应的适用范围中发挥着不同的重要作用。中学语文课堂是一个多元化较强的课堂，所需要的不仅仅是要求教师要教教材，更重要的是需要教师会教。例如，在学习《从百草园到三味书屋》的过程中，可以适当引入《社戏》等文章，这样不仅能够让学生更好地理解教材，还能够实现课外的拓展与延伸。

（四）以生为本，建立和谐师生关系

"以生为本"理念的教学课堂是否得到真正的实施在于师生之间是否有一个和谐

的关系。对于中学语文这个学科，师生的交流和互动非常重要，所以教师要开展中学语文的"以生为本"理念教育课堂，就需要建立一个平等和谐的课堂，让学生在放松快乐中学习，彻底放飞自己的思维。教师要学会充分尊重学生的思想。每个人都是独立的个体，是唯一的，有自己的思想，而教师要在教学中懂得充分尊重学生学习的自由。

（五）因材施教，"教"与"学"共存

在传统的教学模式中，教师一直处于主动的位置，而学生则一直处于被动的地位，这样就限制了学生的个性发展。在新的理念下，教师想要提高语文课堂教学模式的效果，就必须积极创造出适宜的环境条件，做到因材施教，注重学生的个性发展；同时还要根据课堂中的实际情况来及时调整教学模式。教材应该适应不同的教学需求，设计更为灵活、多样化的学习内容和活动，满足不同教师的教学需求和学生的学习需求。例如，教材中可以设置一些可选的学习任务和活动，让教师根据学生的学习情况和特点，选择适合的学习内容和活动，提高教学的针对性和有效性。同时，教材还可以设置一些拓展性的学习内容和活动，让学有余力的学生可以进行更为深入、拓展性的学习和探究，满足不同学生的学习需求。

（六）数字化智造

随着信息技术的不断发展，网络学习、人工智能等创新科技将逐渐融入中学教育中来，中学语文教学也将迎来数字化智造时代。典型案例——整合线上线下教学。线上教学提供便捷的学习途径，线下教学提供面对面的交流和互动，二者结合可以更好地提高学生的学习效果。在整合线上线下教学的过程中，教师可以利用在线学习平台进行预习和复习，然后在课堂上进行深入的讨论和实践。此外，教师还可以利用线上线下的混合式学习方式，让学生在课前通过在线学习平台进行预习，然后在课堂上进行深入的讨论和实践，从而提高学生的学习效果。

数字化教育将利用现代多媒体声像化，因此，掌握智能教育的理论和技能是未来中学语文教学发展中不可或缺的环节。在数字化智造的推动下，中学语文教学将更加系统化、工程化和个性化。数字化教育不仅可以让学生更好地感受学习过程，还可以将教学的特定内容纳入多媒体教育中，为学生提供更全面的语文素养培养。

第二节 语文课堂教学模式的创新方法

对于业务水平较高、教学经验比较丰富的教育工作者来说,创造出新的更有时代性、更具特色的教学模式不是奢望,但认为教学模式的创新就是一种轻而易举的事情也是不切实际的。

教师教学的阵地是课堂,作为语文教师在教学中要根据学科的特点,进行创新教学。语文课堂教学的过程中,"创新"是一个常论不衰的话题,教师每天都在课堂教学有新的思想和方法,即使是常教语文有经验的教师,也面对不同的学生,即使是同一年级,也有不同的学习态度,文学基础不同的学生,而用不同的方法教学,这就是创新的原动力。

"一个教师是否成熟的标志,就是看他是否具有课程意识,即课程再创造能力。"这里提出的课程再创造,就是在课堂教学中的一种再创造,课本教学中的一种再创造。一句话,在课堂中对教学内容、教学方法的一种创新。

传统的课堂教学模式,约束教师的教学方法,教学方法的雷同,影响教师的教学形式,在十几年前的教材里,教材的内容成了一种指定、指令,教材的课本内容成了一种"规定内容",教师在课堂教学时可以千篇一律,在考试时也体现出考试范围的一种指令,教师在课堂教学的传承复习中有一种体会,就是复习有一定的方法,教材的灵活性也体现出来了。

一、语文课堂教学的基本特征

(一)培养学生学习能力的求实性

求实是语文教师在课堂教学中首先应该做到的。教师在课堂教学上,端正教与学的态度,不能在教学中摆"花架子",学生对知识的掌握要落到实处,语文的应用来自生活,并不是一个单一的学科所在,语文的教学就是一种求实,一种学生对知识用于生活的积累的过程。学习语文,就是要在生活中运用,而生活的积累反过来又影响语文的学习。语文教师对课堂教学,要以严谨的态度,求实的精神去教学中教与学。求实是致力于培养学生的能力,重在培养学生的思维能力和分析能力,创新能力，是一种穿插于素质教育的新课堂教学。一堂好课，不一定非得有很完整的结构，只要是在课堂教学中完善了教师的教学思路，就是成功的课，看一堂好课，是用欣赏和批评的眼光去看，去评，去要求，语文课堂教学就是重在落实，达到锻炼学生和培养学生学习能力的目的。

（二）训练学生思维能力的求变性

听了别人的一堂好课，也是为其新方法新思维而叹为观止，课堂教学的创新是一个再创造，这再创造就是一种求变，在课堂教学中是让学生的思维飞起来，让学生在学习中活起来，能说想说，敢说敢想，这就要在课堂教学求变，为学生设置一个展示他们思想的平台，让学生有一个放飞思想的空间。中学语文教师在课堂教学中要注重求变。这就是创新的开放性，很多知识，教师可以举一个例子，而让学生去考虑其他，教师的教学方法在求变。

（三）注重知识掌握的深度和广度

书本上的东西是不能让学生满足的，要多方面让学生去得到知识的来路，这要教师在教学法中注意学生的读，把读与写有机地结合起来，在生活中学生语文，在学生装的作文上，也要在生活中去习作，要学生在生活中积累情感，这是一个方面。

二、课堂教学模式创新过程

课堂教学模式创新是一个系统性的过程，它涉及教学理念、教学方法、技术手段等多个方面的变革。一般来说，课堂教学模式的创新过程可以分为以下七方面：

（一）明确创新目标

教师需要明确课堂教学模式创新的目标，例如提高学生的学习兴趣、培养学生的创新能力、提升教学效果等。这些目标应与学生的全面发展需求紧密相连，同时也要符合学科特点和教学要求。

（二）更新教学理念

创新教学模式的前提是更新教学理念。教师需要摒弃传统的教学观念，树立以学生为主体的教学思想，注重培养学生的自主学习能力和创新精神。同时，还应关注跨学科融合和综合素质培养，以适应未来社会对人才的需求。

(三）探索教学方法

在明确创新目标的基础上，教师需要探索适合的教学方法。这包括尝试新的教学手段（如多媒体教学、网络教学等），运用多样的教学策略（如项目式学习、合作学习、探究式学习等），以及设计富有挑战性的教学活动。通过这些方法，激发学生的学习兴趣，提高他们的参与度和学习效果。

（四）优化教学内容

创新教学模式还需要对教学内容进行优化。教师应根据学科特点和教学目标，选择适当的教学内容，注重知识的系统性和连贯性。同时，还应关注知识的实用性和前瞻性，使学生能够将所学知识运用到实际生活中，并具备适应未来社会发展的能力。

（五）运用技术手段

现代信息技术的发展为课堂教学模式创新提供了有力支持。教师可以利用多媒体教学、网络教学等技术手段，丰富教学形式和内容，提高教学效果。例如，通过制作精美的课件、利用在线教学资源、开展远程协作学习等方式，增强学生的学习体验和互动效果。

（六）实施与评价

创新教学模式需要在实践中进行检验和完善。教师应积极将新的教学模式应用到实际教学中，通过观察、调查、反馈等方式收集数据，对教学效果进行评估。同时，还要根据评估结果对教学模式进行调整和优化，以确保其能够持续发挥积极作用。

（七）总结与分享

教师需要对课堂教学模式创新的过程进行总结和分享。通过撰写教学反思、教学经验文章等方式，将自己的创新实践和经验成果进行传播和推广。这不仅有助于提升个人的教学水平和影响力，还能够为其他教师提供借鉴和参考，推动整个教学团队的共同进步。

通过以上步骤，教师可以逐步完成课堂教学模式的创新过程，实现教学效果的提升和学生综合素质的培养。需要注意的是，创新是一个持续不断的过程，教师需要保持敏锐的洞察力和开放的心态，不断学习和探索新的教学理念和方法，以适应不断变化的教育环境和学生需求。

三、课堂教学模式创新方法

（一）语文教师要有创新教学的胆识

胆识，是语文教师创新的前提。很多语文教师在课堂教学时受了很多的约束，诸如教本内容的约束，教学时间的约束，教学管理的约束，教学思路的约束，使我们语文教师在课堂教学时不敢创新，千篇一律的机械地进行传统的教学或是这个教师传统教学课文的定式。以前上课，什么都是现成的，教学目标、教学内容、教学程序、教学手段、教学进度等。只要教师在课堂教学中传达出来即可，特别是老上语文课的语文教师，在其课文的教学上是惊人的相似。

语文教师在课堂教学中的创新，有一种心理上的约束，这可以用另一种话说，是过多的忧心。生怕学校常规管理的约束的忧心，有学生是否学到的忧心，有过多的忧心，而导致教师教学的忧心。关于这些，实是教师的一种多虑。

（二）课堂教学具有"不确定性"，是创新的"土壤"

课程的可变性的东西太多了，课堂教学不是公式，它具有不确定性。每个教师都有不同的教学语言、教学风格、教学切入点。同一课文的不确定性的东西太多，这才使我们的课堂充满活力，新的活力才能给教师和学生提供创新的空间，当然也就有创新的要求。

教师教学时的再创造实是学生心灵想象的再创造过程，教师只是一种引导，引导学生去想象、探究，教师在语文教学时，只仅仅是点拨一下，留给学生更大的空间去再创造。同一个问题，可以让教师与学生凭着自己的经验去进行解读。在教学内容上，师生根据不同的处境进行不同的提升、拓展、丰富，让学生在课堂学习时感受再创造的成功感，这就会增强语文学习的积极性与主动性。

（三）中学语文教学的创新模式多样，新教法、新课堂都是创新的范畴

课堂创新教学，不是一个表演，而是一种观念，指导教学时的一种习惯，何为创新，就是不拘一格，教学内容的不拘一格，课堂结构的不拘一格，师生互动的不拘一格，只要是适合学生思维和心灵的健康美，语文教师在教学中可以不拘一格。

关于课堂结构，很多表演课做到了不拘一格，那么，试问，在平常教学中，教师教学是否不拘一格呢？很多公开课是一种纯表演，是让人说喜不说忧的课，而语文教师，在语文教学的特殊性，诸如地域性、人文性都各有新意，这不拘一格就是一种创新，是语文课堂教学的创新思想，不能为表演才想起小组讨论、探究合作、师生互动等，师道尊严，不是在思维定式上的一种尊重，这要语文教师在课堂教学中的再创造的灵活性，并不局限到某一点、某一课，是很多的时间和空间都是一种创新的天地。

（四）语文课堂教学的创新的重点是作文的改革

作文的题材以及写作技法都是创新的大天地。我们语文教师在课堂教学的创新上，是有很广阔的天地，创新教学没有固定的模式，不是从公开课上去照搬，而是熟悉地用到教学中，是一种随心娴熟的课程改革，没有定法可循。因此中学语文教学的创新不仅是在语言的积累和阅读上，而且运用在写作上，都是一种大胆的尝试。

问渠那得清如许，为有源头活水来。作为一名中学语文教师在课堂教学时，应不断地注入活水，才不断地在课堂教学上"清如许"，这是时代发展对语文教师的要求，也是对广大教师的要求。

第三节 语文课堂教学模式的创新原则

中学生阶段是智力发展的一个关键时期，对其进行创新思维的培养是智力发展的要求，也是时代的要求。

创新是人类文明进步的动力。当前，创新教育受到广大教育工作者的普遍关注，成为大家积极探讨的热门话题。21世纪，衡量一个人素质的主要标准不再仅仅是他知识的多寡，更重要的是创新意识、创新能力的强弱。人的创造力，其核心是创造性思维。这就要求教师加强对学生进行创造性思维的培养，帮助他们建立最佳智能结构。

语文中对学生进行思维训练，最主要的渠道是课堂阅读教学。因为学生知识的接受、智力的发展、思维的训练主要来源于课堂教学，而语文课堂教学中，阅读教学又占了最多的时间。教师应注重通过阅读训练来达到培养学生的创新思维的目标。

一、中学语文课堂教学管理的创新模式

（一）实现课堂多方管理合作模式的创新

课堂控制是通过纪律约束以避免问题行为的发生，以便顺利操作教学程序。教师只是管理的其中一种手段而已，不能代替管理的全部意义。管理应主要突出"理"，理清各种关系，理顺各种可利用的资源。课堂管理创新就是要使以"控制"为特征的课堂，真正成为一种"管理"的课堂。创新课堂管理需要鼓励学生参与合作，改变过去教师"大包干式"的单边控制，与课堂有必然联系的人员组织起来，建立一个相对稳定而又非结构化的管理网络。将管理权从单极独享转变为全体课堂成员分享，学生只有成为课堂管理的主体，参与到对自身所处环境的管理中去，才能实现多方管理合作。

事实上只有在管理上能够自主，学习才可能自主，所以学生应该成为参与管理的重要力量。管理合作与参与还是师生间、学生间、家长与学校，以及正式与非正式群体间有效沟通的一种重要途径。有效地发挥合作管理的作用可以产生更好的效果。学生通过参与制定自己的课堂目标，容易形成自我管理意识。家长虽然不直接参与到课堂教学中去，但是课堂管理在时空、环境上都具有连续性。另外，学生家长还在课前、课后和节假日对课堂教学管理都有辅助和促进的作用。合作的特点是共同计划组织，共同商议指挥，共同控制决策。这一创新方向将使作为被管理者的学生既分担了作为管理者的教师的压力，又培养了学生的自主性。

（二）实现正当行为对问题行为促进模式的创新

事前预防和事后及时终止一直都是课堂教学管理中对问题行为控制的主要手段。但是无论是先行控制还是事后控制，都是一种对课堂"问题"的管理。教师要花大量的时间和精力来提防和解决课堂潜在的和已在的"问题"。然而很多问题既不能回避，又不能自行消失，因此我们倾向于将行为控制向正当行为促进转化。在促进正当行为的同时，由于行为事件的数量在具体的时间和情境中应该是相对固定的，因而在此情境中又能成功地抑制问题行为的产生，从而达到课堂管理中的"双赢"，并还将在教学节奏上显得更加连贯，具有韵律感。正当行为包括维持课堂秩序范围内的行为，以及超越但非破坏课堂秩序的一些创新行为。促进这类行为，要让学生知道哪些行为是可以被课堂集体接受的，另外，促进是在可接受范围内，学生的相关

行为需要得到满足。这个趋势是课堂教学管理创新的主要方向。

（三）实现教学动态全过程管理模式的创新

过去程序化的管理体制侧重于形成固定的课堂教学规则，以及相对稳定的管理队伍来管理学生，这是一种静态结构管理，如科层结构"教师—班长—学习委员—小组长—普通学生"。这种静态结构管理，对维持课堂秩序、教学的开展有着重要的价值，程序化的管理体制也有利于教师操作。但是在新形势下，课堂具有变革性和生成性。课堂环境时时都在变化，课堂成员也在不断发展，课堂的一切都处于动态之中，这时结合动态过程管理就显得非常重要。因此，要实现教学全过程动态管理，针对不同的阶段，和不同的课堂特点，变换一定的视角，对课堂问题做动态的审视，并不断地修正自己的管理方法。动态的过程管理并不排斥静态的管理．它们可以相互配合，并达到相辅相成，相互补充的效果。

（四）实现课堂评价决策多元互动的模式创新

教学评价能为课堂教学管理提供反馈，反馈又是一个系统，是物质流动、信息交流和情感融合的必要保证，是各物质要件交流的信息回路。它对课堂教学管理具有积极的指导作用，对参与管理的人和接受管理的人都有着激励作用。教师对学生的评价是很必要的，但不能成为课堂评价的唯一方式。评价的功能主要体现为对课堂教学和管理提供信息，为管理决策提供信息保障，还能为管理效果提供验证性分析以促进管理者及时调整管理措施，评价的主体由一元向多元发展，评价对象由被动等待向主动参与发展，评价方式也向全方位、全过程、多角度、多层次、综合发展。鼓励学生参与评价、合作评价可以强化学生的自我管理意识、责任意识。因此课堂管理创新也必然包含多元互动评价这一重要环节。

二、中学语文课堂教学管理的创新原则

课堂教学管理是指在课堂中针对师生共同面对的具体一堂课，对课堂环境的建构、课堂气氛的营造、课堂具体问题的解决、课堂教学目标的顺利完成与检验等各方面的协调与组织，主要特点是教师和学生作为课堂教学的管理主体直接参与，并又主要通过师生互动合作实现，具有情境性。课堂教学管理是师生共同参与，彼此交往。有目的、有计划和多维度地协调课堂内外各种因素，生成性地实现教学目标的活动。课堂教学管理通过师生共同努力综合组织调动多方面教学力量，发掘、利

用和协调课堂中各种教学资源，为师生自己提供有益的课堂环境，形成和谐的课堂氛围，顺利开展课堂教学，并实现课堂教学价值。

（一）课堂教学管理创新必须坚持主体性

主体性是指个人在对象性活动中表现出来的能动性、自主性、创造性和选择性，即对自己的行为方式具有支配和控制的权力。在课堂教学管理这一对象性的活动中，学生不仅仅是管理的对象，也是管理的主体。学生通过能动地参与课堂教学管理，自主地组织教学活动，创造性地解决教学问题，负责地选择课堂行为来体现管理中的主体性。

主体性原则包括两方面的内容，一方面，课堂管理者需要充分尊重学生的主体性，充分尊重学生在课堂中的地位，把学生看作课堂活动的主体，当作具有独立个性的人来看待，树立正确的学生观。另一方面，教师在管理过程中要创造一些有利的条件，帮助并引导学生形成主体性人格，即学生愿意自主地选择正当行为，而非某种外在权威和传统习俗的强制。也就是从"自发"到"自觉"地建立和维护课堂秩序，主动地参与课堂教学管理。

（二）课堂教学管理创新必须体现合作性

合作性是指课堂主体在交流过程中所表现出来的相互依赖、相互促进、和谐一致的关系原则，以主体间交互作用为中心，合作共生为特征。师生共同参与到课堂教学管理之中，各司其职，相互促进，形成最大合力。课堂作为一个活跃的功能体，置身其中的每一个人都不能以旁观者的身份游离于管理活动之外。

教师作为制度化的管理者，对整个课堂教学的推进，常规事务的安排，课堂秩序的维持，做出统一的计划与决策。学生作为课堂的主人，对自己、对课堂也有着义不容辞的管理责任。这两种主体的管理活动并非简单独立，互不相关。他们是一种合作关系，能够相互补充和完善。合作性原则意味着师生间彼此承认对方在课堂中的平等地位和权利，主动承担自己在课堂中的责任，共同遵守认可的规范。并通过平等的对话与交往，来促进师生的合作。

（三）课堂教学管理创新必须体现民主性

课堂中的民主是指学生在参与某种课堂教学活动中能享有自由、平等的权利，以及保障这些权利顺利实现的民主氛围。民主性原则在较大程度上能够保证课堂的公平、公正、合理，也能有效保证每个学生最大限度地发挥潜能。坚持民主性原则就是要革除一切不平等地对待学生的现象。一方面，要建立课堂民主、平等的人际关系，以及在这种关系基础上所营造出的一种民主、和谐的教育氛围。另一方面在课堂管理过程中要坚持一种民主的生活方式，运用民主的方式、方法处理和解决课堂问题，提高学生民主意识和课堂民主参与的能力，确立学生的主体性地位。激发学生创造性思维的高效发挥。

（四）课堂教学管理创新必须把握情感性

情感性是课堂教学管理创新的一个良好的平台。情感性原则还要注意"幼吾幼，以及人之幼"，即情感要面向全体学生，要像爱自己的孩子一样爱学生，爱所有的学生。"爱"是课堂管理创新中最重要的力量，它是人际沟通的桥梁。教学管理必然伴随着有情感的活动，双方的情感贯穿课堂行为的整个过程，这种情感需要师生间理解、信任和真诚来维持和传递。在课堂教学管理中要充分运用情感的力量，相互理解，将心比心。教师在课堂中播种情感，收获学生的尊敬和爱戴。

（五）课堂教学管理必须坚持综合性原则

在课堂管理的时间、空间、内容和层次上做到整体协调、优势互补；课堂管理者在完成某一项管理任务的同时，还能尽量促成其他任务的完成，使课堂管理在有效实施的同时，也更具教育性。

（六）课堂教学管理必须坚持差异性原则

每个学生都有其独特的个性和特点，教师在创新教学模式时应充分考虑这一点。传统的教学往往采用一刀切的方式，而创新教学则要求教师根据学生的差异，因材施教，为每个学生找到适合他们的学习方法和路径。

（七）课堂教学管理必须坚持开放性原则

开放性原则包括使用教材的开放、教学过程的开放以及教学方法的开放。教师不应局限于教科书的内容，而应结合实际情况，引入更多元化的教学资源。同时，教学过程也应更具灵活性，允许学生参与其中，提出自己的见解和想法。在教学方法上，教师应尝试多种手段，以适应不同学生的需求。

【思考题】

（1）中学语文课堂教学模式发展的特点是什么？

（2）简述中学语文课堂教学模式的发展前景。

（3）语文课堂教学创新方法有哪些？基本特征是什么？

（4）语文课堂教学模式的管理重点和创新原则分别是什么？请详细概述。

第三章　中学语文教师的必备素质

【课程目标】

1. 了解中学语文教师的教学理念，并认同教师的认知变化和角色转变，以便更好地为学生服务。

2. 了解中学语文教师应具备的教学能力和教学素质，语文教师应尽可能提升自己的业务能力，达到课程改革要求标准。

3. 掌握中学语文教师教学相关的专业技能，根据要求不断提升自己的业务能力，进行再教育。

第一节　加强语文教师对新教学理念的认知

教学改革是一场深刻的教学革命，是一次全面的、根本性的改革，其内涵十分丰富，洋溢着时代的气息，充满了创新精神，它标志着我国语文课程的改革与建设进入了一个新的时期。中学语文教学改革不只是课程内容的加减调整，还是教育观念、教学方式的改革更新，更是涉及学生学习方式的转变等方面。它倡导全面和谐的语文教育理念，注重学生文化素养的积累和创新精神、实践能力的培养。

一、中学语文课程理念与目标分析

语言文字是人类社会最重要的交际工具和信息载体，是人类文化的重要组成部分。语言文字的运用,包括生活、工作和学习中的听说读写活动以及文学活动,存在于人类社会的各个领域。

语文课程是一门学习国家通用语言文字运用的综合性、实践性课程。工具性与人文性的统一,是语文课程的基本特点。语文课程应引导学生热爱国家通用语言文字,在真实的语言运用情境中,通过积极的语言实践,积累语言经验,体会语言文字的特点和运用规律,培养语言文字运用能力;同时,发展思维能力,提升思维品质,形成自觉的审美意识,培养高雅的审美情趣,积淀丰厚的文化底蕴,继承和弘扬中华优秀传统文化、社会主义先进文化,全面提升核心素养。

语文课程致力于全体学生核心素养的形成与发展,为学生学好其他课程打下基础;为学生形成正确的世界观、人生观、价值观,形成良好个性和健全人格打下基础;为培养学生求真创新的精神、实践能力和合作交流能力,促进德智体美劳全面发展及学生的终身发展打下基础。语文课程在推广普及国家通用语言文字、增强凝聚力、铸牢中华民族共同体意识,建立文化自信、培育时代新人,实现中华民族伟大复兴等方面具有不可替代的优势。

(一)课程理念

1. 立足学生核心素养发展,充分发挥语文课程育人功能

中学教育语文课程围绕立德树人根本任务,充分发挥其独特的育人功能和奠基作用,以促进学生核心素养发展为目的,以识字与写字、阅读与鉴赏、表达与交流、梳理与探究等语文实践活动为主线,综合构建素养型课程目标体系;面向全体学生,突出基础性,使学生学会运用国家规范语言文字进行交流沟通,吸收古今中外优秀文化成果,提升思想文化修养,建立文化自信,德智体美劳得到全面发展。

2. 构建语文学习任务群,注重课程的阶段性与发展性

中学教育语文课程结构遵循学生身心发展规律和核心素养形成的内在逻辑,以生活为基础,以语文实践活动为主线,以学习主题为引领,以学习任务为载体,整合学习内容、情境、方法和资源等要素,设计语文学习任务群。学习任务群的安排注重整体规划,根据学段特征,突出不同学段学生核心素养发展的需求,体现连贯性和适应性。

3. 突出课程内容的时代性和典范性，加强课程内容整合

中学教育语文课程突出内容的时代性，充分吸收语言、文学研究新成果，关注数字时代语言生活的新发展，体现学习资源的新变化。强调内容的典范性，精选文质兼美的作品，重视对学生思想情感的熏陶感染作用，重视价值取向，突出社会主义先进文化、中华优秀传统文化。注重课程内容与生活、与其他学科的联系，注重听说读写的整合，促进知识与能力、过程与方法、情感态度与价值观的整体发展。

4. 增强课程实施的情境性和实践性，促进学习方式变革

中学教育语文课程实施从学生语文生活实际出发，创设丰富多样的学习情境，设计富有挑战性的学习任务，激发学生的好奇心、想象力、求知欲，促进学生自主、合作、探究学习；引导学生注重积累，勤于思考，乐于实践，勇于探索，养成良好的学习习惯；关注个体差异和不同的学习需求，鼓励自主阅读、自由表达；倡导少做题、多读书、好读书、读好书、读整本书，注重阅读引导，培养读书兴趣，提高读书品位；充分发挥现代信息技术的支持作用，拓展语文学习空间，提高语文学习能力。

5. 倡导课程评价的过程性和整体性，重视评价的导向作用

中学教育语文课程评价要有利于促进学生学习，改进教师教学，全面落实语文课程目标。课程评价应准确反映学生的语文学习水平和学习状况，注重考查学生的语言文字运用能力、思维过程、审美情趣和价值立场，关注学生学习过程和学习进步。根据不同年龄学生的学习特点和不同学段的学习目标，选用恰当的评价方式，抓住关键，突出重点，加强语文课程评价的整体性和综合性。注重评价主体的多元与互动，以及多种评价方式的综合运用，充分利用现代信息技术促进评价方式的变革。

（二）课程目标

1. 核心素养内涵

核心素养是学生通过课程学习逐步形成的正确价值观、必备品格和关键能力，是课程育人价值的集中体现。中学教育语文课程培养的核心素养，是学生在积极的语文实践活动中积累、建构并在真实的语言运用情境中表现出来的，是文化自信和

语言运用、思维能力、审美创造的综合体现。

（1）文化自信。文化自信是指学生认同中华文化，对中华文化的生命力有坚定信心。通过语文学习，热爱国家通用语言文字，热爱中华文化，继承和弘扬中华优秀传统文化、社会主义先进文化，关注和参与当代文化生活，初步了解和借鉴人类文明优秀成果，具有比较开阔的文化视野和一定的文化底蕴。

（2）语言运用。语言运用是指学生在丰富的语言实践中，通过主动地积累、梳理和整合，初步具有良好语感；了解国家通用语言文字的特点和运用规律，形成个体语言经验；具有正确、规范运用语言文字的意识和能力，能在具体语言情境中有效交流沟通；感受语言文字的丰富内涵，对国家通用语言文字具有深厚感情。

（3）思维能力。思维能力是指学生在语文学习过程中的联想想象、分析比较、归纳判断等认知表现，主要包括直觉思维、形象思维、逻辑思维、辩证思维和创造思维。思维具有一定的敏捷性、灵活性、深刻性、独创性、批判性。

（4）审美创造。审美创造是指学生通过感受、理解、欣赏、评价语言文字及作品，获得较为丰富的审美经验，具有初步的感受美、发现美和运用语言文字表现美、创造美的能力；涵养高雅情趣，具备健康的审美意识和正确的审美观念。

核心素养的四个方面是一个整体。语言是重要的交流工具和思维工具，语言发展的过程也是思维发展的过程，二者相互促进。语言文字及作品是重要的审美对象，语言学习与运用也是培养审美能力和提升审美品位的重要途径。语言文字既是文化的载体，又是文化的重要组成部分，学习语言文字的过程也是学生文化积淀与发展的过程。在语文课程中，学生的思维能力、审美创造、文化自信都以语言运用为基础，并在学生个体语言经验发展过程中得以实现。

2. 总目标

（1）在语文学习过程中，培养学生爱国主义、集体主义、社会主义思想道德，逐步形成正确的世界观、人生观、价值观。

（2）热爱国家规范语言文字，感受语言文字及作品的独特价值，认识中华文化的丰厚博大，汲取智慧，弘扬社会主义先进文化、中华优秀传统文化，建立文化自信。

（3）关心社会文化生活，积极参与和组织校园、社区等文化活动，发展交流、合作、探究等实践能力，增强社会责任意识。感受多样文化，吸收人类优秀文化的精华。

（4）认识和书写常用汉字，学会汉语拼音，能说普通话。主动积累、梳理基本的语言材料和语言经验，逐步形成良好的语感，初步领悟语言文字运用规律。学会使用常用的语文工具书，运用多种媒介学习语文，初步掌握基本的语文学习方法，养成良好的学习习惯。

（5）学会运用多种阅读方法，具有独立阅读能力。能阅读日常的书报杂志，初步鉴赏文学作品，能借助工具书阅读浅易文言文。学会倾听与表达，初步学会用口头语言文明地进行人际沟通和社会交往。能根据需要，用书面语言具体明确、文从字顺地表达自己的见闻、体验和想法。

（6）积极观察、感知生活，发展联想和想象，激发创造潜能，丰富语言经验，培养语言直觉，提高语言表现力和创造力，提高形象思维能力。

（7）乐于探索，勤于思考，初步掌握比较、分析、概括、推理等思维方法，辩证地思考问题，有理有据、负责任地表达自己的观点，养成实事求是、崇尚真知的态度。

（8）感受语言文字的美，感悟作品的思想内涵和艺术价值，能结合自己的经验，理解、欣赏和初步评价语言文字作品，丰富自己的情感体验和精神世界。

（9）能借助不同媒介表达自己的见闻和感受，学习发现美、表现美和创造美，形成健康的审美情趣。

二、语文教师的新理念

对语文课程标准倡导的理念，语文教师要准确理解，并在教育、教学实践中全面体现。其中最重要的有以下两个方面：

（一）重新认识教学内容

要改变教科书是教学的唯一内容的狭隘认识。教科书是教学的基本内容。语文教学资源无时不有，无处不在，而且会不断再生。作为新世纪的语文教师，要有开发语文教育资源的意识，有整合包括教科书在内的语文教育资源的能力。课前引导学生观察、调查、查阅相关资料，为学习课文做好准备；课中引进相关文字、音像资料，特别是适时、适当地结合课文进行补充阅读；课后适当拓展、延伸，或引导进行实践活动。今后的教师，不应是照本宣科的教书匠，而应当是语文课程资源的开发者，语文课程的建设者。

（二）重新认识语文教学

改变以往的"以教师为中心"的教学方式。倡导"要构建自主、开放、探究的学习方式""教学是学生、教师、文本之间的对话的过程"等这些富有时代特征、与时俱进的教学理念。这就要求我们教师，在教学中树立学生是教学主体的思想。教学的参与者是教师和学生，其中学生才是学习的主体。在对话的过程中，师生不仅是平等的，而且应凸显学生主体的地位。在课堂中，教师首先是参与者，与学生平等交流，其次才是组织者、引导者、促进者。

课堂是学生主动学习的场所，学生应畅所欲言，自主互动，让学生充分地说出他们的所思、所想、所感、所悟、所疑、所惑。问题让他们去提，问题让他们去议，答案让他们去辩，结论让他们去得。只有这样，学生才会享受到学习的乐趣，获得成功的喜悦。这才是充满生命活力的新课堂。今后的语文教师，不应是"授之与鱼"，终年辛劳而收效甚微的塾师，而应是"授之与渔"，教导学生拥抱生活，在游泳中学会游泳的教练，是引导学生学会学习，使语文素养得到全面提高的智者。

（三）要对新理念有充分认知

新理念期待着老师们重新审视对职业角色的定位，把自己从"神坛"中请下来，能与生为善；把自己从"经验"中请出来。期待着老师们正确地发掘其内涵，变通地实践其要求，给学生烹调出丰盛的素养套餐。期待着老师们来关注孩子们的学习方式，在教法上少一些墨守成规，多一些不拘一格；在课堂上少一些"话语霸权"，多一些百家争鸣。所以在课堂上不但要关爱学生，还要善于研究学生，了解学生，这就要求教师在课堂上做到：

（1）教师教态要自然、亲切。微笑是人类无声而又最美好而最动人的语言，是产生积极情感效应的源泉和动力。微笑中有欢乐，有鼓舞；微笑能催人奋进、给人力量。

（2）注重培养学生的兴趣。"兴趣像柴，可以点燃，也可以捣毁，兴趣的柴在每个学生的脑子里存在着。区别不在于学生有没有兴趣，而在于有的教师能点燃兴趣，有的教师却只能捣毁兴趣。"老师如能成功地运用兴趣教学法，就能点燃学生的兴趣，使学生由"要我学"转变成为"我要学"，让学生在轻松愉快的氛围中完成教学任务。让学生亲身投入，切实体会课堂教学的乐趣。学生们不再认为上课是一种负担，而是一种享受。

（3）及时鼓励和表扬。公平地对待每一位学生。在教师眼里，不应有"好"生和"差生"之分。因为每位学生都是独特的人，学生并不是单纯的抽象的学习者，而是有着丰富个性完整的人。我们应当关注每位学生细小的进步和优点。及时鼓励和表扬他们，增强他们学习的自信心，老师在让学生回答问题时，要注意到这些方面。问题有难易程度，注意照顾每一位学生。

（4）采用多种形式进行朗读训练。在课堂教学中，要让学生自己通过朗读，表演，来领悟文中人物的性格和文章的思想感情，导入新课时，老师要让同学们自己当小演员，把课文演成小文本剧。这时，教师就要及时引导学生，既然要演文本剧，首先就必须要怎么样？（先熟悉剧本），就让学生们自由读课文，弄清文中有哪些人物，叙述了一件什么事，读完之后，老师提问："下面我们是不是就可以开始演文本剧了呢？还要怎么样？"（选出角色）那同学们就选出自己喜欢的角色，着重读熟他要说的台词，然后教师再引导学生带感情去朗读课文重点语句，并体会一些重要词语的含义，最后，让同学们扮演不同的角色，上台表演。

（5）在课堂中还要注重渗透思想品德教育。让学生在读中运用和领悟语言文字；通过课堂教学，陶冶学生的情操；培养学生的创新意识；注重培养学生的口头语言表达能力和口语交际能力。

三、教学改革背景下语文教师的认知变化

自主学习、合作学习、探究学习的学习方式和师生互动、互教互学的教学方式是实施教学改革的核心和关键。此背景给教师提出了更高的要求。作为语文教学改革的实施者，能否摆正自身角色位置，事关语文教学改革的成败。因此语文教师就要不断更新教育教学观念，转变课堂教学方式，积极地为学生自主、合作、探究学习创造条件，这就要求教师必须及时转换角色，以适应语文教学改革的需要。

（一）传统教育中语文教师角色定位的思考

中国的教育历史悠久，教师角色定位也一直比较高，尤其对肩负传播中华文化的语文教师更是非同一般。长久以来教师这一职业被冠以许多神圣的光环。比如比喻教师是蜡烛、园丁、人类灵魂的工程师等，这都体现了教师职业的无私奉献精神，反映了社会对教师这一职业角色的崇高期待，也无形中把教师当成权威的象征，是学生学习和生活的标准。但学生与教师同是独立的生命个体，具有同等的生命价值，这种教育模式很容易抹杀学生的天性，使学生成为应试教育的牺牲品。

语文教学应注重面向全体学生，倡导自主、合作、探究式的学习方式，使学生获得基本的语文素养，这充分体现了以人为本、民主平等的教育理念。所以，教师一定要努力去转变观念，与时代同步，使语文教学研究和改革深入地发展下去。为此，教学改革背景下的语文教师就要不断扮演各种新角色。

（二）新教学理念下语文教师角色新定位

1. 要扮演好学生的"朋友"角色

新教学理念下的师生关系应该是真正平等、互助、友好的朋友关系。语文教学中的师生关系，不仅表现在课堂上，而且表现在平时言行上的一点一滴、一举一动。教师要经常和学生打成一片，塑造有吸引力和亲和力的教师形象，拉近师生距离，让他们觉得教师是他们的"朋友"。让他们对教师产生兴趣，从而也对语文产生兴趣。教师的苦心、爱心要利用一切机会以各种方式表现出来，用自己的心去点燃学生的心，不要一味地表现师道尊严，不苟言笑。

2. 要扮演好"导"的角色和"指路人"的角色

如何看待传统的语文教学？应一分为二地去看。在字词教学和基础知识教学中，传统教学有独创之处，这一点我们不但不能丢弃，还应发扬光大，以灵活多样的新颖的形式来充实它。因为字词的学习和积累是语文教学中不可分割的一部分，也是语文素养形成的基础。那种把一篇完整的文章弄得支离破碎，以所谓的深入浅出的分析来进行语文教学已经不适应时代的要求，以教给学生语文知识为目的，采取填、灌的方式更是不可取的。"授人以鱼，不如授人以渔。"让学生掌握学习的方法，学会学习，从而形成语文素养，这才是语文教学的真正目的。

3. 要扮演好开阔学生阅读视野的角色

教材知识是有限的，课堂教学也是有限的，然而知识是无限的，随着科学文化的发展，学生只学会教材上的知识是远远不够的。语文课程标准也强调"努力建设开放而有活力的语文课堂"，所以，在语文教学工作中，教师不能整天围着课本转，要给学生创造良好的课外阅读环境，让学生从课堂中走出去，不断让学生进行课外阅读，开阔学生的阅读视野。怎样才能开阔学生的阅读视野呢？一是培养学生自由阅读，比如阅读内容，除不健康读物之外，不管科技、历史、社会等都可以读。二是做好阅读指导，如怎么选书，怎样看书等教师都要认真指导。三要培养学生良好的阅读习惯，如每天定时阅读习惯，记读书笔记的习惯，阅读中提问题的习惯等。

4. 要扮演好言传身教、耳濡目染的角色

教师实际上是在传播一种人文精神，人文精神不能靠强行说教传给学生，这样做会适得其反，人文精神的传输重在熏陶、感染。语文教师不能只懂一些汉语知识或修辞等语文理论知识，更要言传身教，加强文学修养，培养良好的人文精神，这样才能把自己的人文精神渗透到学生身上。首先在情感上要丰富而真诚，"感人心者莫先乎情"，可以说语文教学是情感教学，主要体现在学生与作者、学生与教师、教师与作者及学生与学生的情感交流上，通过情感上的美，使学生受到熏陶，从而内化为学生自己的思想感情。其次在言行上要有风度，言的风度指教师的语言要有感染力，这主要包括语言的运用和表达上要有艺术性。行的风度主要表现在教师要用自己的行动来示范学生，教育学生，做学生的表率。最后语文老师要有较高的艺术鉴赏能力和艺术修养，只有这样我们才能引导学生发现教材和生活中的美，才能引导其感受、创造这些美。

教师是教学改革成败的决定因素，其角色转化至关重要。因此，我们只有正确定位和科学认识语文教师在教学中的角色关系，才能保证教学改革的顺利实施和素质教育的全面落实，以教学改革促进人的全面发展。教学的解放是人的解放。教学改革尤其突出了"人"的本体地位，可以说是极具人性化的课程改革。只要广大教师能够真正以先进的教育教学理念武装自己，自主、合作、探究性的教学改革必将形成平等、自由、民主的人文精神和人格力量，有力地推动社会和人本身的和谐发展。

四、教学改革背景下语文课堂的角色转变

中学语文教学究竟应该怎么进行改革？具体说来就是学生由学习中的主体地位转变为学习的主人；教师角色由单一的知识传授者变为教学的组织者、引导者和合作者；学生的学习方式由单一的被动接受转变为主动学习；对学生的评价由注重结果转变为关注过程。

（一）学生由学习中的主体地位转变为学习的主人

教与学的关系中，学生的地位如何确定？传统的提法是"以教师为主导，以学

生为主体"。但在教学实施中，往往不尽如人意，教师主导，导得过多，导得过细。学生总是在教师铺设好的平坦道路上接受教育，学生围绕教师转，学生的主体地位并没有真正得到体现，比如常见的语文阅读教学，教师过多地讲解、分析和说明，使学生根本没有时间去进行个性化的自主思考，这样常使学生感到枯燥乏味。这种以教师为中心的教学是不利于学生的潜能开发和身心发展的，久而久之，会使学生丧失学习的积极性。这种现象产生的原因，从教学观念上来看教师仍然没有把学生当成学习的主人。而语文课程标准明确指出"学生是学习的主人"，要求把传统的"以学科为中心"转移到"以学生为中心"，一切为了学生的发展，不要过多地考虑课程知识结构体系，而是要考虑以学生发展为最终目的。

（二）教师角色由单一的知识传授者变为教学的组织者、引导者和合作者

在传统教学中，老师扮演着单一的角色——知识的传授者，教师处于至高无上的权威地位，学生无条件地接受教师的一切灌输；而语文课程标准要求"教师是教学的组织者、引导者和合作者"，即组织学生发现、寻找、搜集和利用学习资源，组织学生营造和保持教室中和学习过程中积极的心理氛围，引导学生实现课程资源价值的超水平发挥，建立和谐的、民主的、平等的师生合作关系。这就要求我们中学语文老师不仅要转变观念，还要转变角色。我深刻地体会到，要让我们的语文课堂充满活力和亲和力，必须首先改变"师道尊严"的观念，始终把自己的角色定位为学生学习的组织者，课堂节奏的调控者，学生合作学习的引导者和交流者，和学生一道学习，一起感受学习的快乐。孔子之所以能够成为我国古代的大教育家，就在于他在教学中走下了神圣的讲台，把自己摆在与学生同等的地位，建立了一种民主、平等的师生关系。在《子路、曾皙、冉有、公西华侍坐》中，一句"以吾一日长乎尔，毋语以也"，先打消了弟子的畏师心理，然后诱导、启发、鼓励弟子畅言志向，营造了一种宽松、和谐、民主的教育氛围。因此，对老师而言，上课不是传授知识，而是一起分享理解，意味着由知识传授者变成学生发展的促进者；对教学而言，上课意味着对话、意味着参与、意味着相互建构，它不仅是一种教学活动方式，更是师生之间的一种教育情境和精神氛围。这样的教学弘扬了学生的个性特长，激发了学生的创造潜能。

（三）学生的学习方式由单一的被动接受转变为主动

学习传统的语文学习方式以接受性学习为主，较为单一。教师向学生传授语文知识，发展他们的识字写字能力、阅读能力、写作能力、口语交际能力，注重的是知识的传授，即老师讲，学生听，靠单纯的记忆、模仿和训练，学生完全处于一种被动的接受的状态，教师注重的是如何把知识准确地给学生讲清楚，学生只要当收音机全神贯注地听，把教师讲的记下来，考试时准确无误地答在卷子上，就算完成了学习任务，当他们进入大学或参加工作时就难以适应新的学习方式，缺乏创新的激情和活力；而语文课程标准强调学生自主探索、合作交流，因此学生应以探究性的学习方式为主，围绕问题自主探究，主动参与知识的建构。

探究问题的过程，就是学生经历语文知识"再发现"的过程。这就要求我们老师提高学生对问题的敏感度，要善于创设问题情景，激励学生勤于提问，改进自己点拨提问的技巧，引导学生寻求解决问题的方法。实际上，探究性的学习就是学生主动学习。中学语文阅读教学要求"把文本彻底地交给学生"，让学生自主学习，自由评说。每单元、每篇课文的教学目标、教学的重点难点，甚至整堂课的教学设计，我们都可以交给学习小组自主探究、合作学习。

在课堂上，老师尽可能不发表自己对文本的理解或阐释。除去朗读与教师小结，其余环节都是学生自己在思考。如在教古典诗歌——杜甫的《登高》时，我们可以要求学生同时阅读王维的《山居秋暝》，让学生自由体会两首诗的不同风格，学生根据已有的知识和查询资料，知道"登临诗"和"山水田园诗"的不同风格。学生在分析意象时，会发现两首诗的共同意象——秋。为何同样的"秋"，会有不同感受？学生积极思考，纷纷发表自己的看法。最后让学生分组讨论各组同学喜欢这两首诗的理由，整个课堂都是学生在自主学习。在学习中，学生发挥了才能，充分体验到了学习的快乐。

（四）对学生的评价由注重结果转变为关注过程

"重结果轻过程"是传统语文课堂教学的弊端。重结果就是教师在教学中只重视教学结果，甚至让学生去背诵"标准答案"，而有意识无意识压缩了学生对新知识学习的思维过程，忽略知识的来龙去脉，导致学生一知半解，似懂非懂，造成思维断层，降低了教学质量。重过程就是教师在教学中把教学重点放在过程上，放在揭示知识形成的规律上，让学生通过感知—概括—应用的思维过程去掌握知识，掌握规律。因此，语文课程标准强调，要由传统的单纯考查学生的书面成绩转变为关注学生过程中的变化与全面发展，评价内容要包括：道德品质、学习能力、交流与合作、个性与情感；要将自我评价、学生互评、教师评价、家长评价和社会有关人员评价结合起来,在评价时应注意激励性原则、发展性原则、差异性原则。评价功能要由侧重甄别筛选转向侧重学生发展,这样有效地促进学生的发展,为学生发展奠定了坚实的基础。

综合来说,中学语文教学改革不只是课程内容的加减调整,而是教育观念、教学方式的改革更新,关注学生学习方式的转变等方面。它倡导全面和谐的语文教育理念,注重学生文化素养的积累和创新精神、实践能力的培养。

第二节　语文教师必备的教学能力与素质

语文课堂教学技能涉及教师的教学观念、教学反思,以及以此促进专业成长的问题。因此,语文教师必须改变传统的教学观念,打破僵化的语文教学思维模式,为提高语文课堂教学技能打下基础。

一、课堂组织技能

(一)语文教师课堂组织技能的重要性

课堂教学是涉及群体行为与活动的授课活动,它自然是一个具有组织性质的活动。根据法约尔的组织理论,它涉及计划、组织、指挥、监控、协调、合作方面的问题,这就需要教师具备相应的系列能力,也就是课堂组织能力。课堂组织能力显然是一种综合能力,需要教师灵活、恰当地运用各种教学技巧。它事关教学质量的高低和教学效果的好坏。实践表明,善于组织教学的教师,首先是在课堂上能根据教育规律和学生心理特点,恰当运用各种教学手段,对教学内容做出合理安排,并运用无意注意和有意注意相互转换或交替的规律,使教学内容具有趣味性和新颖性,而且难点分散,重点突出,课堂节奏有张有弛,并根据教学内容,选择恰当的教学方法,使所讲内容通俗易懂,使学生兴趣盎然。

(二)语文教师组织技能的提升方法

课堂教学过程中,教师首先通过控制课堂秩序,集中学生注意力,激发学生学习兴趣,调动学生学习积极性来创造适宜的教学情境,提高教学效率,才能达到教学目标。其次在课堂上根据教育规律和学生心理特点,巧妙运用各种教学手段,对教学内容作出合理安排，形成适宜的教学情景。如果教师不善于组织教学，学生在课堂上就会秩序混乱，注意力分散，兴趣不高，被动听课，这种状态势必影响教学效果。因此，如何提高组织教学能力是在新课程的实施过程中值得我们去深入研究的问题。

提升语文教师的课堂组织技能是确保有效教学和学生学习成果的关键。以下是一些具体的策略和建议：

1. 制定明确的教学目标

课前，教师应设定清晰、具体的教学目标，这些目标应与学生的实际水平和需求相匹配。目标应涵盖知识理解、技能掌握和情感态度等多个方面，确保学生全面发展。

2. 设计合理的教学流程

教师应根据学生的认知特点和教学内容，设计连贯、流畅的教学流程。合理安排导入、新课呈现、巩固练习、总结反馈等环节，确保各环节之间的衔接自然、紧凑。

3. 有效管理课堂纪律

建立和维护良好的课堂纪律是确保教学顺利进行的基础。教师应制定明确的课堂规则，通过正面引导和适当惩罚来维护规则。同时，教师也要关注学生的情感需求，营造积极、和谐的课堂氛围。

4. 灵活运用教学方法

根据不同的教学内容和学生特点，教师应灵活运用多种教学方法，如讲授、讨论、小组合作、角色扮演等。通过多样化的教学方式激发学生的学习兴趣，提高他们的参与度。

5. 关注个体差异

教师应关注学生的个体差异，因材施教。对于不同学习水平的学生，教师应提供不同的学习支持和挑战，以满足他们的个性化需求。

6. 利用技术辅助教学

教师可以利用现代教学技术，如多媒体教学、在线资源等，丰富教学手段和内容。通过技术手段，教师可以更直观地展示教学内容，提高学生的学习兴趣和效果。

7. 及时评价与反馈

教师应及时对学生的学习进行评价和反馈,帮助他们了解自己的学习状况和问题。通过针对性的指导和建议,教师可以帮助学生改进学习方法,提高学习效果。

8. 反思与提升

教师应定期对自己的课堂组织技能进行反思和总结,找出存在的问题和不足。通过参加培训、观摩优秀课堂、与同行交流等方式,不断提升自己的课堂组织技能。

综上所述,提升语文教师的课堂组织技能需要教师在多个方面做出努力。通过制定明确的教学目标、设计合理的教学流程、有效管理课堂纪律、灵活运用教学方法、关注个体差异、利用技术辅助教学、及时评价与反馈以及反思与提升等方式,教师可以不断提升自己的课堂组织技能,为学生创造更好的学习环境。

(三)组织技能中的课堂心理控制

随着课程改革的发展,人们的教育观念也发生了转变,课堂组织已超越了传统的课堂管理。另外,还要更加注重课堂心理控制。传统教学观重视课堂教学的认识过程、认识因素,以及从认识角度改进教学方法,而忽视课堂教学的管理因素,尤其是师生的心理控制。

1. 课堂心理控制的重要性

学生学习的主场地是课堂,要提高课堂教学质量,教师除了要有广博的专业知识外,重视课堂中的心理调控也相当重要。

(1)有效的教学取决于有效的心理调控。有的教师学历高、知识广,但不懂得如何进行心理控制,在授课时,课堂上乱糟糟的,压不住堂,结果教学效果反而更差。因此,向管理要质量、要效益是适应时代发展的客观需要。

(2)调动学生学习的积极性需要有效的心理控制。据新闻称,某学校举办了一次"假如我是一个班主任"的调查,问卷中有一个问题是这样的:"当一个学生犯了错误,比如打架,你准备怎样处罚他?不准他上课?罚他站着听课?马上打电话叫家长……或者你还有什么别的更有效的办法?"有一个学生写道,"不许他上课,这样做会伤害他的自尊心;罚他站着听课也不好,人家都坐着,只有他站着听,心里肯定不是滋味,他会记恨你的;马上打电话叫家长这不是借家长的手去处罚学生吗?而且又使家长失去了全勤奖,连家长也会记恨你的。"由此可见,在课堂上处理这类事件时，心理控制显得非常重要。

（3）教学主导者需要心理控制。教师是教学中的主导者，成功的教学不仅来自教师的渊博知识，也来自教师的自我心理控制。教育家洛克说："导师如果自己任情任性，那么教训儿童克制自己感情便是白费力气的；自己如果行为邪恶，举止无理，则儿童的行为邪恶，举止无礼也就无法改正。"

（4）教学主体需要心理控制。教学中学生是受控者，接受教师的控制，同时又是自控者，要学会自我控制。没有自我控制，如上课想叫就叫、想唱就唱，就不能有正常的教学活动。明智的教师善于组织教学活动，控制教学氛围，启发、引导学生进行心理控制并形成习惯。

（5）实现教学目标需要心理控制。教学的目标是为了提高学生的基本素质，培养全面发展的合格人才，而教学目标主要通过课堂教学这个中心环节来实现。师生双方必须目标一致，情感互动，形成"和谐共存效应"。这就需要进行心理控制，避免和消除影响或妨碍教学信息传递和接收的各种干扰因素，顺利实现教学目的。

（6）现代教学观高度重视教学心理控制。有研究结果表明，如果改进了组织管理方式，创造出一种自由、愉快的工作环境，就能使工人感到自己受到重视，从而工作态度积极，改善了人际关系，促进了生产效率的提高。这就是著名的"霍桑效应"，它说明了群体心理气氛之重要。现代心理学特别强调培养正常健康的心理素质，化消极为积极，化被动为主动，控制不良心理。

2. 课堂心理调控的方法

（1）明确教学心理控制的目的。

（2）情绪控制。不能控制自己的情绪的教师，不会成为良好的教师。不要把不良情绪带到课堂上来，否则会严重影响课堂效果甚至使教学无法进行下去。

（3）语言控制。当学生疲倦时，一句幽默而愉快的话、一个生动有趣的小故事都会激发学生的学习兴趣。当要求学生完成教学任务时，要讲究语言、态度，应尊重学生，严格要求与尊重学生相结合，不能使用简单粗暴的语言、态度。

（4）纪律控制。良好的课堂纪律是顺利进行课堂教学活动的保证，因此教师对课堂中发生的违纪事件要头脑清醒，处理恰当，以积极的引导为主，消极的强制性执行为辅，同时巧妙利用集体力量，形成人人遵守纪律的群体舆论。

（5）课堂环境调控。教室环境整洁、和谐、优美、高雅、富有教育性，教室布置朴素，课桌有序，能使师生感到舒适、清新、美观、富有青春活力，有效地调节烦躁、乖戾心理。

（6）民主教学，民主管理。教师在管理班级的时候可以实行民主管理，调动学生学习积极性，学生自己管理自己，互相监督班上的一切事情，不单独作决定，而是与学生一起研究解决。长此以往，师生间相互信任，形成和谐、民主、亲密的关系，顺利达成教学目的。

（7）区别不良心理状态进行控制。课堂教学常见的不良心理状态有：过度焦虑心理、恐惧心理、压抑心理、抑郁心理、松散心理等，教师要善于分清情况、分别类型，运用恰当的心理学知识来调整，使学生在课堂学习中保持最佳的心理状态。只有这样的学习，效率才高、收效才佳，不仅利于学生掌握知识、培育技能，而且可以促进智力和个性的全面正常发展。

（8）师生关系的调控。教学是通过师生双方在理智、情感、行为诸方面的人际关系的交往实现的。一般认为有专制型、放任型、民主型三种类型的教师，由此也反映出不同的师生关系间的心理距离。要针对教师的不同个性特征进行心理调控，实践证明，民主型的师生关系最有利于教学的双向交流。

总之，课堂教学是一个复杂的控制系统。教师要善于运用各种心理手段，引导和影响学生的心理和行为，减少或消除不利于学习的因素，更好地实施素质教育。

（四）组织学生进行课堂讨论的相关技能

一个课堂有没有生气与活力，最主要的是看课堂讨论进行得怎么样。因为课堂讨论能充分凸显学生在教学中的主体地位，激发学生的主动意识和进取精神，同时也可培养学生的自主能力、合作意识和创新精神。实践表明，语文教学中异彩纷呈，最具活力的就是课堂讨论。课堂讨论犹如"旋转的大舞台"，师生竞相登场，充分体现"学为主体"；课堂讨论好比"新闻发布会"，信息渠道畅通，可以实现多维交流，优化效果；课堂讨论也似"原子反应堆"，思维互相碰撞，可以达到能量转换，教学相长；课堂讨论还像"新年茶话会"，课堂气氛活跃，可以做到教学民主，和谐共存。

那么，在语文教学中，如何组织学生进行课堂讨论呢？

课堂讨论呈多种形式，但无论哪种方法，都离不开教师的精心准备、科学组织和适时的评价。当前，迫切需要教师转变观念，将"课堂讨论"中兼具的很多需要教给学生的学习技能、交往技能等当作重要的教学内容教给学生。为此，根据一些老师和专家的意见，课堂讨论的组织必须把握好以下几个环节：

1. 第一环节：结合学生实际，进行合理的分组

要组织好课堂讨论，首先教师要根据学生的不同特点进行分组，这是组织好课堂讨论的基础。一般分组以就近原则，4～6人一组为宜。在每一小组内应该指导以明确的分工，如设置组长、记录员、报告员等角色，便于各司其职组织好讨论，角定期进行角色互换。其中应该考虑到学生性格的互补、知识结构、特长的发挥等因素，让学生在合作中可以取长补短，如将性格内向的学生与性格外向的学生分在一组可以帮助性格内向的学生克服自己性格上的不足，同时，也可以多种小组形式出现，如把学生进行配对，一个高一点，一个低一点，一个擅长口头表达，一个擅长书面表达等的同学组成"同伴系统"，这样可以取得相得益彰的效果。对于眼下一些公开课堂、示范课上较为流行的"自由组合"宜少用。

课堂讨论小组不是纯粹的交友或娱乐，而是一个团队，要让学生学会与不同的人相处，培养其合作的意识和在集体中解决问题的能力，尤其要关心那些交往能力弱、成绩不理想的学生，愿意倾听他们的声音，帮助他们，争取共同进步。

总之，课堂讨论的目的都在于创造机会让千姿百态、各具特色的学生在小组内能自主、合作地去探究，成为学习的主人；能在互补互助中反省深化，在讨论探究中提高；能获得生活的体验和人生的感悟。

2. 第二环节：教师认真准备，确定好讨论的形式和问题

（1）根据教材的内容确定好讨论形式和讨论的问题。确定讨论问题时要注意几个问题：

①紧扣课文内容，体现教学重、难点。

②问题的难度要适度，与学生的生理与心理特点相适应，难度过大，讨论也就无法深入，也就失去了讨论的意义。

③问题的设置，由浅入深，便于引导学生挖掘文章主旨，形成观点，体会情感。如老师在教学《珍珠鸟》一课时，根据课文内容及教学重、难点设置了这样几个问题让学生合作讨论：a."这是一种怕人的鸟"，我是怎么照顾它的？小鸟还怕我吗？找出相关语句。b.小鸟为什么不怕我了呢？作者仅仅是给我们讲述这个故事吗？他想告诉我们什么？这几个问题，由浅入深，由表及里，让学生由鸟"怕"我到"亲"我的过程中理解"信赖，创造出美好的境界"，领悟到"爱"是人与动物和谐相处的基础。

④拓展问题，延伸有度，既有可操作性，又有一定的思想意义。

（2）指导学生做好准备。要有一个科学、高效的课堂讨论，学生要有一定的知识、一定的实践体验作为"支撑"，因此教师要组织学生搜集资料，做好课堂讨论准备。由于事先做好了充分的准备、在课堂讨论中再让学生分组交流，看看哪些属于"见景生情，即物起兴"，哪些属于"用提问的方法，等待对方回答"，哪些属于"唱其他故事，贯穿古今，引经据典"？这样，学生在讨论中有话可说、有歌可唱、有情可表，既丰富知识，又陶冶情操。

3. 第三环节：课堂讨论要全面落实"学生主体、教师主导"的原则

课堂讨论中组织讨论是关键。要达到预期的效果，必须注意以下几点：

（1）充分尊重学生，全面落实学生主体地位。教师在讨论过程在中应尽量讲得少，而是让学生多说，尤其是那些成绩较差、平时很少发言的学生也要加入讨论中，这时教师切忌过多干涉，同时也需要用鼓励的眼神予以学生赞赏。同时要以一个讨论成员、巡视员的双重身份加入各组的讨论中，相信学生，鼓励学生大胆发言，使每一个学生都能打开心扉，去表达自己的观点。

组长、记录员、报告员在讨论中各尽其职，让每个同学都有机会发言或者代表小组发言，避免成为个别优生的一人发言，用个别的思想代替全组。讨论的结果也并不一定来自教师，尽量多地由学生来归纳讨论结果，教师要善于放手让学生去做，不要因为课堂的"乱"或得不到教师的期望答案而横加干涉或是作壁上观。

值得特别指出的是，讨论时间的安排要适度、不宜过短或过长，否则就会有讨论之形而没有讨论之实或是偏离中心，难以达到课堂讨论的目的。

（2）充分发挥教师的主导作用。课堂讨论是让学生自由讨论，但不是让学生放任自流，在表面的、外在的问题上凑热闹，而要让学生围绕所学的知识、所探索的内容、问题积极地去思考、交流，因此教师的"导"显得尤为重要。这就如同"放风筝"，要让风筝在天上自由自在飞翔，就必须抓好手中的线，只有这样风筝才能飞得更高、更远。

教师的主导作用充分表现在以下几个方面：

①诱导。在学生对某个问题讨论不起来或者对某个问题"浅尝辄止"时，不能深入时，教师要想方设法诱发学生认知冲突和讨论欲望。

②疏导。在学生讨论的时候因知识缺乏而出现理解上的障碍时，教师要适时疏导。如有老师教学《马说》一文，在拓展延伸时，让学生思考讨论：a. 在封建社

会里,韩愈的理想能否实现? b.现代社会是一个激烈竞争的社会,联系当今社会,谈谈我们应树立怎样的人才观?怎样才能多出人才、快出人才、人尽其才? c.你准备怎样让自己在众多竞争者中被"发觉"?第一个问题,学生都知道不能,但是他们说不出具体的原因,能想到的也就是科举制度,因此,这时老师要给学生适当讲解古代科举考试制度、用人制度等社会因素,让学生能与现代社会相对比,更深入认识第二个问题,从而解决第三个问题,树立正确的人才观,懂得"推销自己"。

③引导。在讨论中教师要引导学生围绕主题进行讨论,引导他们由表及里、由浅入深、由易到难地分析,最终形成自己的观点。

④指导。教师把握好讨论方向,学生讨论如果出现了跑题的情况要及时拨正,对事实的错误进行纠正,以保证讨论方向和价值。

4. 第四个环节:适时进行总结和评价

讨论中进行适时的总结和评价是很关键的。一直以来我们都提倡及时总结,其实,有时候及时总结可能适得其反,正好抑制了学生的思维,扼杀了学生的创造性。我们可以选择延时评价,即在学生讨论中产生反映后找个适当的时机进行评价,也可以让学生自己来评价,教师可以表明自己的观点,若学生还不能理解时,允许他们保留自己的观点,切莫急于求成。对于学生创新性的想法,则要及时给予鼓励、评价,有利于形成良好的课堂气氛、养成良好的学习习惯和建立和谐的师生关系。

在讨论教学中构建现代语文课堂,变"一言谈"为"多言谈",激发了学生的学习兴趣和主动意识,高效地完成了教学任务,使课堂异彩纷呈,焕发勃勃生机,同时培养了学生的自主能力、合作意识和创新精神。但是,我们也应该清晰地看到,习惯了传统课程理念和教学的师生往往因为观念的固守、技能的缺乏而使课堂讨论难以达到预期的目的。

因此,需要我们教师转变观念,充分认识到"课堂讨论"不只是用来完成学习任务的,它本身还兼具了很多需要教给学生的学习技能、交往技能,如"准确表述""善于倾听""收集信息""思考归纳""总结评价""完善自己"等,其本身就是一个学习的内容,通过教师的讲解、示范,学生的练习等方式,将这些技能当作重要的教学内容教给学生,教会学生去学习、去交往、去讨论、去探究。

二、备课技能

（一）语文教师提前备课的重要性

教学规律告诉我们，学生是认识的主体，教为学服务。离开学生的学，教师教得再好也毫无意义。但是现在教师的备课多数备的是"讲案"，就是教师只是关注了自己在课堂上如何讲，而没有关注学生在课堂上会如何学，把学生当成了知识的容器，所以教师课前的备课就在课堂教学中显得特别重要。

1. 备课是提高课堂教学效率的前提与基础

我们现在天天在讲如何提高课堂的教学效率，让教师在课堂上的"教"和学生的"学"发挥最大的功效，其实提高课堂教学效率的基础就是抓备课，备课的深度和广度直接影响着课堂的效率。到了高年级，学生成绩明显出现"分水岭"，追其根源就是我们在日常的课堂教学中效率不高，效率的高低不在于你课堂上讲授知识的容量有多少，也不在于学生学的东西有多少，而在于你对所教授知识的"深度"和"广度"把握的有多少。

同样一节课的内容，不同的教师设计出的教学方案对教材纵向、横向的理解，对教材中本知识点重、难点的把握是不同的，出现这样的结果，继续究其原因就是教师在备课的时候没有对教材纵向、横向进行深入的研究，没有对教材、对知识点进行深度的挖掘，所以对于同样的教学内容，我们的教学设计和名师的教学设计一对比，就能发现存在差距。一节优质的课，是教师对所教知识深入的理解挖掘后才有的一种高度认识，可见教师对教材的理解、对教材的把握、对知识点本身深度和广度的开发决定了本节课的高效率、高质量。只有备好课才能上好课，才能提高课堂的效率和质量。

2. 有效备课能减轻师生负担

传统的备课我们更多理解为熟悉教材，然后照本宣科去讲，其实备课是一个很专业的词，是一个有很高的"专业性技巧"的过程，所以只有教师认真地备课，上好课，才能减轻学生的课业负担，以比较小的代价换取较大的效果。

3. 备课是教师专业成长之桥

备课中，教学设计能力既是教师的一种综合教学能力，又是一种创新能力，它在教师教学能力中居于核心地位。我们经常说要提高教师的专业化发展水平，怎么提高？那就是脚踏实地、一步一个脚印地"磨课"，特别是一些特级教师的课例都会让我们看到"磨课"的影子，就像特级教师窦桂梅老师说的"三个超越"。教师一定要在备课中下功夫做到尊重教材、超越教材。如果你能耐得住寂寞，守得住清静，把备课当成一种学习、提升、修炼的过程，你也可以成为"名师"。

4. 优化备课是最现实的校本研修

集体备课是最有效、最贴近教师、最能解决现实问题的校本研修，集体备课就是集所有人的智慧来进行教学设计，这样的校本研修活动成了目前解决教师专业成长的有效途径。

备课是一种什么行为？多年来一直有这样一个误区——备课＝写教案＝模仿或者编材料。其实备课的核心是一个教学设计，教师就像服装设计师、建筑师一样要精心设计出自己的"作品"，设计就得有构思、有创新，不能一味地模仿和抄袭。设计一节课的程序应该是这样的：研读教材（弄清楚教什么）——收集素材（开发课程资源）——再创作（组织处理，设计教学）——课堂实施（实现教学方案）。现在教师备课的资料很多，《教材全解》《参考书》等，严格说照抄教案也不是一点用处也没有，不能是纯粹的"拿来主义"。教师要善于学习别人教学设计的精华和教学思想，在借鉴中创新。

教学的本质是教学生"学"，正所谓"授人以鱼，不如授人以渔"，教学生学习的能力和方法是新课程背景下课堂教学的本质，评价教师的一节好课不能只看学生对当堂知识本身的掌握，要看三维目标的达成，要看学生的学习兴趣，可持续学习，要看课堂为学生引发的思考，要看信息的建立。

如果通过教师的教学，能使学生有一种在生活和学习中应用所学知识去思维的观念和习惯，并培养他们一种勤奋求实、不断探索创新的精神，他们自身和我们的社会将受益无穷。

所以备课的改革势在必行，刻不容缓，要让中学教师从繁重、机械而低效的备课中解脱出来，使备课从"为它所付出"转变到"为它所动"，最终"为我所用"。

（二）语文教师备课的形式

1. 博客备课

这是一种借助网络的互动性、灵活性、民主性而开展的教师群体交流备课形式。博客备课既可以是以教研组的形式建设，也可以以教师个人的形式建设。博客的内容可以是每位教师上传的原创优秀教案，推荐他人的优秀教案并对这一教案进行评述，也可以是与选文有关的文字、图像和声音资料，还可以是讨论教师在备课时遇到的困惑，教师每月的优秀反思和随笔，对文本的个性化解读等等。这个备课博客不仅是一个巨大的资源共享库，更是一个思想交流的平台，通过这一平台，平时很少有机会聚在一起进行讨论的教师们可以非常方便地进行思想的碰撞，对自己的教学设计进行反思。

2. 议题讨论

教师群体交流备课形式注重的不是一堂课应该怎么上，而是在集体的交流中教师们能够说出自己的教学设想，进行比较和分析，取长补短，形成教学智慧。它的目的不是让所有教师的教学都统一到一种模式下，而是在这种比较和分析中，每个教师或者汲取别人的长处，或者发现自己思考的盲点，戒者能有更好的设想。所以集体备课的最终结果应该是出现更多元的、更个性的、更优秀的教学设计。为了避免讨论的无方向性，议题讨论是一种很好的选择。

这种议题可以是针对一篇文章、一个单元、一个学期的课本进行的教学设计讨论，也可以是针对某一类文章、某一种类型的学生进行的教学设计讨论。此外，对导语的设计、教学内容的选择、教学环节的设置、作业的布置等等都可以进行议题讨论。

以上两种教师群体备课形式将教师从计划性集体备课的束缚中解放出来，在尊重教师个性的同时，也开阔了教师的思维，使教师之间能够进行真正的教学研究性对话。

3."方案库"和"案例合作"教案

"方案库"教案是一种"弹性化的课堂教学方案"，它打破了传统的"单线结构"的备课形式，为教师的教学提供了多种路径。它将备课环节分为"创设情境""教学新知"和"拓展延伸"三个部分，每一部分都由好几个方案，构成方案库，一旦在教学过程中遇到突发情况，教师即可调整自己的教学思路，选择别的教学方式。

而所谓的"案例合作式"教案，就是教师将个人备课的心得和设想，写成片段的、矮小的案例，如"开讲导入"设计、"朗读指导"设计、"实践训练"设计等片段，并运用电脑通过校园网不执教相同教材的教师交流合作，互相探究，最后由教师各自选择定夺，连缀案例，编成教案。这种教案写作的优点是能够集教师智慧于一体，综合开发利用教学资源，既避免集体备课的形式化、共性化，又使教师在备课时不再闭门造车。这种备课又不同于互抄教案，因为每一个教师提供的教学案例与方案，都有很大的空白点，这种空白点可以让每一个使用它的教师都能根据自己和班级学生的特点进行调整。

4."电子"教案

"电子"教案就是在电脑上写教案。虽然在形式上教师似乎只是将原先的"纸质"教案搬到了电脑上，但是这种"电子"教案的出现弥补了传统"纸质"教案的不足，便于大规模地修改。"纸质"教案一旦形成基本就固定不变了，但"电子"教案十分便于教师根据实际情况进行大规模的增补或删减。便于长时间保存。"电子"教案的好处就在于既能长时间保存，又能方便教师整理，使教师能够更好地进行备课研究。

5.多媒体备课

多媒体课件将文字、图片、视频、音频集合在一起，创造了一个光、声、电结合的奇妙世界。适时运用多媒体课件给我们语文教学带来了变革。

以作文教学为例，传统的作文讲评课程序：

（1）教师总体点评学生作文情况，讲一讲优点，再讲一讲缺点。

（2）教师让学生朗读范文，并作点评。

（3）发下作文本，学生自己看教师的点评。

这样的作文点评课在很多时候是无效的，缺少对大多数学生的激励，学生之间对话的途径被阻断，作文讲评课成为少数学生展示自己的地方。而多媒体课件的出现，使教师在备课时可以将大多数学生的作品制作成课件，在班级进行展示。这些作品可能是一段话，也可能只是一句话。只要是出现在学生作文中的闪光点，就可以成为展示的对象。此外，这种展示也不局限于一个班级，可以将全年级的优秀作品集合在一个课件中。

此外，多媒体课件利用声音和画面营造出来的教学氛围如果教师能好好利用，将对教学活动的成功开展起到促进作用。

（三）备课中关注对象的变化

把过去备课中只关注具体课文转变为关注学生语文综合素养的提高，是一种开放、合作、发散的备课。所以，语文教师在继承传统的基础上，备出来的课还要富有生命力。具体来说除了要做到以往强调的备透教材、备准学生，更重要的是做到备出理念、备好自己。

1. 备出理念

理念决定行动。"以人为本""以学生为本"成为语文教师备课的核心理念。传统的备课更侧重于考虑教师如何"教"，而新理念下的备课则更侧重于考虑学生如何"学"。看一节课的成败不是看教师是否讲得精彩，而是看学生是否学得扎实，看教师是否真正把课堂学习的主体地位交给了学生，看教师在教学过程中是否真正担得起"首席"的角色。在进行教学设计的时候，应该始终围绕着一个主题——学生学习的需要。从教学目标的确定到教学过程的每一个环节，都应该首先考虑学生的学习需要，所有的细节都针对学生的"学"设计，而不是针对教师的"教"设计，或者说教师的"教"是为了学生的"学"。总之，教师眼里真正有了学生，心里装着学生，才能真正放下架子，融入学生，和学生共同学习。这样，教师的"首席"作用才得以顺利发挥。

2. 备好自我

教学，除了要充分考虑学生的主体地位以外，也要注意教师自我在教学活动中的主导作用。在备课时，教师要充分发挥自己的特长优势，要备课堂语言，备教态动作，备课堂应变等，在教学中充分张扬自己的语文个性。教学过程其实就是教师综合素质的外化，教师应巧妙地把个人能力包括语文素养、音乐素养、美术素养等最大限度地外化为课堂细节，以师生互动的形式发挥出来，而不是个人表演出来。总之，语文备课真正做到备出理念、备透教材、备准学生、备好自己。

（四）备课中阅读视野的变化

"大语文"包罗万象，所以语文教师的阅读视野务必要宽。阅读永远是语文的第一基础，不论教还是学都是这样。

教育教学书籍固然要读，经典名著、现代文学、当代文学也都要读，还一定要读我们中文系宝贵的教材，各阶段的作品、文学、文学理论……上学时是为了考试及格，现在我们语文教师必须从中学能力丰富语言积累，形成敏锐语感，学会感悟、赏析和写作……"要给学生一滴水，自己就必须有一桶水"的说法，有人说它过时了，但这句话对语文备课来讲还是比较准确的。只有教师的阅读视野比学校教学大纲宽广得多的时候，教师才能成为教育过程的真正能手、艺术家和诗人。这样，文本在学生眼前就不再是孤立出现的一株植物，而是有着深蓝色天空作映衬的一幅图画。

人常说"不打无准备之仗""凡事预则立，不预则废"。语文教学工作也是这样，不备课就不能达到预期的目标，就不容易获得最佳的教学效果。作为语文教师，只有加强学习，积极进取，不断提高备课能力，才能适应不断发生变化的学生教育。

三、课堂提问技能

课堂提问是教学活动的重要组成部分，巧妙地使用会使课堂气氛活跃，学生思维开阔，教学效果良好。教师课上能否提出高质量的问题，能否使提出的问题达到预期的目的，是衡量其驾驭课堂能力、评价其教学水平高低的标准。因此，在语文课堂教学中，我们必须掌握科学的提问技巧，达到合理提问，激发兴趣，积极评价，使学生真正悟透疑点、发展思维的效果。

（一）语文课堂提问误区

1. 难度误区

课堂提问中的难度误区包括提问简单、提问偏难和提问空洞三种情况。

（1）提问简单。提问简单有两种表现形式：一是简单的判断式，如"是不是""对不对"；二是肤浅的程序式，如"文章可以分为几部分""各部分分别说的是什么"。如果长期满足于这样表层次的应答，对学生是很不利的：一是学生无须经过深入思考，甚至根本不思考即可回答，起不到锻炼学生思维的作用；二是过于简单的提问容易造成学生思维的懒散。

（2）提问偏难。教师无论在人生阅历还是知识经验方面都远超学生，但是一些教师总以自己为参照物设计问题，忽略了学生的思维能力。比如，教师在教学《背影》一课时，提问："人们都说眼睛是心灵的窗户，作者为什么不写眼睛而写背影呢？"这个问题需要进行深入思考，甚至涉及心理学和美学问题，学生难免会觉得没有头绪。对此，教师应一步步引导，循序渐进地和学生探讨，以便学生能更快理解文章的深意。

（3）提问空洞。在新旧理念的碰撞中，一些教师为了体现"以学生为中心"，让学生有足够的思考空间，一味把简单的问题以"设问"和"反问"的方式提出。这是一种没有小题大做性质的故弄玄虚或习惯性话语。例如，教师在教学时会提问："这一单元我们学了几篇课文？"学生回答："4篇。"这样空洞的问话只是为了赢得学生的认同性回答，其余毫无价值。

2. 价值误区

有些教师习惯在课堂随意提问，难度角度又过于简单，造成提问没有思考价值或教学价值。如有不少教师课堂上自觉或不自觉地喜欢问"是不是""好不好""对不对"等，这样的提问基本上没有什么思考价值，但教师常常这样问，学生也只能跟着教师的思路走，根本用不着逻辑思考和道理分析，结果丢掉了自己的思路。

3. 观念误区

在提问的观念上，很多人认为学生应无条件顺从教师的想法，教师怎么说，学生就怎么做，提问方式也多为教师提问学生回答，很少出现学生反问或学生互问的情况。这种提问方式会束缚学生的想象力与主动探索的能力，也会扼杀学生的创新思维，课堂氛围也容易变得死气沉沉。

4. 动机误区

如有的教师为了赶进度，提问后就要求立即作答，只有一两个学生想发言就迫不及待地请他们回答，或者在学生一下子没有想到时，又急于在全班上说出自己的理解，显然没有给更多的学生以思考空间，活跃的只有少部分学生，大部分学生只有坐冷板凳。

5. 对象误区

提问对象集中。有的教师问题设计很有层次，但回答问题的学生总是那么几个，而且往往自觉或不自觉地也就抽那几个，结果容易使课堂成为几个思维活跃的学生表演的舞台。长此以往，不经常回答问题的学生将会对课堂提问感到厌倦或不耐烦，不愿再用心思考。学生不愿意动脑筋，最终会导致学生对提问回答意识的淡薄。

6. 评价误区

提问后，教师经常会用"很好""很正确""回答得不错"等肯定性的词汇或"不对、你再想想"等否定性词汇来评价，对学生的回答反应单一、评价单一，缺乏针对性和趣味性。学生回答问题之后，教师除了给予学生肯定，还可以引导学生说出自己的思考过程，指出学生的优点和需要改进的地方，这样才能有效激励学生。

（二）克服提问误区的对策

1. 克服难度误区

课堂提问的难度不能过高或过低，不合适的提问会让学生感到困惑，甚至对学习失去兴趣。教师在课堂提问时，要根据学生的知识水平和能力来把握问题的难度，这样可以激发学生的求知欲，并使学生经过短时间的认真思考就能回答得出。

要达到这一目标，就要求我们教师在提问前应把握好"度"。一是要了解教材，掌握学情。我们在课堂设疑时要做到因材提问、因人提问，避免那种"是不是""对不对"的简单提问，或难度很大令学生卡壳的提问。二是随机应变，善于生成。对老师所提问题，如果大多数学生神情漠然，老师就应立即巧妙提示，分解设问，分散难度，设置梯度。如先提出能使学生在读懂课文的基础上略加分析思考或概括归纳便可答出"牵引性"问题，再提出包含着复杂的逻辑判断与推理关系，或从前提到结论，或从分析到综合，有一定的深度和难度的"探究性"问题。

2. 克服价值误区

有价值的提问，是根据教材特点，把握教材重点、难点，抓住关键词，以达到掌握重点、突破难点的教学目标，又能发展思维能力而设计的问题。显然，对于重点和难点内容，如果由教师一语道破，再让学生去死记硬背，则远不如提出问题启发学生，让学生自己思索求得答案的效果好。比如，《药》一文中，红眼睛阿义打了夏瑜，夏瑜却说"阿义可怜"，这是理解夏瑜性格的关键，也是理解课文的一个难点。有位老师这样提问："夏瑜被阿义打了，为什么还要说'阿义可怜'呢？"常人以为夏瑜被打,夏瑜实在可怜,可是夏瑜却说打他的阿义可怜。经这样一问,学生兴趣大增,他们认真思考,相互讨论,最后终于得出了"阿义做了反动统治者的走狗帮凶却还毫不觉悟,自然是可怜的"这个答案。这样提问,不仅使学生对文章分析深入、理解透彻,而且能使学生感受到一种逆向思维的乐趣和喜悦。

3. 克服观念误区

学生只能跟着教师的思路走,甚至为此而只让老师提问,不许学生提问,不允许学生有自己的思想、自己的思路。这种观念违背了以学生为主体的教育理念。学生提问题说明他在动脑、在思考,教师应给予充分肯定。至于学生提出的有些问题,让教师确实难以当场解答而显得尴尬,打乱了正常的教学思路和教学程序,但我们不能因此就指责学生是提怪问题而挫伤其积极性。相反,能当场解决的问题就当场解决,不能当场解决的问题,要么交给全体学生思考讨论,要么向学生说明老师没有注意到这个问题,等课后查阅资料后解决,这样会提高自己在学生心目中的威信,如果不懂装懂、敷衍塞责,或斥责学生有意捣乱,实则不可取。

4. 克服动机误区

首先,教师问题提出来后,无论如何都应该给学生留有思考的余地。对于语文教学来说,有时候答案不是最重要的,思考的过程和方法显得更重要。学生回答问题难免因为一些关节卡在那里,我们需要对其思考适当点拨,加以鼓励。对学生的提问,在每个问题提出之后,至少要等待三秒钟,这样做有许多好处:可以有更多的学生能够主动而恰当地回答问题,可减少卡壳现象,可增强学生的信心,可增多发散思维的成分,可增加学生回答的多样性等。可见,如果老师急于求成,使学生没有足够的时间进行深入的思考,即使精心设计了具有思考价值的问题,也不能发挥其作用。其次,用难度大的问题来惩罚学生,其动机不但不能达到激起被惩罚学生学习积极性的目的,反而还会破坏师生感情,甚至使学生产生逆反心理和厌弃语文的情绪。因此,对学生身上存在的问题,要调查了解清楚并做深入细致的思想工作,启发他们改正,力求建立平等民主的师生关系,形成融洽的课堂气氛,切不可用高难度的课堂提问来难住学生,以使其难堪。

5. 克服对象误区

教师把提问着重针对几个能力较强的学生,认为只有这些学生才有能力思考和回答难度较大的问题，这显然是不对的。如何面向全体学生提问呢？那就是提问要注意分层次设计，化难为易，化大为小。上好一节语文课，单靠一两个提问是不够的，只靠几个优秀学生能回答问题也是不行的，它需要教师站在高处，面向全体学生，根据学生的个体差异，从整篇课文来谋划，设计出一组有计划、有步骤的系统的提问。这样的提问不仅有一定的思维深度，而且能让更多的学生参与思考，使不同层次学生的思维都得到一定的发展。所以，教师可以根据教材特点和学生实际水平，把难问题分解成易理解、更有趣的小问题，或把大问题分解成一组小问题，层层深入，一环扣一环地问，逐步引导学生向思维的纵深发展。其中，对一些水平略逊的学生，可以让他们回答较容易的问题，并鼓励他们尝试难度较大的问题；对于水平较好的学生要求相对拔高。这样兼顾不同层次的学生，使他们都能有不同程度的提高。

6. 克服评价误区

对学生的答问进行评价切忌简单化，一定要根据具体情况采用恰当的评价形式，以鼓励、表扬等积极的评价为主，采用激励性的评语，尽量从正面加以引导。

适时评价答问于动态生成中。对于那些容易得出结论或答案较单一的问题，可以运用即时评价，另外两种情况则应运用延迟评价。对于有多种答案的问题要延迟评价，当学生有能力自我完善答案时也要延迟评价。学生更准确、更完整的答案可能在经过一定时间的思考之后产生，也可能在听老师的继续讲解或听其他学生的发言时产生，适当延迟评价可以促进学生思维的条理性和深刻性。

客观评价答问于体验提升中。在课堂设置问题中，学生接受能力不同，学生所作出的应答自然就有差异。有的回答可能比较正确，有的回答不够准确甚至是错误的。但不论是哪种情况，教师都应做出肯定性评价，分析不足及努力方向。

综上，中学语文课堂提问的误区很多，克服提问误区策略也很多。只要我们面对出现自身的提问误区，能从实际出发，转变观念，追求价值，端正动机，不仅根据授课的知识内容、思想内容，分重点、难点提问，并且根据学生的个体差异提问，就能使课堂提问真正有效地提高语文课堂教学的效率和质量。

（三）课堂提问的重要性

课堂提问也是教师根据教学要求联系课文重点，向学生提出问题，并引导学生经过思考，对所提出的问题得出结论，提出自己的看法，从而获得知识，发展智力的教学方法。这是语文教学的一个重要手段，是教师、学生共同参与的一种双边活动。

1. 不断引起学生的注意，使学生积极参与教学活动现代教学理论主张

让学生参与到教学活动中，也就是教师、学生共同来表演，教师唱主角，学生唱配角，不能让学生简单地从属于教师。课堂提问正符合这一教学理论，它能不断地引起学生的注意。课堂提问给学生以外部刺激，防止了注意力的分散，并使学生经常保持有意注意，对问题进行分析、反应，然后归纳整理并做出回答，使学生有一种紧迫感。实践证明，通过提问传授给学生的知识印象深刻，记忆牢固。通过提问引起学生的有意注意，让学生积极参与教学活动，所学知识比由教师对学生单向传递信息所获得的知识印象深刻得多。

2. 激发学生的学习积极性课堂提问能激起学生的好奇心

好奇心是支配学习活动的一个重要动机，其特征在很大程度上依存于外界的刺激，它对于接受外界刺激、同化外界刺激进行信息处理的学习过程来说是非常重要的。提问能激发学生学习动机。因为回答问题是面向全班同学的，对问题所作出的回答体现了学生的知识水平以及能力大小，因此，学生在回答问题时总是希望得到称赞和自尊心的满足。

这种竞争意识促使学生对问题积极思考，课前做充分的准备，平时多进行阅读以拓宽知识面，这样，提问就诱发了学生的学习欲望。教师通过对学生答案的肯定或否定，使学生知道问题是否得到了解决，在多大程度上取得了进步，在多大程度上达到了目标，这些又进一步激发了学生的学习积极性。

3. 使教师及时了解学生的掌握程度

提问是教师与学生进行信息交换的双边活动，而不是过去那种教师输出信息、学生接收信息的单向活动。提问可以使学生了解本课的重点，使教师了解到哪些方面对学生来说是困难的，需要仔细讲解，哪些方面学生已经理解，只需一笔带过，并根据学生反馈的信息及时调整教学活动，该详则详，该略则略，该补充则补充。提问能使教师了解到哪些问题学生基础薄弱，哪些问题需要加强并及时给予指导。

提问能使师生双方相互了解，共同努力，搞好教学活动。有教师害怕课堂提问出现冷场，耽误课堂时间，总是单纯提问学生，希望课堂提问顺利进行。课堂提问

应该面向全体学生，内容要有梯度，要有层次；入选要不拘一格。引路性提问，要多问优等生；锻炼性提问，照顾中等生；鼓励性提问，穿插点问差等生。总之，课堂提问要让每个同学都有启迪，要使人人主动进取，使课堂变成学生施展才华、相互竞争的场所。

（四）课堂提问的梯度性

孔子早就提出"因材施教"的论断，苏霍姆林斯基也强调"必须根据学生的特点个别施教"。孔子还强调在实行启发诱导的基础上，必须注意循序渐进，即："夫子循循然善诱人，博我以文，约我以礼，欲罢不能，既竭吾才，如有所立卓尔。虽欲从之，末由也已！"（《子罕》）这些既是对语文课堂教学力求梯度性的要求，更是对课堂提问时要有梯度性的要求。那么，怎样设计提问的梯度呢？

第一，设问时，要像攀登阶梯一样，步步升高。《学记》中有句话："善问者，如攻坚木，先其易者，后其节目。"这说明提问时要先易后难。因此我们设问时，就要在安排问题的难易度上下功夫，做到由易到难，步步设梯，从而引导学生的思维跟着"爬梯"。阶梯式提问是日常教学中最易普及的一种教学方法，它由易到难，由简到繁，能充分调动每个学生思维的积极性，人人有思考机会，个个有答问的条件，每个学生的答问都显示了思维的深度和广度，学生也敢于积极参与，从而启迪了他们的创造性思维，使智力得到锻炼和强化。

第二，课堂提问，要像操刀剥棕一样，步步深入。因为学生的思维往往从问题开始，又深入问题之中，它始终和一定的问题联系着，所以，我们设问时必须根据学生的思维特点，遵循疑—问—思的客观规律，由此及彼，由表及里，层层解剖，步步深入，最终达到使学生能自己跳起来摘到果子的理想境界。

例如，在教巴尔扎克的《守财奴》时，引导学生围绕拿侬对葛朗台说的一句话"先生，你一生一世总得讲一次理吧！"层层设疑，展开讨论。师问：这话出自下人拿侬之口，看似闲笔，但实际上举足轻重，并不寻常，这是为什么？

生答：这话是作者精心安排的，弦外之音是说"先生你也太不讲理了"。看似乞求，实际是对葛朗台不满的发泄。（学生基本上能答出"不满"来）就学生的既定认识，再深一步问：就葛朗台本人方面看，说明了什么？生答：说明葛朗台活到70岁，没讲过一次理，可见其心理的扭曲，而这正是对其贪婪、冷酷、专制的揭露。

教师继续往深层次设问：从作者方面看，这么写，表明了什么？

生答：与其说是拿侬的话，不如说是作者愤怒的呵斥，是对守财奴本性的无情鞭挞。

这样就出现了一个明显的梯度：不满——揭露——鞭挞。先回答的学生明显地感到了差距，激起了争胜之心；后回答的学生意识到通过前人得到提高，更好地思考、学习，所提问题就激起了学生思考的积极性。

第三，课堂设问时，要像投石激浪一样，步步扩大或延伸。问题一个接一个地扩大或延伸，与学生的思维和谐地统一起来，让学生不停地思考，思维逐步地展开。

例如，教《雷雨》时，问学生"周朴园那么怀念侍萍，有人说他还挺有人情味呢！有人却说这是他的虚伪。大家是怎么认识的？"这其实是本课的一个难点。有位同学回答："这怀念是真的。"教师赶紧肯定并延伸："有道理。请大家想想为什么？"持赞成意见的同学得到肯定，思维活跃，勇于回答，列举了周朴园在此前的一些言行为据，加以证实；马上就有同学以周在此后的一些言行为据表示反对，认为周是虚伪的，怀念是假的。教师赶紧扩大，对这一派的同学也表示赞同。这样一来，两派学生就表示茫然和困惑：这不矛盾吗？教师赶紧再延伸："致使周前后言行反差巨大的原因是什么？"学生答出"发现了侍萍。"教师继续扩大并和谐："周对死了的侍萍就真诚，对活着的就虚伪，这为什么？"两种意见一下子就靠拢了，形成统一的结论：周的"怀念"是真，因为侍萍已死，不能对他的名誉、家庭等造成不良影响，却能表现他的真纯，同时又是他精神的慰藉；当对他的家庭构成威胁时，他就不再道貌岸然了，他的精神要旨就成了家庭、声誉，纯情便不复存在，故是"虚伪的"了。这样一个评价人物，把握主旨的难点就解决了。

学生积极参与，回答滔滔不绝是成功课堂的表现。而成功设计问题是其中的关键。设计问题要抓住学生心理，先易后难并井然有序，挖掘每一个学生的潜在能力，从而使大部分学生乐于思考、乐于回答。认真设计提问的梯度，是培养学生思维能力的必要手段，它对注入式教学造成的流弊有积极的纠正作用。

（五）课堂提问的相关技巧

1. 创设氛围，给学生问的勇气

思维是从问题开始的，有问题才有思考。"疑是思之始，学之端。"学有所疑，才会学有所思、有所得，才会产生兴趣，形成动力。可见，培养学生的问题意识是创新教育的起点。

在语文课堂上，教师要努力创设宽松、愉悦的课堂氛围，让学生敢想、敢问，敢于表达自己的真情实感。教师要通过自己的语言、动作、情感传递给学生亲切、信任、平等的信息，引导学生一起参与问题的探索与研究。若学生提出的问题与教学内容有所偏差，或问题提不到要害处，这时教师要先给予积极鼓励，赞扬学生敢于提问的勇气，而后给予点拨和启发，让学生带着成就感坐下。

2. 设计情境，教会学生问的方法

爱因斯坦曾经说过："提出一个问题往往比解决一个问题更重要。"在课堂教学中，鼓励学生质疑问难，培养学生善于质疑问难的能力。任何发明创造都是从"发现问题""提出问题"开始的。对创新学习而言，问题的提出更重要。在课堂教学中，教师要善于创设问题情境，激发学生去探索、猜想、发现，让学生在问题解决中学习，使学生的学习过程本身构成一个提出问题、解决问题的过程。教师要设计一些探索性和开放性问题，为学生积极思维创设丰富的问题情境，让每个学生在主动参与中得到发展。学生提的问题越多越好，越与众不同越好，在努力寻找答案的同时，想象力和思维能力得到发展，学生质疑问难的能力也随之逐步提高。

3. 引导探索，培养学生问的能力

要使学生善于提问，教师就要为学生做如何提问的示范，启发学生在平时的学习中寻找问题，特别是在学生自己思考后还不明白、不理解的地方寻找问题，多问几个"为什么"。课堂上，要给学生表达自己想法的机会，留给学生充分地探索的时间，尊重学生以不同的方式理解和解答问题。经常给学生提供合作交流的机会，让学生互相质疑或向教师提问，准许学生有疑就问，就是在教师讲授过程中也允许学生插话、提问，不怕打乱原来的教学程序。特别是对学生提出的问题具有创新个性的要给予积极的评价，使学生体验到成功的快感。

4. 培养学生的探究意识和创新能力

钱学森曾提出"世纪之问"："为什么我们的学校总是培养不出杰出人才？"直指中国学生的探究创新能力低下，传统的教学是学生被动地接受，不去主动地学习，也不会主动探究。要探究学习，就必须有问题意识。重视学生的探究能力的培养，就是基于为祖国培养创新人才的使命而提出的。

四、板书设计技能

板书是一门艺术，也是一门学问，钻进去，教者会多一些乐趣，学生更会多一些乐趣。黑板是教学中使用最普遍、最重要、最直观的教具之一，而板书则是为配合教师教学，以形象的框架结构、简明扼要的文字书写在黑板上的重要的教学信息。心理学研究表明，人脑接收外界信息，90%来源于眼睛。板书正是教师为促进学生接收教学信息而精心设计的视觉代码。好的板书不仅有利于学生掌握课堂知识，而且可以让学生从中受到美的熏陶和强烈的思想感染。

（一）语文课堂板书的作用

语文课堂板书的作用主要体现在以下几个方面：

1. 概括教学内容

板书是教师根据教学需要，在课堂上以书写、绘图等方式，将教学重点、难点或关键信息呈现在黑板或多媒体屏幕上的一种教学辅助手段。通过板书，教师可以简洁明了地概括本节课的主要内容，帮助学生快速掌握教学要点，形成清晰的知识结构。

2. 引导学生思维

板书的布局、设计和内容能够引导学生跟随教师的思路进行思考。通过板书的逐步展开，教师可以引导学生深入理解文本，把握文章的主旨和脉络，培养学生的逻辑思维能力和分析能力。

3. 辅助记忆和理解

板书中的关键词、重点句和图表等信息，有助于学生记忆和理解教学内容。学生在观看板书的过程中，可以形成视觉记忆，加深对知识点的印象。同时，板书也有助于学生在课后复习时快速回顾和巩固所学内容。

4. 激发学生的学习兴趣

精心设计的板书可以具有一定的艺术性和趣味性，吸引学生的注意力，激发他们的学习兴趣。通过板书的色彩、字体、图形等元素的搭配，教师可以营造出轻松、愉悦的课堂氛围，让学生在轻松愉快的氛围中学习。

5. 提高教学效率

板书可以帮助教师减少口头讲解的重复劳动，提高教学效率。通过板书展示关键信息，教师可以减少不必要的解释和说明，将更多的时间用于引导学生进行深入的探讨和思考。

语文课堂板书在教学过程中起着举足轻重的作用。教师应充分利用板书这一教学辅助手段，发挥其优势，提高教学效果。同时，教师也应根据具体的教学内容和学生特点，灵活设计板书内容和形式，以满足不同学生的需求。

（二）板书设计的基本要求

一般来说，板书设计必须符合目的性、系统性、简洁性、示范性的要求，而语文板书设计还必须体现语文课程的特点。

1. 书写规范，有示范性

训练写字能力，养成良好书写习惯是语文教学的内容之一，语文板书也应给学生以示范。语文板书时，文字书写要工整规范，遵循汉字书写规律，字体要整洁优美，大小适中，疏密得当，有一定美感。

2. 语言准确，有科学性

语文的学习就是语言的学习，因此，板书语言也应成为学生学习语言的"样本"。语文板书时，语言要准确，反映学科科学性，表达要流畅，符合汉语表达习惯，选词力求简明精要，体现遣词造句的技巧。

3. 层次分明，有条理性

语文课堂板书是"编路""文路""教路""学路"的合成体，板书内容的层次分明，条理清楚，即意味着各"路"的层次分明，条理清楚，还能增强课堂教学言语的清晰度和逻辑性，使教学过程更具条理。

4. 重点突出，有概括性

一篇课文从内容到形式，复杂多样，包罗万象，板书不可能将其全部纳入。因此，板书设计应进行内容的整合，突出重点，充分体现对繁多内容的高度概括，给人清晰、鲜明的印象。

5. 合理布局，有艺术性

板书是教学艺术的一种表现，是教师独具匠心的艺术设计。板书设计要运用一定的美学方法，合理布局，使之从构图、字体、色彩等方面给人以美感。

6. 形式多样，有趣味性

语文板书没有固定的形式，能服务于教学，给学生留下鲜明印象的板书，都是好的板书。所以，板书设计不能拘泥于固定的形式，应形式多样，用充满情趣的板书，给学生留下深刻的印象。

（三）板书的常见类型

语文教学中，板书的形式是多种多样的，划分标准不同，其类型也不同。下面列举几种常见的语文板书类型，供大家参考。

1. 提纲式板书

语文课堂中常用的一种板书形式，主要是按顺序概括课文内容要点，并借助标题式的语言，以提纲的形式写出来。这种板书具有整体性和概括性的特点，提纲挈领，言简意赅，简明扼要，脉络清楚，既反映文章整体结构，又概括主要学习内容，也有助于学生形成列写作文提纲的习惯。

如《故都的秋》板书，见图 3-1：

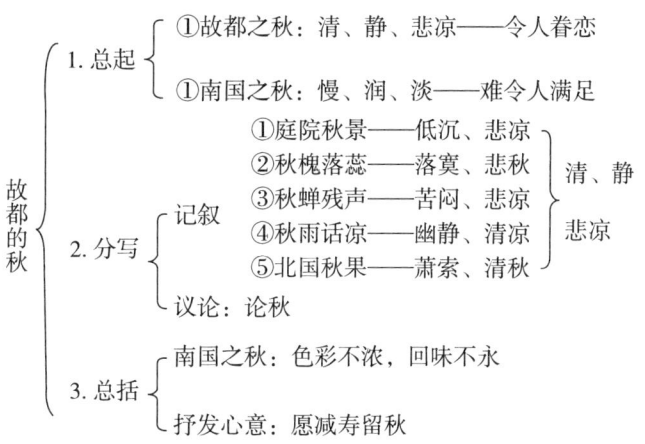

图 3-1 《故乡的秋》板书设计图

2. 线索式板书

有些课文本身就有鲜明的线索，学生通过把握线索就能顺利地领会理解全文内容，这类课文可采用线索式板书。它依文章的线索设计，以文章的线索为板书的主体。有一些课文采用明、暗双线结构的方式，达到更深刻揭示主题的目的，设计时也可用线索式板书,帮助学生理解。

根据中学语文教材选文的不同线索结构类型,线索式板书可有情节发展式、人物活动式、情感变化式、时间推移式、地点转移式等多种形式。

如《雨中登泰山》板书见图3-2:

图3-2 《雨中登泰山》板书设计图

3. 图表式板书

图表式板书是指通过表格或线条、关系框图等的形式来设计的板书。这类板书或借表格进行归纳、整理、对比,可以让学生以填空的方式完成,或借助线条、框图帮助分析、推理,结合教学进程完成板书内容。

如《看云识天气》见表3-1:

表3-1 根据云的特征判断天气情况

云的种类	云的形状	云的厚度	天气情况
卷云	像羽毛,像绫纱	最薄	阳光透射地面,不会带来雨雪
卷积云	像鳞波	很薄	不会带来雨雪
积云	像棉花团	较薄	在天空映着温和的阳光
高积云	像羊群	转薄	云块间露出碧蓝的天幕

4. 对比式板书

有一些课文在内容、写法上就运用了对比的方法突出重点、中心。这类课文可采用对比式板书。既借助一定的板书形式,将形成对比的双方排列出来,使形象更加生动,观点更加鲜明,主题更加突出。

如《为学》见图 3-3：

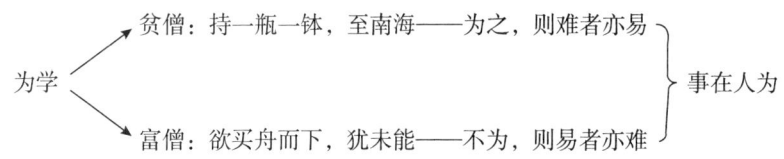

图 3-3　《为学》板书设计图

5. 文体结构式板书

文体结构式板书，就是根据不同的文体设计板书，使板书能体现出不同文体的特点。

如《六国论》，采用总—分—总的结构形式，通过层层分析，最后强调结论，表明文章主旨，见图 3-4。

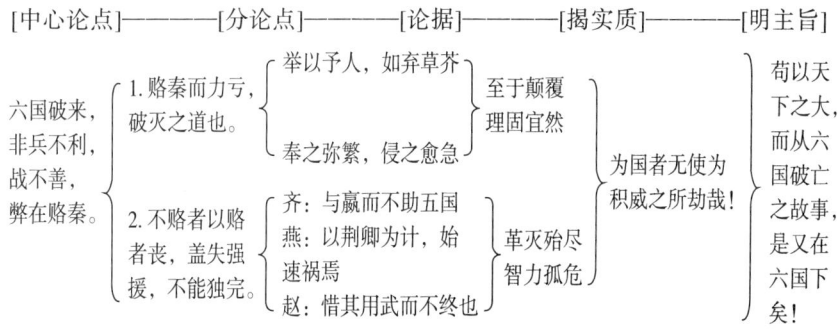

图 3-4　《六国论》板书设计图

6. 综合式板书

综合式板书是将课文内容、结构、写法等各方面教学要点综合在一起，使学生能够全面掌握课文内容。综合式板书有利于学生全面、有重点地掌握全文内容，适合于各类课文，在语文教学中具有普遍性。

如《岳阳楼记》，见图 3-5：

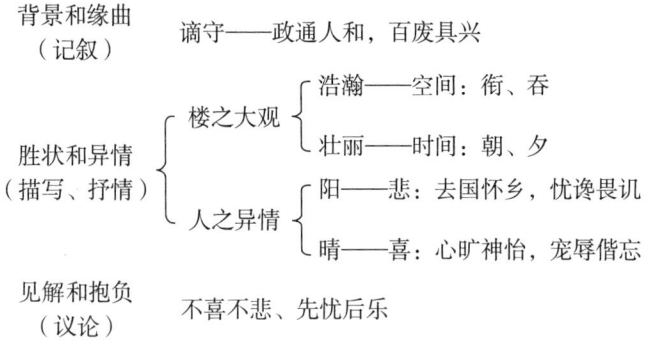

图 3-5 《岳阳楼记》板书设计图

7. 人物分析式板书

人物分析式板书主要是依据课文中对人物形象的描写来设计板书,在课堂上结合分析将内容展示于黑板上,加深学生对该内容的理解。这是语文课堂中的一种带有专题性质的板书,有突出、强调重点内容的作用。

如《林黛玉进贾府》,见图 3-6 至图 3-8:

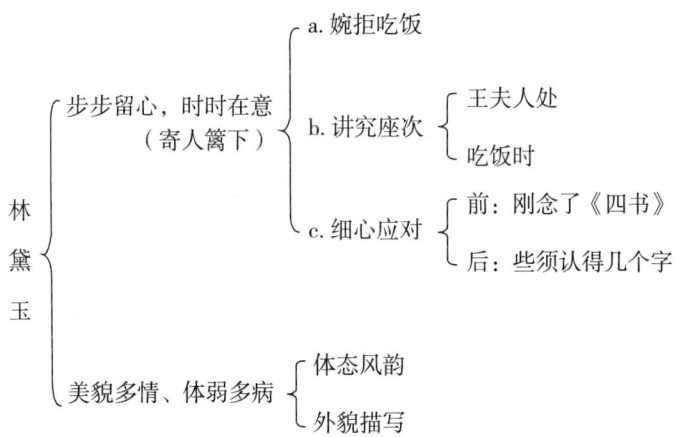

图 3-6 林黛玉人物设计板书

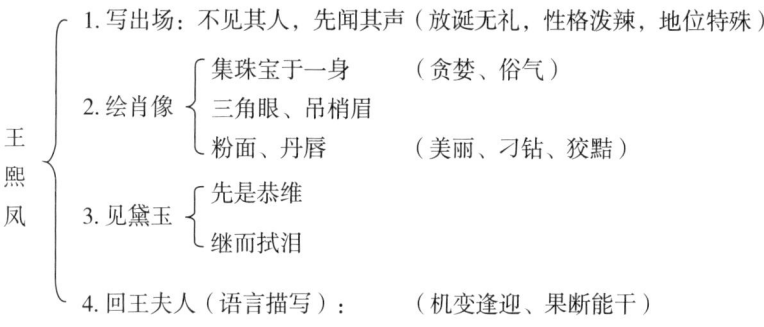

图 3-7　王熙凤人物设计板书

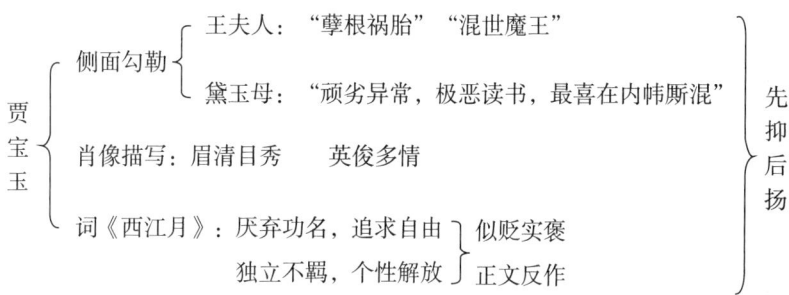

图 3-8　贾宝玉人物设计板书

"林黛玉"的板书抓住人物的特点，通过对人物活动过程各种表现的概括，使学生感知人物性格；"王熙凤"的板书按文中该人物出场的顺序，摘引文中相关的词、句，全面展示了人物的面貌；"贾宝玉"的板书则根据人物描写的方法，从不同角度使人物形象得以展示。这样，在同一篇课文中，以不同的方式，不同的出发点，设计不同的人物分析板书，不仅能展现不同人物形象的特点，而且使板书的设计灵活多样。

8. 总结式板书

语文学习过程常常需要对学习内容进行概括归类、归纳小结。总结式板书也称归纳式板书，就是采用适当的板书形式完成这一过程，帮助学生有条理地梳理、掌握知识，加深印象。

如《背影》见图 3-9：

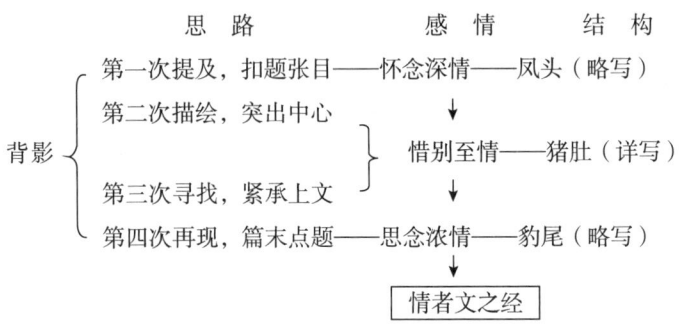

图3-9 《背影》板书设计

五、情感及情绪价值的提供

何为情？情就是心绪之流动起伏。何为感？感就是感觉器官对事物接触视神经传导的知觉。因此，情感就是随着心绪流动起伏的知觉。这种解释应当是与心理学相近的。那么，情感教学就是在教学中要引起学生接触到课文信息而产生的心绪流动起伏的知觉。

（一）语文情感教学

语文情感教学就是指教师在语文教学活动中，在充分考虑语文认知因素的同时，着意突出语文作为人文学科的特点，充分发挥情感的动力、调节、组织等作用，使学生情知共进，形成健康个性、完善健全人格的一种教学模式。如愉快教学、情境教学等都属于语文情感教学的范畴。

在漫长的教学实践中，作为语文教学有机组成部分的语文情感教学却一直未能得到应有的重视，这不但使语文教学的功能没有得到最大限度地发挥，而且影响了现代语文教育的进一步发展。这就要求现代教育能更充分地发挥教学的潜能，改变一切不合理的教学思想、教学模式和教学方法，这样语文情感教学也就被推上了现代教学改革的舞台。

（二）语文情感教学的价值

从语文情感的角度分析，思想品德形成的过程是受教育者和教育者之间情感的交融与共鸣的过程。因此，要铸造学生的灵魂，净化学生的情感，只有灌输、说服是不够的，还必须有感染、熏陶。

高中语文课本中不少篇目是文学作品，作家在作品中寄寓了自己的思想感情，《离骚》中屈原的忧国忧民、忠君致治的高尚情操,《我有一个梦想》中马丁·路德·金为争取黑人权利而坚定斗争的信念,《纪念刘和珍君》中宣泄着作者对黑暗社会的愤慨与仇视,《老人与海》中表现了人性中最宝贵的英雄主义精神,还有的课文描绘了祖国大好河山的绚丽景色等。在教学中,教师如能努力运用课文中蕴含的真实感情,引导学生与高尚的灵魂对话,与智慧的生命碰撞、与丰富的情感交流,学生的人格就能日趋完善,从而成为既能适应又能推动时代向前发展的一代新人。

加强语文情感教学有利于实现语文教学的目标。心理学研究表明:当学生的心理处于压抑不满、失去信心甚至恐惧之中时,它会直接阻碍、中断、削弱智力活动的进行;当学生的心理处于兴奋、愉快、轻松之中时,它会激发、维持、加强智力活动的进行,从而"像向往幸福一样,幻想在你所教的这门学科领域里有所创造"(霍姆林斯基)。列宁也曾指出:"没有人的情感,就从来没有也不可能有对真理的追求。"

语文课程的目标系统建立了"三个维度"的模型:知识和能力、过程和方法、情感态度和价值观。可见语文课程关注的内容和目标得到了拓展、丰富,知识和能力只是目标系统中的一部分,语文课堂教学的本质,不再只是教师教语文基础知识、训练语文技能、强化解题方法,还要有情感与价值观的培养。这样,语文教学就被赋予了新的任务。

在中学语文课本中,不少作品既展现了丰富多彩的生活画面,也融进了作者的喜怒哀乐。"文章不是无情物",在教学中,教师如能循循善诱,触动学生的心灵,就能唤起学生的情感体验,使学生进入课堂学习的最佳状态。这不但能充分调动学生学习文本的积极性和主动性,而且学生有了身临其境的感觉后,就会情随境迁,陶醉其中,以至于达到"忘我"的境界。也只有这样,学生才能真正理解作品,才能真正品味出作品的情境美、韵律美,也才能真正进入作者的感情世界和感悟作者为我们揭示的作品中那些丰富的底蕴。

(三)语文情感教学的基本途径

情感是可以交流的,其交流就有一个或多个路径,即途径。心理学认为,情感与认识过程紧密联系着。客观事物只有当它被人们认识了的时候,才有可能引起人的情感在课堂教学中,教师是教学的主导,学生是学习的主体,因此对学生情感的调动应是教师自觉的、有意识的行为。语文情感教学的基本途径有如下几条:

1. 教师首先要入情

（1）进行情知结合的备课。在教学中，教师要想用教学内容所内含的情感打动学生、感染学生，自己必须首先被这种情感打动、感染。正如托尔斯泰所说："把自己体验过的情感传达给别人，而使别人也为这情感所感染，也体验到这些情感。"因此，教师在备课时，不仅要把握教学内容中的要点、重点，考虑到学生可能出现的难点、疑点，还要在全面、深刻地了解作者的人生经历、写作背景的基础上，正确理解和把握教材中作者和某些人物角色的思想感情，充分挖掘教材中的情感因素，并运用自己的生活经验，去努力体验其中的情感，激起自己的情感波澜，使自己情动于心。这样教师才有可能带领学生走进作者所创造的艺术世界，教学场景也才会呈现出强烈的共鸣状态。

（2）保持愉快、饱满、振奋的精神状态。19世纪德国教育家第斯多惠说过："教育的艺术不在于传授本领，而在于激励、欢欣和鼓舞。没有兴奋的情绪，怎么能激励人？没有主动，怎么能唤醒沉睡的人？没有生气勃勃的精神，怎么能鼓舞人呢？"这表明教师掌握和控制自己的情感的重要性。在日常生活中，到处充满了爱，也充满了矛盾。教师因家庭不和、工作不顺或课堂上出现不愉快的现象等，使教师的精神、心理受到刺激，或忧伤、或怨恨、或悲观等，这时教师一定要注意掌握和控制自己的情感，要全身心投入课堂教学中，不能把消极、不良的情绪传染给学生，更不能迁怒于学生。否则，不仅会影响师生之间的情感，而且会影响教师对教材中情感的正确抒发，这样就不能很好地调动学生的情感。

2. 引导学生入情

（1）设计引人入胜的导语。"良好的开端是成功的一半"，作为教学信息中最先发送的导语，是调动学生情绪的突破口。好的导语就像磁石，能把学生分散的思维高度集中到课堂教学中；好的导语又如同思想的火花，能给学生以启迪、催人奋进。因此，有经验的教师都十分注重对新课导入的设计。

教师可根据不同情况设计不同的导入方式，常见的有切入法和起兴法。切入法是教师以教材为本，在教材中找寻容易引起学生思考的内容，作为打开学生思维大门的钥匙；起兴法是教师利用外部条件创设情境，用较直观的手段引起学生学习的兴趣，作为架起教学目标的认知领域与情感领域的桥梁。实践证明，好的导语能让文中所写的景和事、人和物、情和意等猛烈叩击学生的心扉，使学生跨越时空，身临其境，心入其境，从而受到情感的熏陶。

（2）学会声情并茂地朗读。朗读能将无声无情的语言文字变成有声有情的口头语言。郭沫若在《文艺论集》中描述道："立在海边，听着一种轰轰烈烈的怒涛卷地吼来的时候，我们不禁心要跳耳要鸣，我们的精神便要生出一种勇于进取的气象。"节奏有力的涛声能引发人的情思，教师声情并茂地朗读自然也能激发学生的情感，使学生与作品中的人物一起分担喜怒哀乐，从而直接受到感染、熏陶。语文教材中有不少语言生动、优美的佳作，教学这样的文章，不宜把知识过于割裂，而应该通过有感情地朗读来完成教学任务。

教学时可让学生从正确的标准的普通话播读，发音正确，吐字正确。语速适当，节奏流利和谐，缓急结合，分出轻重缓急，分清抑扬顿挫，注意停顿、重音、换气、鼻音、平翘舌音要读准等方面直接感受作品情感的脉搏，使学生"耳醉其音""身醉其境""心醉其情"。这样，在师生双方共同的努力下，教学就会达到事半功倍的效果。

（3）进行妙趣横生的讲解。一言兴邦、一言却敌、一言化敌为友、三寸不烂之舌等都是强调言语的重要性，"良言一句三冬暖，恶语伤人六月寒"。海涅"言语之力，大到可以从坟墓唤醒死人，可以把生者活埋，使侏儒变为巨人，也能将巨人彻底打倒"，课堂上一句话把学生说笑，一句话把学生说跳。一言知其贤愚。教师讲解课文的过程，不仅是师生共同进行文学鉴赏的过程，同时也是一种情感交流、艺术形象再创造的过程。因此，教师的语言不仅应具有传统教学中所要求的准确性、简明性、逻辑性的特点，还应具有生动、形象、富有情趣和感染力的特点。于漪老师说："语言不是无情物，教师的语言更应饱含深情。""教师的语言要能拨动学生的心弦，在学生的心中弹奏，就要善于传情、善于注情。"

（4）启迪学生丰富的想象。"语言艺术不具备形象的物质形态，欣赏者凭感官直观不到任何形象，而需要通过语言符号在想象中感受艺术形象。"可见，语言艺术具有表现性和再现性的特点，而表现和再现的桥梁就是想象。想象是丰富情感的重要手段，借助想象可以扩充作品的想象空间。文学作品用语言文字给我们描绘了一幅幅生活的画卷，这些画卷应该说是生动的、鲜活的，但它又是以静止的、毫无色彩动感可言的文字表现，它的感人力量必须经过读者的解读、加工和创造。

因此，在语文课堂教学中，教师要善于用新的教学理念去启迪学生丰富的想象，使学生能根据教师的语言并结合已有的生活经验和表象，在头脑中进行加工和创造，达到思接千里，视通万载，这样学生就能得到真切的情感体验，就能与作者产生感情世界的沟通与共鸣。

（5）创建民主和谐的师生关系。师生关系的构建是教育者与受教育者双方的活动，但教育者是构建的主体。教师要热爱学生，尊重与信任每一位学生。特别是对后进生，教师不能以成见看人，更不能横眉冷对、侮辱体罚他们。培根说过："灰心生失望，失望生动摇，动摇生失败。"因此教师要善于寻找他们身上的闪光点，充分肯定他们所取得的进步，尽量缩短师生之间的心理距离，因为良好的师生关系有利于创设理解、信任、轻松、愉快的教学氛围，有利于师生交流，从而产生情感共鸣。

总之，在语文教学中，情感教学是一种科学的、有效的教学方法，是深化课堂改革、实施新课程标准的关键。因此，在教学中我们应该加以积极运用。

（四）情感教学与最佳学习心态

情感离不开心态，情感教学离不开学习心态。学习心态不好，学生的情感表达也就比较弱，就无法进行正常的情感教学，也就难以达成三维教学目标中的情感态度和价值观目标。因此，我们要重视情感教学与最佳学习心态的营造。

1. 学习心态的营造

良好的学习心态，主要由轻松感、愉悦感、严谨感和成功感构成，它们相互联系、相互促进。轻松是学习活动成功的发动机，愉悦是成功的催化剂，严谨则是成功的检控器，而成功既是关键又是最终的目的。

学习心态，无疑就是学生学习时的心理状态。教师平常都注意语文活动仅是"语文认知活动"，却没有注意和认识到语文活动也应是在情感心态的参与下进行的活动，有着浓烈的情感心态的参与，情感教学效果会更好。成功的情感教学往往是伴随着最佳心态产生的，学生只有在最佳语文学习心态的心境条件下，才能有效地进行顺利的思维通畅、感情丰沛的语文学习。

那么，怎样构成学生学习语文、接受情感教学的良好心态呢？要构成语文学习最佳心态，就必须使学生在学习过程中有一种轻松感、愉悦感、严谨感和成功感。这也是有关专家注意和强调的。

（1）轻松感。心理学研究表明，人在轻松的时候，大脑皮层的神经元才能形成兴奋中心，使神经细胞传递信息的通道畅通无阻，思维也就变得迅速敏捷。这样可加速知识的接收、贮存、加工、组合及提取的进程，知识迅速得到巩固并转化为能力。要使学生感到语文认识活动是一件轻松快乐的事，而不是一种负担，必须做到几点：

①语文活动是师生双方的情感交流和思维交流，师生关系直接制约学生的情感和意志，影响学生的学习活动。

②解释学生所疑，解学生所难，乐学生所乐。

（2）愉悦感。愉悦感是积极情感的心理表现，具有主动积极学习的倾向性，它是语文情绪化学习最佳心态的催化剂。学生在学习中有了愉悦感，学习起来就会兴趣十足，积极主动，思维机制的运转也会加速。培养学生愉悦感的重要途径包括：

①各抒己见，在课内展开争论，从而强化学习气氛，激起学生高昂的情绪，以达到最佳的学习心态，使每个人都得到鼓舞，智力活动处于最佳状态，真正做到乐中学，学中乐。

②在自主、探索学习活动中，暴露问题的思维过程，使学生从中体会到语文是思维"体操"的魅力。

③利用语文内容的丰富美、和谐美、情感美等诱发学生的愉悦感。

（3）严谨感。严谨感是指人们追求科学工作作风的情感，它能促使人们言必有据、一丝不苟的科学态度。心理学告诉我们：严谨作风会迁移到教学活动中去，而语文教学活动也一样能形成严谨的作风，因此在语文教学过程中应重视词语含义理解的形成过程，段落、层次、句意的理解过程。

（4）成功感。成功感是学习的"内动力"，是促使创造性思维引发的巨大精神力量，因此，在语文情感教学过程中，教师要及时充分肯定学生的一点一滴成绩，使学生对自己的理解、阅读、朗读、答问等有一种独特的成功快乐和自我欣赏与陶醉，这样能使学生保持积极的进取心态，激发课文情感与自身情感的交融。

2. 加强对学生健康积极情感的培养

（1）语文教师用自身的激情、真情、才情去感染学生。语文教师首先要成为有情人。课堂上语文教师要充满激情，因为教师的激情能激活沉闷的课堂，这样才能感染学生，点燃学生情感思维的火花。交流时，语文教师要以自己的真情去感染学生，哪怕是一个鼓励的眼神、一句贴心的话语、一个提醒的手势都能赢得学生的信任。生活中，语文教师更要以自己的才情去征服学生，让学生产生情感的共鸣。

（2）借语文课本所渲染的教学情境来激励学生。课本是语文教学所凭借的重要载体。教师应利用教材文章所描绘的文字来创设教学情境，引导学生入情。如教师可利用教材中描绘祖国秀丽山川和叙述祖国悠久文明历史的文字激发学生对祖国大好河山的热爱；利用范文中描写至亲至爱的篇章教育学生珍惜亲情、友情；利用与自然环保相关的段落来引导学生对自然的热爱和保护的责任……

（3）以文学作品中的"角色"去吸引学生。语文教学过程中，教师要适时地向学生推荐一些名著、名作，用文学作品中主人公的不同遭遇带领学生进入情感的乐园：让学生去嘲笑醉心于功名利禄的范进，去绍兴鲁镇探望孔乙己，去安慰被贬在永州的柳宗元，去拜访黄州承天寺的苏轼，去成都武侯祠崇拜"成大事以小心，一生谨慎；仰宗臣之遗像，万古清高"的诸葛亮……让学生随着文学作品的主人公一道流泪，一起激动，一同成长。

（4）集报刊、影视、新闻媒体的宣传去警示学生。各种报刊上常报道有关环境遭到破坏及自然生态等方面的文章，语文教师可指导学生收集此类文字来增强学生保护自然、珍爱自己生存空间的意识。新闻媒体中常介绍先进人物超越自我的事迹，可以激发学生热爱生活、珍惜青春生命的感情。影视作品中科学家献身科学的执着精神，又可以唤起学生热爱科学、勇攀高峰、勤奋学习的热情。

另外，还可以依靠生活中的一些节日及文化活动来培养学生健康积极的感情，如可用教师节这个节日激发学生尊重知识和尊重老师的情感。

总之，青少年学生的情感丰富又敏感，他们的兴奋点很容易被激起。语文教学要适时地创设情境，根据学生情感既不稳定又不成熟的特点，找准学生情感的空白区，用高强度的健康积极的情感电流来激励学生，激发他们健康积极情感的产生，激励他们自奋其力、自致其知、陶冶其情，最终化情为性，达到育人的目的，让学生健康成长。

第三节　语文教师的再教育与专业培训

在语文教学过程中，情感教育是不容忽视的，这对语文教师的素质也提出了更高的要求。要使学生有情，首先就要语文教师自己有情，让学生从教师身上处处感受到一种无处不在的情绪感染，语文教师还必须在教学中以深厚的教育教学理论不断武装自己的思想头脑，灵活运用多种教学方法与教学手段，提高自己的教学语言水平，向学生传达出丰富的教学情感。

一、语文教师的再教育

语文教师的再教育是教师职业发展的重要组成部分,对于提升教师的教学水平、更新教育理念和满足教育改革的需求具有重要意义。以下是一些关于语文教师再教育的关键要素:

(一)语文教师需要深入学习语文学科最新教学理论和方法,提高语文教学水平

包括了解并掌握当前语文教育领域的最新研究成果,以及探索和实践新的教学方法和策略。同时,通过阅读国内外著名语文教育专家的著作,提高对语文教育的理论认识,有助于教师从更高的层次上理解和把握语文教学的本质和规律。

(二)参加教育培训课程是语文教师再教育的重要途径

这些课程可以帮助语文教师弥补学科知识的欠缺,提高教学水平。培训课程可以包括基础培训,如课程设计、教学方法、评估策略等;专业培训,如针对语文学科的特定教学内容和方法的培训;以及研究培训,帮助教师发展研究技能和开展科研活动。

(三)社区教育学习和教师交流会议也是语文教师再教育的有效方式

社区教育学习为教师提供了学习资源和教学协作的机会,有助于教师之间的知识共享和经验交流。教师交流会议则是一种集体性的教育交流方式,可以让教师们在会议上分享自己的教学经验、探讨教学方法,从而相互学习、共同进步。

(四)语文教师还需要关注国际语文教育前沿动态,开阔视野,提升国际化教学水平

通过了解国际上的语文教育理念和教学方法,教师可以借鉴其中的优点,结合本国实际情况,创新自己的教学方法和策略。

(五)在再教育过程中,语文教师还需要关注学生和家长的需求,提高学生的学习兴趣和主动性

通过深入了解学生的学习情况和家长的教育期望,教师可以更有针对性地开展教学活动,提高教学效果。

语文教师的再教育是一个持续不断的过程，需要教师们不断学习、实践和反思。只有这样，他们才能不断提升自己的教学水平，为学生提供更高质量的教育服务。

二、语文教师应具备的专业素养

（一）热爱语文

作为一名语文教师，只有自己热爱读书，才能培养自己的内涵、蓄养自己的气质，"腹有诗书气自华"，有爱读书的老师才能影响出爱读书的学生。车尔尼雪夫斯基也说："你要教育学生成为怎样的人，你自己首先成为这样的人。"在语文教育中，语文老师本身就应该是学生心灵的航标灯，因而，语文教师就应该努力使自己成为学生心灵的这种"航标灯"。做一名优秀的语文教师，必须具备较高的文学素养。热爱读书是自我提高的法宝，热爱读书，才能不断从中汲取营养、开阔眼界、丰富生活。

（二）专业的知识素养

中学语文教师要想培养高素质的学生，自己还要有新的思想，要有自己独特的见解，懂得站在学生的角度去考虑问题，理解学生的内心世界。中学语文教师要具有教育方面的知识，把握教育学生的基本方法和基本技巧。同时还要掌握语文学科方面的专业知识，对语文知识的发展历程有全面的了解，并能把握语文学科的发展方向以及日后的研究范围。中学语文教师要设计完美的课堂教学，要提高自己的组织能力和表达能力，学习先进的中学教学方法，提高语文课堂的教学效率。

（三）对学生无私的热爱

良好的师生关系，不但会激励学生，也会激励教师自己，会使他更加努力地工作，并从中体会到幸福和愉快。只有把全副身心都投入学生身上，对学生倾注了全部爱的教师，才能得到学生爱的回报。要取得学生真心的爱戴，也只有真心地热爱学生，才能达到师生间的情感融通。

三、语文教师的专业培训

（一）从源头抓起，双管齐下

1. 师范院校要加强对学生的培养

无论是入学还是顺利毕业，都要有严格的要求。要提高教师的待遇，提高教师这一职业的吸引力，吸引大批优秀人才进入教师领域。

2. 要严格要求教师，规范教师行为

社会人员在进入教育领域时，要有严格的要求，无论在思想理念上，还是专业知识，师德等方面，都要有扎实的基础。

例如，要严格执行教师招聘考试，保证考试的质量，也要设置严格的考试制度，保证考试的公平公正。在教师招聘考试中要全面贯彻教育学和心理学的相关理论知识，在理论知识中要渗透实践教学。

（二）构建科学合理的语文教师的知识体系，培养师范生的教师意识和职业理想

师范院校在汉语言文学教育专业人才培养方案中，即明确培养目标是为中学输送合格的中学语文教师。课程体系设置上，除了文学类、语言类、写作类、文学理论类、语文教学法核心专业课程之外，还要设置教育学、心理学、课件制作等相关课程，使师范生意识到作为中学语文教师必须掌握的基本学科知识，并且将教师意识、专业意识、职业理想和职业教育贯穿于课堂教学的内外。

在第二课堂活动中，举办师范生技能大赛、演讲大赛、教学课件制作大赛、毛笔字大赛等学科专业竞赛活动，潜移默化地构建师范生的学科知识体系，树立师范生的教师意识和职业理想。

（三）博览群书，夯实文化底蕴，提高语文教师专业素养

"为人师之底蕴不足，则育人之大才无望。"自身素养提高的关键是多读书。读书是人类永恒的追求，现代社会倡导终身学习，教师的角色更是一个永远需要学习的职业。语文教师应该养成"常读书，会读书"的良好习惯和爱好，不断提升自己

人文素养，这是语文教师走向成功不可或缺的条件之一，是促进中学语文教师专业成长的重要途径。

一方面，语文教师的读书活动要与校本研修紧密融合，立足校本，得益读书，成长课堂，最终形成合力；另一方面，语文教师必须树立终身学习的信念，博览群书、不耻下问，不但要善于学习本专业的知识，不断加深知识的深度，还要及时掌握各方面的知识，建立广泛的知识网络。只有这样，语文教师的阅读精了、阅读面广了，他们才能丰富文化底蕴，提高教学水平，不断促进自身专业素养的提升。

（四）反思与交流，深入教学研究是教师专业成长的法宝

教学反思是提高教师专业素养、改进其教学方法的学习方式之一；教学反思是思维活动，体现的是态度，更是品质；教学反思是理解与实践之间的对话，是这两者之间相互沟通的桥梁。教师以自身为指向，对自己的教育理念、教育能力、教学艺术、教育责任感等进行反思，能够在原有经验基础上获得新的认识，建构新的经验。而教师的专业成长具有生命智慧和教育智慧，教学反思能够促进教师对教学行为的追问，促进其专业成长，让语文教师的教学走出肤浅、走向厚重，走出机械、走向创新。

可以说，进行教学反思决定着教师的教学水平，这就是为什么同一篇课文不同的教师教出来的效果不一样的原因。作为语文教师，我们要经常进行反思，经常审视自己的教学设计，参加各种教研活动。一方面，从读者的角度去解读文本，要去读作者，读写作背景，读作者更多的作品；另一方面，从学生的角度去理解，先读才有解，不读无解。只有这样，多研究、多思考、多反思、多沉淀，语文教师才能磨砺出较高的语文专业素养，让我们的课堂多一些激情、多一些活力，演绎出课堂的精彩。

【思考题】

（1）简述课程改革背景下语文教师的新理念和角色变化。

（2）中学语文教师该如何应对课程改革？认知观念有哪些不同？

（3）中学语文教师的必备技能是什么？该如何提升？

（4）中学语文教师为什么要进行再就业教育？对提升课堂影响力有哪些好处？

第四章　中学语文课堂写作教学创新

【课程目标】

1. 注重提升学生的写作能力、综合素质和综合能力，同时注重培养学生的创新思维和创造力。

2. 聚焦于中学语文教学发展现状，并研究中学语文课堂教学的未来发展，保证语文教学越来越好。

3. 注重写作教学创新素质与能力的开发培养，帮助教师更好地完成教学任务。

4. 研究写作教学创新性策略方法的设计与实施，帮助学生更快掌握各类文章的写作方法。

第一节　中学语文课堂写作教学现状

作文是人们系统地表达知识和经验、思想和感情的书面语言形式；作文又是一种具有高度综合性、创造性的语言活动。作文是衡量中学生语文水平的重要尺度，也是学生语文水平的综合体现。《语文课程标准》对语文学科的性质有了新的定位，它强调语文是工具性与人文性的统一，提出了全新的语文课程理念，语文教育要致力于全面提高学生的语文素养，着重培养学生的语文实践能力，让学生更多地直接接触语文材料，在大量的语文实践中掌握运用语文的规律。因此重视作文教学的训练，提高学生的写作能力，是语文教学不可推卸的责任，是每一位语文教师不可忽视的任务。

一、中学语文写作教学的必要性

写作教学是语文教学的重要组成部分,也是公认的教学难点。写作教学不仅可以促进学生正确表达自己的情感,锻炼学生语言表达能力和书写能力,同时还能不断提升学生思维能力。这些能力正是语文核心素养要求学生应具备的基本素质与能力。

语文教学是培养学生语言表达能力、文化素养和审美情趣的重要课程。而在这一课程体系中,写作教学占据了举足轻重的地位。写作不仅是语文学科的基础技能之一,更是学生综合素质的重要体现。因此,深入理解和重视写作教学的地位,对于提升语文教学质量、促进学生全面发展具有重要意义。

(一)写作教学与语文教学的关系密不可分

语文学科注重培养学生的听说读写能力,而写作则是其中的重要组成部分。通过写作,学生可以巩固和运用所学的语文知识,提升语言表达的准确性和生动性。同时,写作也是检验学生语文学习效果的重要途径,能够直观地反映学生的语言运用能力和思维水平。因此,加强写作教学,对于提升学生的语文综合素养具有关键作用。

(二)写作教学在培养学生综合素质方面发挥着重要作用

写作需要学生具备扎实的语言基础、敏锐的观察力、丰富的想象力和深刻的思考力。通过写作训练,学生可以锻炼自己的逻辑思维能力、创新能力和表达能力,提升综合素质。同时,写作也是培养学生审美情趣和文化素养的重要途径。在写作过程中,学生需要深入了解文化内涵、感受美的熏陶,从而提升自己的审美水平和文化修养。

二、中学语文写作教学现状分析

在实际的教学过程中,教师往往对作文感到非常头疼,学生也对作文"敬而远之",能不写就不写,教师布置作文,台下就会嘘声一片。同时,深受"高考"制度影响的写作教学问题严峻,多数教师往往过分强调技能训练,使学生陷入"不知道怎么写,不知道写什么"的困境。很多学生为了迎合教师的口味,受缚于"套式作文"的捆绑,写出的文章往往大同小异。总的看来,当前我们中学语文的写作教学仍然存在较多的问题。

（一）过于强调形式，注重技巧

就今日而言，大多作文教学往往是教师提出硬性主体和行文结构，硬性地对学生的写作格式做出规定，只注重写作的整体框架和写作结果，忽视框架里面的内容和学生的经验感受。这在极大程度上扼杀了学生的想象力，甚至限制了学生的思想自由。教师在对作文进行指导的时候常出于思维惯性，从自己的角度审视学生的想法，从而在无形中将学生的作文局限到了一个狭隘的空间，使之难以自拔。中学生天马行空的创造力就这样被禁锢在教师无形之中设定的思想牢笼中。

很多学生都牢记一篇好的文章要有"总分总的格式，虎头凤尾猪肚的格局，比喻、引用、排比的修辞"这样的说法便烂熟于心。在写一篇抒情文时，必须先写景后抒情；写议论文时必须先讨论再举例；写记叙文时必须先叙述再点题等。教师用大量的实践去讲解这些描人状物的方法和死套子，不仅导致学生作文千篇一律，虚假空洞，而且忽视了学生个人生活体验和情感体验的培养。

（二）容易忽略写作主体，写作与生活脱节

现在中学生之间普遍存在一个有趣的现象，很多学生在作文上总觉得无从下笔，无话可说，但在其平时的日常生活中，却能在微博、空间、朋友圈里侃侃而谈，且文笔不俗。这一现象不禁值得我们反思：是什么原因导致了这一问题的出现。有研究认为，以往写作课程的主要问题是没有尊重写作主体的兴趣、需要等写作的内在要求，应当重视"写作主体的心理需要、角色成长、写作自主权等方面的需要，试图找到有效提高写作主体的作文能力的原始动力。"这里所说的"原始动力"，就是我们所谓的"兴趣"。

"兴趣是最好的老师。"兴趣是人们对某种事物或活动产生快感的激发剂和推动器。现在的中学生谈"文"色变。究其原因，是习作与生活脱节，忽略了学生写作的主体地位，导致学生对写作失去兴趣。也正是我们问题的答案。

（三）鄙视"平凡"，盲目追求典型

教师在写作教学中戴有色眼镜，要求学生写作"高、大、全、深、新"的典型人和事物，对日常生活中一些平凡的事物采取摒弃的态度。很多典型人物，在同类型的文章中被拿来反复利用，早就失去了其文学价值。写怀才不遇，就一定会有苏轼；写爱国，就一定会写屈原；写为事业牺牲自我，就一定会有居里夫人；写挫折，就一定会有爱迪生；写淡泊名利，就一定会有陶渊明……

这种盲目追求典型的心态，很大程度上限制了学生写作的水平，因为要典型，所以要随大流，所以导致文章整体一律，没有创新。这些都在一定程度上扼杀了学生个性的发挥和自主性的创作。这些指令使学生迷失在写作的丛林里，造成学生在写作过程中一味地追求"高、大、全、深"，捏造生活，美化与现实生活相违背的素材，凭空想象，使得文章没有真实感，而且不切实际。

三、中学语文写作教学的走向

当今我们的中学语文写作课程，各方面的机制都还并不完善，出现问题也是在所难免，好在能尽早意识到并尽早进行纠正。新课程标准的出现，为当今中学语文写作课程提供了新的理念，今后的中学语文写作课程必将能往更好的方面发展，总的来说，主要包含以下三点。

（一）自主写作，强调自由，突出个性

"写作教学应该鼓励学生自由地表达、有个性地表达、有创意地表达，尽可能减少对写作的束缚，为学生提供广阔的写作空间。"自主写作被作为一个核心概念提了出来，教师从支配位置退出，学生写作的主体地位得到了充分的尊重。

纵观我国历年的高考作文，从议论文到看图作文，再到现在的话题作文，学生的创作自由正一步步被放大。不同风格的学生在材料面前能够发现含义的多解性，冲破了"千人一面"的习惯性思考方式，写出真实的自我，其中，不少风格独特的学生在众多应试作文中脱颖而出。不难看出，强调自由、突出个性的写作理念正慢慢渗透到我们课堂与考试之中，作文不再是学生的一个负担，而是学生抒情达意，自我宣泄的途径。

（二）强调实践，从生活中取材

写作就是表达一个人对社会、对生活、对世界和人生的看法，将其所看所听所想用文字的形式表达出来。在表达与交流一节中，提出两点，一是"学会多角度地观察生活，丰富生活经历和情感体验，对自己、社会和人生有自己的感受和思考。"二是"在生活和学习中多方面地积累素材，多想多写，做到有感而发。"相对于过去教学大纲中"感情真实，内容具体，中心明确"这种笼统的提法，新课程标准将写作与生活紧密地联系起来了，强调了作文的生活性，引导学生做生活的有心人。从"写什么"的角度明确了写作是表达对生活的思考和体验。

社会生活千姿百态，丰富多彩，在今后的写作教学中，教师要让学生充分使用自己感官的察觉水平，多出去感受、参加实践活动。感受生活，体会真实，帮助学生成为一个有情绪的"多愁善感"的人，去感怀生命中的瞬息万变，体验社会中的沸腾热点，反思人生观价值观的嬗变。在自己经历的实践活动中积累写作文需要的材料。

（三）关注时代精神，探讨人生价值

时代性、理性、人文性是语文永不褪色的三大主题。时代，就是指文章要具有时代色彩，富有时代精神，体现时代意识，立足于现实，着眼于当下；理性，则是指文章要能表现学生的理性认识，表现其思维的深度，具有思辨色彩，逻辑明晰；人文，则是指学生在思想文化方面的积累和积淀，主要指道德修养和文化积淀。随着时代的发展，人们对人的认识越来越深刻，中学语文课程也要求要全面提高学生的语文素养，充分发挥语文课程的育人功能。引导学生认识社会，认识自我，规划人生。时代性、理性、人文性也成了高中语文写作教学的发展方向。

教师在指导学生写文章的时候，要重视增强学生写作的现实意识、时代意识，要强调和强化学生有这样的思维：接到一个话题或材料，在考虑些什么的时候，就往现实方面去想，想要反映或解决什么现实问题。鼓励学生积极参与生活，体验人生，关注社会热点，指导学生根据写作需要搜集素材，通过网络、报刊、图书等途径获取有用的信息。重视发展学生的思维能力，发展创造性思维、发散思维和逆向思维。

（四）提倡多元化、个性化的写作方式

提倡多元化、个性化的写作方式，是中学语文写作教学的重要走向。这一走向体现了对学生个体差异的尊重，也符合当前社会对创新精神和独立思考能力的需求。

首先，多元化写作方式意味着在写作教学中，不应局限于固定的写作模式和题材。教师应该鼓励学生尝试不同的文体，如记叙文、议论文、说明文、散文、诗歌等，以及探索多样的题材，如校园生活、家庭亲情、社会热点、自然风光等。这样的多样性不仅能够拓宽学生的写作视野，还能够激发他们的写作兴趣和创造力。

其次，个性化写作方式强调学生在写作过程中能够展现自己的独特思想和个性魅力。每个学生都是独一无二的个体，他们有着不同的生活经历、情感体验和思维方式。因此，在写作教学中，教师应该注重培养学生的独立思考能力，鼓励他们勇

于表达自己的观点和感受。同时，也要尊重学生的个体差异，允许他们在写作中展现自己的独特风格和特点。

最后，为了实现多元化、个性化的写作方式，教师还需要采取一些具体的措施。例如，可以通过组织写作比赛、创办文学社团等方式，为学生提供一个展示自己才华的平台。此外，教师还可以利用现代科技手段，如网络平台、社交媒体等，让学生在更广阔的空间内进行写作交流和分享。

（五）强化写作的实践与应用

语文写作教学的最终目的是培养学生的实际应用能力。因此，中学语文写作教学应该强化写作的实践与应用。这包括设置具有实际意义的写作任务，让学生在实践中学习写作技巧和方法；同时，也要注重培养学生的写作兴趣和习惯，让他们在日常生活中能够自觉地运用所学知识进行写作。

强化写作实践意味着为学生提供更多的写作机会和平台。教师可以通过布置多样化的写作任务，让学生在不同的语境和情境中进行写作练习。此外，教师还可以组织写作比赛、文学创作活动等形式，激发学生的写作热情，培养他们的写作兴趣。

应用导向的写作教学注重将写作技能与实际问题解决相结合。教师可以引导学生关注生活中的实际问题，如环境问题、社会问题等，鼓励他们通过写作的方式表达自己的观点和解决方案。这样的教学方式不仅能够提升学生的写作技能，还能够培养他们的社会责任感和解决问题的能力。

强化写作的实践与应用还需要关注写作的反馈与评价。教师可以通过课堂讲解、个别指导、同伴互评等方式，为学生提供有针对性的写作反馈，帮助他们发现问题、改进不足。同时，还要注重对学生的写作成果进行积极评价，肯定他们的努力和进步，激发他们的写作自信心。

第二节 写作教学创新素质与能力的开发培养

一、创新素质与能力在写作教学中的重要性

创新素质与能力在写作教学中的重要性不容忽视。创新素质包括创新思维和创新能力，是人在先天遗传素质基础上，通过环境影响和教育所获得的，在创新活动

中必备的基本心理品质与特征。在写作教学中，培养学生的创新素质与能力，对于提升学生的写作水平、激发学生的创造潜能以及推动学生的全面发展具有重要意义。

首先，创新素质与能力的提升有助于打破传统写作模式的束缚，使学生的作文更具个性和创意。传统的写作教学往往注重形式与技巧的训练，导致学生的作文缺乏新意和深度。培养学生的创新素质与能力，鼓励学生在写作中大胆尝试新的思路、表达方式和语言风格，创作出更具独特性和艺术性的作品。

其次，创新素质与能力的培养有助于激发学生的创造潜能，提升学生的综合素质。写作不仅是一种语言表达能力的体现，更是学生综合素质的反映。通过培养学生的创新思维和创新能力，引导学生从多个角度思考问题，发现新问题，提出新观点，进而在写作中展现出更高的思维水平和更丰富的想象力。这种能力的提升不仅有利于写作水平的提高，更有助于学生整体素质的发展。

再次，创新素质与能力的培养也有助于推动写作教学的改革与发展。随着教育改革的深入推进，写作教学也需要不断创新以适应时代的需求。培养学生的创新素质与能力，可以推动教师不断探索新的教学方法和手段，创新教学内容和评价方式，从而构建更加符合学生发展需求的写作教学体系。

最后，在写作教学中，我们应充分认识到创新素质与能力的重要性，并采取有效措施加以培养。例如，教师可以通过设置开放性的写作任务、引导学生参与社会实践和阅读活动、开展小组合作和讨论等方式，来激发学生的创新思维和创新能力。同时，教师还应注重培养学生的批判性思维和独立思考能力，使他们能够在写作中展现出更高的创新水平。

二、学生写作创新素质的培养

一般我们把写作课当作一门技能技巧课来看待，认为写作教学的目的就是培养、提高学生语言的运用能力。实际上，写作教学本身既有知识的传授、技能的培养，也有非知识性的熏陶和影响作用，越来越多的教师认识到写作课在传授写作知识、培养写作能力的同时，也肩负着育人即学生素质培养的任务。在素质教育中，创新教育是核心，由于写作属于个体创造性劳动，写作教学在培养创新素质方面有着其他课程所没有的优势。

（一）激活思维，注重引导，培养学生的创造力

要培养学生的创造力，就必须激活他们的思维。要想做到这一点，先要挖掘学

生的潜能，给他们创造一个宽松的学习环境，多给学生一些尝试的机会。教师还可以让学生参与到一些项目式的学习当中，为学生提供相应的学习机会和空间，引导他们主动探究解决问题的方法。

1. 学生需要在实践中培养创造力

实践才能出真知，因此，要想培养学生的创造力，教师应注重实践教学，引导学生思考，让他们在实践中发现问题，并积极参与到解决问题的过程中。教师可以通过探究性学习、小组合作学习、案例式教学等方式进行实践教学，让学生在实践过程中提升自己的创造力。

2. 要注重教师的引导

教师在教学中既是学生学习的主导者，又要是学生学习的指导者。教师需要学会倾听学生的声音，根据学生的思维特点对学生进行个性化的指导。教师还要注重开展师生之间的互动，鼓励学生表达自己的见解和观点，让学生更加主动地参与到教学活动中，从而提升他们的创造力。

3. 要改变传统的教学思维

传统教学侧重学生的知识获取，往往忽略学生的思维发展。要培养学生的创造力，就需要改变这种传统的教学思维，注重学生的全面发展，培养其创造力和动手能力。教师可以通过多种形式的教育活动，如课堂游戏、知识竞赛等，提升学生的创造力。

（二）有计划地进行思维创新的训练，培养写作兴趣

《教学大纲》指出"要通过多种方法，引导学生积极思考，鼓励他们进行创造性的思维活动"。这多种方法，既包括在阅读教学中，又包括在写作教学中对学生进行创造性的思维训练。

1. 通过"一题多做""一事多写"，训练创造性思维的流畅性

在写作教学中要随时给学生提供创造性思维的机会，帮助学生选好思维切入点，以求得在教学的最近发展区上尽快发展，让他们的思维从不同角度，不同方向，不同层次去创新，从而取得预期的效果。这样能刺激学生创造性思维，在作文教学上就是指"一题多做""一事多写"立意不同，是个性的体现，能够力避公式化和雷同

的不良倾向，取材角度新，实际上就是"横看成岭侧成峰，远近高低各不同"，形式新，独辟蹊径，可以多样地反映生活，在具体的作文指导过程中，可采取由易到难的办法，先提供一些触发学生思绪的材料，然后逐步放手让学生写"放胆文"。

2. 通过"换元运恩，反弹琵琶"训练创造性思维的独特性

众所周知，任何事物都是由各种因素按一定顺序地排列而成的，这就是事物的多元性。事物多元性决定了思维的多元性。对于写作来说，它要求写作者不人云亦云，敢于发表与众人、前人所不同的意见、设想，用前所未有的新角度，新观点去认识事物，反映事物，对事物能提出超乎寻常的独特见解。在写作教学中，经常被采用的是用"反弹琵琶"的方法来训练学生"换元运思"的创造性思维。如针对考风不正，作弊严重的现象和部分同学中存在的不作弊吃亏的错误思想，可设计"不作弊吃亏吗""作弊未必取巧""析作弊取巧论"组题目，让学生运用"反弹琵琶"的思维方式去反思，去驳论，去求真，去论证，在对应思想的交锋中，磨炼思想的锋刃，撞击真理的火花。

3. 通过"寻找联系""举一反三"，训练创造性思维的变通性

在写作教学中，可通过引导学生"举一反三"，触类旁通，不断拓宽其思维的空间，训练其"寻找联系"的创造性思维。事实表明，学生蕴藏着极大的写作积极性和创造思维的潜力，教师应想方设法为他们创造条件，使其对作文产生浓厚的兴趣并从中感受到成功的快乐。这种成功会反作用于他们的作文思维，促使他们思维更为活跃，从而形成由"爱写作文"到"写好作文"的良性循环。

（三）要培养学生创新能力，语文教学必须进行大胆改革

对约定俗成的教学方式怀有强烈的思维批判性，这是时代更是素质教育赋予语文教师的重任。由于长期处在应试教育樊笼中，学生形成了学习和思维定式，潜在的创新意识被紧紧挤压着。教师讲读一篇课文，从作者、背景、结构、中心到写作特色，步步为营，滴水不漏；学生做练习，紧扣教材观点，不敢越雷池一步。这就养成了叶圣陶所说的那种"不是习惯的习惯"。要实施创新教育，首先必须打破这种被动教学方式，以学生为本，从学生心灵深处挖掘创新潜能，培养创新意识。学生只有在教师强烈的创新意识的鼓励下，才可能产生强烈的创新动机，释放创新激情，发挥创造性思维。

将信息技术引进课堂，让信息技术和语文学科和谐共存。随着信息技术的大冲浪，电脑真实地走进我们的生活，它几乎可以无所不包，无所不容，于是单调的课堂一下子变得有趣了，学生们走进了多媒体教室，尝到了课件教学的甜头，它容量大，效率高，很容易激起学生的兴趣。而文学作品所展示出来的丰富多彩的生活画面，动人心弦的故事情节和栩栩如生的人物形象，以及大自然的诗情画意，都是激励学生思维发展的诱因，都可能触发学生的创造想象，萌生创新意识。进而激发他们对知识的接受与创新，以达到提高课堂质量、加入创新分子的目的，让学生爱创造、乐于创造、变成勇于创新的一代新人。

语文教学要大兴开放式教学之风，让生活真正成为创新思维的源头活水。名胜古迹、城乡变迁、民间风情、影视报刊、天地山川、时事要闻、公益活动……无不是语文学习的丰富宝藏。学生们沐浴在这广阔的时空环境中，见之，则开眼界长知识；听之，则明始末增信息；说之，则表情意通思想；读之，则广见识晓事理。因此，语文教学要不断地向生活延伸，向社会延伸。

（四）要培养学生的创新能力，必须营造民主、宽松、和谐的教学氛围

心理学研究表明，良好的心境可以使人联想活跃、思维敏捷、激情勃发。浓郁的激情能充分有效地调动智力因素，释放巨大的学习潜能，极大地激发创新敏感性。实践也证明，师生关系越洽和谐，教学效果就越好。特别是创新型教育，这是一种充满爱的教育，它不仅是教师应具备的职业道德素养，而且是生命中的一种创造力的整合力量。在爱的民主、宽松、和谐的教学氛围中，学生可以消除一切烦恼、困惑、胆怯、浮躁，引发出内心深处的天真无邪的本性，任想象驰骋，任感情激荡，任思路纵横，多种想法涌现交汇，自然会碰撞出创造的火花，引发创新的潜质。

因此，在语文课堂教学中，要注重营造这种课堂氛围：学生上课前——充满期待，上课时——充满激动，下课后——充满愉悦、收获。比如在讲授鲁迅的《故乡》一课时，教师可先请学生欣赏一支歌——《故乡的云》："那故乡的风，那故乡的云，为我抚平创伤……归来吧归来哟，浪迹天涯的游子！"回肠荡气的旋律把学生们带入到一个新鲜而亲切的情境中，正当学生们心醉神摇于故乡时，教师顺势导情，展开教学过程，并给予适当点拨、启迪，以真诚的语言，亲切的语调，温和的表情，宽容的态度来调控教学过程，做到教师教得轻松，学生学得愉快，让课堂充满着情感的碰撞、情绪的体验、生命的交流。学生在课堂上始终保持着稳定而良好的学习情绪，创造灵感不期而遇。

（五）要培养学生的创新能力，必须注重创新思维的培养

教学活动中的师生关系是教与学的双边关系。教学过程是师生情感交流、彼此感染的过程。而长期以来，师道尊严挥之不去，教师向学生传授知识的权威性几乎不可动摇，学生只能"洗耳恭听"，处于被动接受的状态，很少有质疑问难的。长此以往，学生循规蹈矩，变得不敢想、不敢说。这样培养出来的学生只能是麻木、机械的"容器"，这样以完全服从和绝对权威形成的师生关系，只会禁锢学生思维能力的发展，不利于学生主动地吸收知识，更不利于学生创造思维的培养。因此在语文教学中，教师应鼓励学生好奇、质疑、探索、求异、想象。实践证明：好奇是创新的使者，质疑是创新的萌芽，探索是创新的源泉，求异是创新的灵魂，想象是创新的翅膀。

1. 培养想象，引发多向思维

多向思维即从多角度、多方向、多方面去思考问题的思维方式。它是创新思维发散性的具体体现。因此，语文教学中，不搞"一锤定音"，而是注重保护学生的创造力，鼓励学生大胆质疑，养成学、问的习惯，注重问题的设置，训练学生发散性思维，使学生形成多角度、多层面的思维模式。比如，我们训练学生以《雪》为题，运用发散思维，写出至少三个不同的立意：从雪的颜色可以赞美雪的洁白无瑕、一尘不染；从雪的作用可以赞美雪温暖大地、滋润万物的奉献精神；从雪的覆盖大地可以批评雪的虚伪懦弱，即以洁白的外表掩饰世间的污秽；或者鞭挞雪的冷酷无情，所到之处雪压冰封，千山枯寂，万木萧条。

2. 鼓励求异，引发逆向思维

逆向思维是指从某个已知意义的相对位置去认识、研究和提出一个相反意义的思维方式。它是创新思维最重要的思维形式。针对这种思维训练，在语文教学中我们这样提出问题：如果不这样，那会是怎样？把学生的思维引入事情的反方面。这种思维方法，看似荒唐，实际上是一种打破常规的，非常奇特而又绝妙的创新思维方法，这是逆向思维的一大成效，有利于学生创造意识的培养和开拓精神的发挥。

总之，语文教学只有把每堂课都作为学生创造探索的过程，才能敞开学生的心扉，放飞学生的思想，启发学生的灵性，才会达到处处是创造天地，天天是创造之时，人人是创造之人的境界，才能实现培养学生的创新能力的目的。

三、写作教学创新能力的开发培养

（一）帮助学生确立写作新理念

长期以来，许多语文老师都忽略了两个问题：作文是什么？学生写作文为什么？弄清楚这两个问题，对写作教学的认识会达到一个新的境界。从心理学角度看，作文是一种心理冲动，是一种情感宣泄。这种冲动和宣泄，不是一时心血来潮，更不是无病呻吟，而是来源于生活经历的积累和对生活真谛的认识与感受，因此作文是一种精神产品。每个人对生活的积累、认识和感受都不会一样，因此作文是每一个学生独创的精神产品。由此看来，学生写作文，不仅仅是为了学习文章的写作方法，掌握写作的技能，更重要的是把自己眼睛看到的、自己心灵感悟到的、自己头脑思考到的东西写下来，表达自己对生活的见解，抒发自己内心的感情，显现自己生活的情趣，学生写作文是一种发自内心的生命行为。

怎么才能让写作成为学生自觉的行为？必须实现两个"表达"：作文必须是学生真情表达的结晶。学生作文要强调一个"真"字，即说真话诉真情。说真话，就是写真事、写实事，写自己真实的想法和看法，不说假话空话套话，不胡编乱造。中学生尤其要写自己熟悉的人和事，写亲情、友情，写乡土情、师生情。诉真情，就是写真情实感，写自己对生活真实的体验和感受，不要虚情矫情，也不要把情感分成积极和消极，用条条框框束缚真情实感的流露。

作文应该是学生自由表达的载体。学生作文在做到"真"的同时，还要强调一个"敢"字，即敢想敢写。鼓励学生"敢"字当头，自由表达，包含两层意思：思想表达的自由和笔墨表达的自由。要指导学生根据表达的目标和需要自主选择最适宜的表达形式，真实地表现生活和表达情感。把思想和情感的表达放在第一位，而文体则是第二位的。改革写作教学，关键在教师。教师确立新的写作教学理念，摒弃束缚学生手脚的陈规旧律，激发学生的写作兴趣和欲望，帮助学生引来写作的"活水"，才能切实提高写作教学的质量和效率。

（二）自主习得，引导学生在课堂上合作学习

改变学生的学习方式，要重视学生的交流与合作。因此合作学习成了本堂教学的一种手段。课堂中利用小组合作学习可以提高单位时间内学生学习、交往、表达的频度与效率，优势互补，有利于培养探究意识和合作精神，也有利于学生口语交

际和解决问题能力的提高。

小组交流即同桌交流，便于两人都能看到文字，通过同桌的朗读、提问等方式相互交流、识字，这样就能让每个人都有机会说、有机会朗读、有机会认字、有机会展示自己的创作。随着新课程改革的推进，在教学过程中常采用小组学习的方式，目的是促进全体学生在有限的时间内参与学习过程，共同得到提高。

大组交流即全班交流，是合作自主学习的途径，因为学生都有展示自我的表演天分，让一部分学生上台把自己的资料读给大家听，或带大家读交给一些同学认识生字，或出个问题考考大家。学生总是乐于表达、积极表现。每个学生就是不同的老师，不拘一格地变换着小老师、变换着识字的内容，学生也会有新鲜感，注意力当然更容易集中。

（三）以生为本，充分发挥学生的主体地位

小组学习让学生由被动变为主动，把个人自学、小组交流、全班讨论、教师指点等有机地结合起来。特别是在分组讨论中，发挥了学生的主体作用，同桌之间互读资料，激发了学习热情，挖掘了个体学习潜能，增大了信息量，使学生在互补促进中共同提高。师生互动，生生互动，课堂上不再是老师一统天下，而是学生围绕学习主题展读资料，提出问题，共同讨论，开动脑筋，利用各种感官，自主地投入学习中，学生成了真正的主人。猜字谜、汉字开花、朗读比赛、猜花名等激活了学生的大脑与识字的热情。

（四）引导学生观察生活，积累素材

著名的雕塑家罗丹有句名言："不是生活缺少美，而是缺少发现美的眼睛。"春天，带学生到野外去，去看小草的那一丝绿色；看树枝的嫩芽；感受灿烂的阳光；呼吸清新的空气。让他们全身心地投入春天里。学生从内心里感受到春天的美丽。这样，他们就会真正地了解到什么是春天。再写有关春天的作文，他们就会轻而易举地从自己的切身体验中提取素材书写春天。让学生走进生活，为他们的写作提供实际体验，这使学生有可能写出自己的真实情感、思想。

（五）引导学生实事求是，流露真情

一篇文章能否打动人，关键在于有无真情实感。如何写出真情实感呢？写作时要写自己熟悉的生活，写真人真事，自己亲历的事件，才能感受真切、体会深刻。

写出的文章才能流露出真情实感。要感动别人首先要感动自己。冰心说："写文章要有科学的态度，也就是认真诚实，实事求是。没有科学的态度，一定写不出真挚感人的文章。"在写作时，一定要说真话。根据表达的需要，可以进行艺术加工，要恰如其分，切忌内容虚假，无病呻吟。

此外，写作时抒情要真切，对自己要描述的事物应有足够深厚的感情，不能故作深沉、哗众取宠；抒情要浓淡相宜而不矫揉造作。教师还要在做好充分准备的基础上，创设出学生写作的情境，唤醒记忆，激发情感，引发创作欲望，化解惰怠心理。比如，写有关父亲、母亲的作文时，首先利用多媒体出示一组家庭生活的相关照片，再展示出一些同学描写家庭生活的文字片段。以图片、文字作为引子"抛砖引玉"。间接地引发他们内心的记忆、唤醒情感。创作的思想一旦燃烧，激情一旦飞扬，就做到了胸有成竹，下笔有神，一篇佳作随之诞生。

（六）帮助学生自我诊断、共赏互评

"重视引导学生在自我修改和相互修改的过程中提高写作能力。"我们在习作评改教学实践中将师评、自评、互评相结合，使全体学生参与评价别人、评价自己和被别人评价的活动，使每一位学生既是评价者，又是被评价者。他们在学习活动中始终处于主动的地位。如把自己的作文请同学打分或评级，并谈谈为什么得分又为什么扣分。在班内举行作文展览，让学生阅读自己的，欣赏他人的等等。并且让学生人人办自己的文学小报，把自己的作文发在上面，完成以后全班进行交流，实现了更加充分共赏互评的效果。这样，学生通过自我诊断、共赏互评，清楚地看到了自己的不足，学习别人的长处，使写作能力不断进步。因材施评，教师作为最高评判者，应该对学生的评改结果进行弹性指导，在激发动机的基础上客观评定。

语文作文教学是一项长期的系统工程，良好的作文教学应该是将学生的主体意识与写作规律有机结合起来。作为一名教育工作者，要勇于开拓，积极探索作文教学的新方法，为提高学生的写作水平而努力拼搏。

第三节　写作教学创新性策略方法的研究

所谓创新教育，是指以培养创造性人才为目标的教育。创造性人才，指具有较好的创造力的人才。关于创造力，是指为实现一定目标，运用一切已知信息产生某

种新颖、独特、有社会或个人价值的产品的能力。在中学阶段进行创新教育，主要是培养学生的创新意识、创造精神，逐步培养学生的创造力。作为学习和工作的基础工具——语文学科，也要义不容辞地承担起培养学生创造力的任务。语文教师要主动迎接这一新形势的挑战，大胆改革，勇于突破，善于创新，积极投身到创新教育的熔炉中去。

一、散文写作创新性教学设计与实施

散文素有"美文"之称，它除了有精神的见解、优美的意境外，还有清新隽永、质朴无华的文采。学生经常读一些好的散文，不仅可以丰富知识、开阔眼界，培养高尚的思想情操，还可以从中学习选材立意、谋篇布局和遣词造句的技巧，提高自己的语言表达能力。

（一）散文写作的含义特点

1. 散文写作的含义

散文是指以文字为创作、审美对象的文学艺术体裁，是文学中的一种体裁形式。在中国古代文学中，散文与韵文、骈文相对，不追求押韵和句式的工整。这是广义上的散文。在中国现代文学中，散文指与诗歌、小说、戏剧并行的一种文学体裁。这是狭义上的散文。

2. 散文写作的特点

（1）形散神聚。"形散"既指题材广泛、写法多样，又指结构自由、不拘一格；"神聚"既指中心集中，又指有贯穿全文的线索。散文写人写事从根本上写的是情感体验。情感体验就是"不散的神"，而人与事则是"散"得可有可无、可多可少的"形"。

"形散"主要是说散文取材十分广泛自由，不受时间和空间的限制，表现手法不拘一格。可以叙述事件的发展，可以描写人物形象，可以托物抒情，可以发表议论，而且作者可以根据内容需要自由调整、随意变化。"神不散"主要是从散文的立意方面说的，即散文所要表达的主题必须明确而集中，无论散文的内容多么广泛，表现手法多么灵活，都要更好地表达主题服务。

（2）意境深邃。注重表现作者的生活感受，抒情性强，情感真挚。作者借助想象与联想，由此及彼，由浅入深，由实而虚地依次写来，可以融情于景、寄情于事、寓情于物、托物言志，表达作者的真情实感，实现物我的统一，展现出更深远的思想，使读者领会更深的道理。

（3）语言优美。所谓优美，就是指散文的语言清新明丽，生动活泼，富于音乐感，行文如涓涓流水，叮咚有声，如娓娓而谈，情真意切。所谓凝练，是说散文的语言简洁质朴，自然流畅，寥寥数语就可以描绘出生动的形象，勾勒出动人的场景，显示出深远的意境。散文力求写景如在眼前，写情沁人心脾。

（4）情感丰富。散文倾向于表达个人的情感、思考和感悟。通过使用生动的描写、详细的感受和身临其境的叙述，散文能够在读者的心灵上产生共鸣和共情，引发情感共振。它可以表达作者对人生、自然、社会、人际关系等方面的思索和感悟。

（5）哲理深刻。散文在情感表达的同时，往往融入了对人生、社会和宇宙等大问题的哲理思考。通过抽象的概念、深刻的观点和富有哲学性的句子，引导读者思考和思索生命的意义、价值和存在。

（二）散文写作的方法和技巧

1. 明确写作目的

写散文时，教师需要引导学生明确写作目的。很多学生在散文时，不明白什么叫作散文，不知道该如何写好散文。学生之所以会有这样的困惑，在于学生不了解散文写作的目的。要写好散文，就必须在提笔以前，明确写作目的。因为只有围绕写作目标进行写作，才能做到"形散神不散"。

散文是一种能够抒发作者真情实感、写作方式灵活的记叙类文学体裁。一篇好的散文，要求作者能够写下自己的所见、所闻、所思、所想，让读者通过体验和感受，了解作者的感悟。

比如写"我看高考"，就可以写在这些年"高考"中发生的事情，然后写"我"从这些事情中获得了什么感悟；如果写"我的高考"，那么可以写"我"在高考中的经历，然后结合自己的经历表达感悟。教师要让学生明确，在写散文时，明确写作目的就是要明确写作的视角，通常散文的写作视角是"我"，写出"我"的所见、所闻、所思、所想。

2. 明晰写作提纲

虽然散文是一种可以突破时间与空间限制的体裁，但是，这并不意味着写散文不需要拟写作提纲。教师必须在写作教学中，让学生了解，散文的"形式散"，是指散文的每一部分内容，可以像一颗珍珠一样独立成篇；然而最后要应用一根"线"把这些独立的"珍珠"串联起来，让它浑然一体，成为一串"项链"，而这个能把珍珠串联起来的"线"，就是写作提纲。

以写"我的高考"为例，教师可以引导学生采用总分总的写作形式进行写作。开篇，学生可以写自己要描写的对象和自己的感悟。比如"我的高考，我觉得，就像走过一条漫长的路。回望高考前，那是我之前走过的路；现在，在考场中，我坚定了要走现在的路；高考的结果，将影响我未来要走的路"这个开头，便点明了写作的目的，点出了这篇散文的主题"我走过的路——我的高考"。

接下来，可以分写每一部分的内容。结合这篇文本的主题，将它分为三个部分：第一部分，回望过去，那是一条艰辛的路；第二部分，正在当下，这是我正在走的一条路；第三部分，展望未来，那是一条未知却必行的路。用时间这条线索串联起每一部分内容。最后，强调自己的感受和体验，说明自己想要阐明的一个道理。比如可以写："我踏着过去的路，一路走过来，因为我过去努力了，所以我今天带着信心走进考场，今天，我在这里挥洒着汗水，奋力解答每一道试题，向阅卷老师呈现我的学习成果；那么未来，我的路在哪里呢？我想，今天的考试成果将影响未来我要走的道路。回望我的高考，我不知道明天的路在哪里，但是我想，我的未来，是由我现在踏出的每一步决定的吧？"这样的写作提纲能使读者理解散文的内在逻辑，把握作者最终要表达的思想。

3. 优化写作语言

散文的最大特色是语言美。对一篇好的散文来说，语言既要凝练，又要优美、自由、灵活，接近口语。在高考中写散文时，必须应用语言艺术来提高散文的表现力。教师可以引导学生应用以下方法来优化写作语言：

（1）蒙太奇的电影手法。蒙太奇，是法语引申过来的术语，是指把几组看似没有联系的"镜头"剪辑在一起，让人们能通过感性的认知发现这些镜头本质的内在联系，然后应用辩证思维理解这几组"镜头"要传达的意思，后来这种手法被应用于写作中。散文写作应用蒙太奇手法，能详细叙述事件、刻画人物。

比如在写"我的高考"时，教师可以引导学生应用这样的手法写过去的道路："回想在高考以前，我的道路是什么呢？是我那不佳的考试成绩，当时我呆呆地看着我的分数，听着教师报出我的考试成绩，当时，我记得我的脸是红红的——那是羞愧；是我家庭的不得安宁，每天，我听着父母在吵架，我捂着耳朵，不想听他们在说什么，其实不听，我也明白他们在说什么——他们只是不忍心直接骂我；是我拒绝了一切交际和娱乐，去图书馆读书的日子，那些日子，我忘记了什么是早晨，也忘记了什么是黄昏，'废寝忘食'描述的大概就是我的状态。"

教师可以引导学生应用动词描绘出一组一组的动态场景，应用形容词准确描绘出动态的情境，这些动态的情境，又有内在关联。阅卷教师看到这样一组动态情境，会理解这一组剪辑要描绘的事件就是："我"原先考试成绩不好，父母表面上互相责怪，实则是不忍心直接责怪"我"，担心我将来没有好的前途，为了考出好成绩，我开始努力读书。

（2）反复咏叹法。这是指在确定了一组咏叹的立意以后，应用一组一组句子来强调这个立意，虽然从表达上看，这些句子描写的对象没有直接关联，但是它们的立意却是相同的。这种反复咏叹的方法，能够让阅卷教师了解学生丰富的想象力、语言应用的功底、想要表达的观点。

比如学生可以在"我的高考"中应用这样的方法写道："我的路是什么？我眼前的路，是用我的智慧设计的，用我的体能建造的，用我的一笔一画铺就的。"这三组句子，看似写的是智慧、体能、笔，实际上写的都是在如何铺就自己的路。反复咏叹的方法，能够使阅卷教师看到铺就"道路"的不同侧面，从而理解铺就"道路"的艰辛。

（3）卒章显志法。这是指在描写某一事物以前，不直接写这一事物，而是顾左右而言他，然后到了关键的时候，再点出自己要赞美的对象。当阅卷教师发现这两者之间的内在联系以后，便能了解学生保持的情感和态度。

比如，学生可以在"我的高考"中写："关于未来的路，我从来没有想过会是什么。就像我拿着一支笔，面对着一张白纸，往往不知道自己要在纸上绘制什么。不过，当我在白纸上落下第一笔的时候，我便开始意识到，白纸上已经落下了我的画笔了，它不再是一张空白的纸了。人的未来，不就如此吗？"这一段话表面是写用笔绘画的过程，实则是在讲自己如何踏上未来之路的过程。

（4）感情呼应法。在写散文的时候，要注意让前后的感情相呼应，应用感情呼应法可以让情感富有层次，让形象鲜明动人。

比如，写"我的高考"，文章的开头就指出我的高考是一条道路，结尾则强调了这条道路的尽头会是什么。这样首尾呼应，因果相连，能让阅卷教师进一步了解散文要表达的情感体验。

（三）散文写作中的创新教学方法

古时，人们就习惯于使用文字抒发真情实感，从而衍生出"散文"这一文学体裁。一篇散文佳作，除了具备"形散神不散""语言简洁优美"的特点之外，还具备"言有尽而意无穷"的特点。从中学语文教材的内容分布来看，散文占据非常重要的地位。因此，学好散文对提高学生的语文能力、培养学生的语文学科素养有巨大的推动作用。但是，多重因素的作用使得中学散文教学效果并不十分令人满意。那么，在中学语文课堂教学中如何有效开展散文的创新性教学，就是需要重点研究的问题。

1. 统筹兼顾

中学语文散文教学的"统筹兼顾"，是指把握语文工具性与人文性的动态平衡。把握语文的工具性，有助于教师培养学生的语言文字能力，也有助于教师达到量化分解语文知识与分层有序地进行语文能力训练的目的，还有助于学生在学习语文知识与技能的同时学习语言的表现形式。把握语文的人文性，有助于教师培养学生的语文学科素养，也有助于学生感受隐藏在文本中的思想感情。只有二者达到动态平衡，才可促进散文教学效率的提升。倘若只重视语文的工具性而忽略人文性，那么文本的完整性就会被破坏，学生只留下了对散文学习的刻板认知；倘若只重视语文的人文性而忽略了工具性，那么教学会过多地偏向于说教，学生容易产生厌倦心理。

但是，把握二者的动态平衡绝非易事。教师需要做到以下两点：一是引导学生领会文本含义。例如，居里夫人的《我的信念》写了信念，但作者并非单纯地描写自己坚定不移的观念和看法以及自己所坚持的人生态度，而是通过对信念的描写表达对真理的渴求以及对科学研究的热忱。二是讲出自我。一指讲出自我对于知识之间的联系框架的构建，二指讲出自我对于文本中作者思想感情的把握，三指讲出自我对于教材内容以及学生思维的拓展。

例如，朱自清的《春》，在学习作者对春天景象的描写过程中，与学生讨论学过的关于描写春天的古诗，如杜甫的《春夜喜雨》、韩愈的《初春小雨》，以及耳熟能详的《春晓》，并与学生共同探寻作者是如何通过描写景象表达对春天的热爱之情的。

2. 树立明确的教学目标

语文的最终教学目标是使学生养成良好的思想道德修养以及文化素养，从而实现语文教学的德育功能。因此，在散文教学中，教师应当树立明确的教学目标，使学生具备求知、做事、与人共处的能力，教会学生学会做人。只有教师树立明确的教学目标，才能够在课堂散文教学的过程中渗入培养学生思想道德修养以及文化素养的意识，激发学生的情感，发散学生的语文思维。倘若教师并未重视明确的教学目标的树立，那么散文教学也就失去它的教育功能。

教师树立明确的教学目标，应当做到以下两点：一是了解并掌握学生的具体情况，结合散文的内容采取灵活多变的教学方式。例如，老舍的《济南的冬天》，不同地区、不同成长环境下的学生对冬天的理解不同。所以，教师在对"冬天景象"进行举例时，需要考虑到学生之间的差异，采取不同的衡量标准。而且，教师需要考虑到学生的课外学习积极性。如果学生乐于参与户外活动，教师可在课外带领学生近距离感受冬天；如果学生乐于在室内学习，教师可利用多媒体设备向学生展示不同地区的冬天的图片、视频，或者举办"讲故事"大赛。二是建立平等师生关系。例如，鲁迅的《风筝》，教师可与学生共同参与到作者情感变化的讨论当中，与此同时，教师充分发挥作为课堂引导者的功能，引导学生讲述自己关于风筝的童年趣事，发表自己对学生放风筝的看法，逐渐将学生引入教学内容的学习当中，使学生体会文本中所体现的自责自省精神。

3. 把握散文教学的核心

在散文教学中，教师应当把握语文的工具性与人文性的动态平衡。而二者的动态平衡应当在学习语言中逐步实现。为什么这么说？因为散文具有"语言简洁优美"的特点。所以，只有把握语言的学习，才能够在学习文本内容的基础上体会文本中所体现的思想感情。

教师要使学生把握语言的学习，需要做到以下两点：一是引导学生诵读散文。诵读的过程是学生把握语言的过程，也是学生与作者进行心灵交流的过程。二是引导学生紧抓文本中的关键词。例如居里夫人《我的信念》中"少女时期我在巴黎大学，孤独地过着求学的岁月"，此句中的"孤独"是不是寻常意义上的"孤独"。

二、小小说写作创新性教学设计与实施

（一）小小说写作的含义及特点

1. 小小说的含义

小小说，又称为微型小说、超短篇小说、一分钟小说、一袋烟小说、袖珍小说、闪电小说等，是一种篇幅极短、情节简单，但意义明确、富有哲理的文学体裁。小小说往往从一个画面、一组对比、一声赞叹、一瞬间之中，捕捉住了生活，表现出一种新鲜的思想。

2. 小小说写作的特点

小小说的显著特点是"微"，具体表现在以下几个方面：

（1）篇幅微小：字数一般在几百字以内，多的也不过千字。

（2）题材微小：小小说所写的是社会生活中的一个小片段、一个小场景、一个小故事、一个小事件，它侧重于撷取生活中的一个小镜头，反映生活中的某一瞬息。

（3）形象微小：小小说的人物形象往往着墨不多，但形象鲜明。小小说的人物或写人物的一个动作、一个表情、一句话语，或一个心理状态，或写人物的肖像，或写人物的一个细节。

（4）情节微小：小小说一般情节单纯，很少有曲折复杂的情节变化，人物很少，一般没有直接的矛盾冲突，情节发展变化也很小。

（5）刻画人物：尽管小小说篇幅短小，但人物形象的刻画也是非常重要的。你可以通过描绘人物的外貌、动作、语言和心理活动来塑造出鲜活的人物形象。

（6）情节设置：小小说的情节要紧凑、巧妙，能够在有限的篇幅内引发读者的兴趣。可以尝试使用悬念、反转等手法来增加情节的吸引力。

（7）语言简练：小小说要求语言简练、生动，能够在短时间内传达出作者的思想和情感。因此，在写作过程中要尽量避免冗长的描述和烦琐的叙述。

（8）结尾点睛：小小说的结尾往往起到画龙点睛的作用。可以通过出人意料的结局、引人深思的哲理或者富有感染力的情感来增强作品的艺术效果。

总之，小小说写作需要作者具备敏锐的观察力、丰富的想象力和精湛的语言表达能力。只有在不断实践中不断摸索和提高，才能写出更多优秀的小小说作品。

（二）小小说写作的方法和技巧

1. 人物形象要典型

典型的人物形象是小小说凸现主题的主要载体。读者可以通过具体的形象，在人物的喜怒哀乐中深受感染。曲折的命运、激烈的冲突、白描的手法等都是塑造形象的好方法。

例如小小说《清水》，情节很简单：寿春县令时天士清廉如水，三年任职期满之际，不愿惊动百姓，趁天还没亮，就骑牛出了县城。走上官道，却见"黑压压的人站满官道"，原来百姓都自发前来送行。有一老汉捧个杯子走到他面前，请他饮了杯中的清水，因为"它是寿春百姓的心"。"叶天士恭恭敬敬接过杯，然后慢慢倾洒在脚下的黄土上，说，这是寿春的水，我不能带走，就以水代酒敬了寿春的土地吧。"叶天士说完，就骑上牛走了，把纷纷乱乱的呜咽之声留在了身后。这篇小小说，采用白描手法，巧借叶天上离任时对往事的追忆和一系列的细节描写。特写镜头，在有限的篇幅内，就把一位廉洁刚正、两袖清风、爱民如子的清官，塑造得形象生动，跃然纸上，读来感人肺腑。

2. 选材要以小见大

小小说要想用最少的信息展示丰富的内容，构思时须选准角度，精选细小而有代表性的事件，从中折射出重大的主题。

作家奥莱尔的名篇《在柏林》，描述了火车车厢里的一个场面，一位战时后备役老兵，身旁坐着个身体虚弱的老妇人，她神志不清，反复地数着"一、二、三"。这种奇特的举动，引起了车厢里两个小姑娘的嗤笑。于是老兵开口了，"这位可怜的夫人就是我的妻子……我们刚刚失去了三个儿子，他们是在战争中死去的。现在轮到我自己上前线了。在我走之前，总得把他们的母亲送往疯人院啊。"顿时，"车厢里一片寂静，静得可怕"。这篇小说篇幅甚短，出场的人物连姓名也未交代，但通过这车厢一角的片段，却相当集中地揭露了侵略战争给人民带来的深重灾难。

3. 情节要有吸引力

情节是小小说吸引读者的关键。情节曲折新奇，能突破思维定式，给读者以惊异感，才能增添作品的魅力。

比如李阳波的小小说《水果》，讲述了这样一个故事：一个捡破烂的妇女，宁可被歹徒掰断手指也决不松手放掉钱袋子。民警打开那个包着钞票的塑料袋，结果那袋子里总共只有 8 块 5 毛钱，全是一毛和两毛的零钞。作品接下来叙述道，民警蒙了，是什么力量在支撑着这位妇女，使其能在折断手指的剧痛中仍不放弃这区区的 8 块 5 毛钱呢？他决定探个究竟。所以，将妇女送进医院治疗以后，他就尾随在妇女的身后，以期望找到问题的答案。

但令人惊讶的是，妇女走出医院大门不久，就在一个水果摊儿上挑起了水果，而且挑得那么认真。她用 8 块 5 毛钱买了一个梨子、一个苹果、一个橘子、一个香蕉、一节甘蔗，凡是水果摊儿上有的水果，她每样都挑一个，直到将 8 块 5 毛钱花得一分不剩。民警吃惊地张大了嘴巴。难道不惜牺牲一根手指才保住的 8 块 5 毛钱，竟是为了买一点水果尝尝。

妇女提了一袋子水果，径直出了城，来到郊外的公墓。民警发现，妇女走到一个僻静处，那里有一座新墓。妇女在新墓前站立良久，脸上似乎有了欣慰的笑意。然后她将袋子倚着墓碑，喃喃自语，"儿啊，妈妈对不起你。妈没本事，没办法治好你的病，让你刚 13 岁时就早早地离开了人世。还记得吗？你临去的时候，妈问你最大的心愿是什么，你说，我从来没吃过完好的水果，要是能吃一个好水果该多好呀。妈愧对你呀，竟连你最后的愿望都不能满足，为了给你治病，家里已经连买一个水果的钱都没有了。可是，孩子，到昨天，妈妈终于将为你治病借下的债都还清了。妈今天又挣了 8 块 5 毛钱，孩子，妈可以买到水果了，你看，有橘子、有梨、有苹果，还有香蕉，都是好的。都是妈花钱给你买的完好的水果，一点都没烂，孩子，你尝尝吧。"

文章在千字的篇幅内，悬念丛生、波澜迭起，真正吊足了读者的胃口，更有效地强化了作品的感染力，令我们深切体会到母爱是何等的炽烈、纯真而博大。

4.结尾要含蓄隽永

小小说的结尾是一门艺术，是一种境界。在学写小小说时，对结尾一定要慎重考虑。这里提示两种方法，一是借助神态描写、环境描写，从侧面表达自己的观点、态度，突出作品的主题。二是以解决矛盾、解开悬念来收篇。

比如小小说《签字》，给我们讲述了这样一个故事：王局长犯罪事实暴露后，检察院干警赶来逮捕他，他却怎么也不肯在逮捕证上签字。王局长的老婆赶紧关上门窗，从口袋里掏出一个鼓鼓的红包，塞到丈夫手里，恳求他接受"这点小意思"，把字"签了吧"。戏剧性的一幕发生了，王局长捏了捏红包的厚度后，还真的在刚才坚决不签的逮捕证上签了字。原来他早已养成了不见"好处"不签字的习惯了。这一结尾通过艺术夸张、变形，入木三分地为一个贪婪成性的贪官画了像。

（三）小小说写作中的创新教学方法

小小说必须高度"浓缩"，富有戏剧性，在一千五百字左右的篇幅中完整地包含一篇普通短篇小说应有的情节。小小说应当具备这三个要素：构思新颖奇特、情节相对完整、结尾出人意料。

1. 捕捉生活瞬间，为写好小小说积累素材

要写好写小小说，首先要学会观察生活，要把生活中让你心动的瞬间，及时捕捉下来。这个瞬间，可以是一人、一物、一事、一景，可以是一个插曲、一颦微笑、一个场面、一个镜头、一点感悟、一个细节等等。把它分门别类地描绘在本子上，铭刻在记忆中，不断积累"珠"量，以备写作时随手撷取。

2. 巧用蒙太奇剪辑，为写好小小说搭建加工坊

在电影的制作中，导演按照剧本或影片的主题思想，分别拍成许多镜头，然后再按原定的创作构思，把这些不同的镜头有机地、艺术地组织或剪辑在一起，使之产生连贯、对比、联想、衬托悬念等联系以及快慢不同的节奏，从而有选择地组成一部反映一定的社会生活和思想感情、为广大观众所理解和喜爱的影片，这些构成形式与构成方式，就叫蒙太奇。在小小说的写作中也可以借用蒙太奇手法，把材料按照预定的震撼效果进行重新排列、剪接，使之产生炫惑、曲径通幽或意料之外的效果。

3. 深层揭示生活，给小小说赋予灵魂

小小说植根于生活，但在主题上一定要深层次地揭示生活。它的立意可以着眼于真善美，以歌颂为主，以皆大欢喜收尾，满足读者求完美的心理，也可以立足批判假恶丑，把生活中角落里见不得光的一幕幕暴露在阳光底下晒一晒。真正高妙的小小说，会让读者读完后，有深深的思索，蓦然的醒悟。譬如韦延才的《枪神》，讲述一次狙击绑匪要挟人质的最关键时刻，一枪擦绑匪的额角打出，一枪打在绑匪的肩上，事后大家怀疑"枪神"的威名，"枪神"参加全国公安系统射击比赛的资格被取消，退休时也只混了个小科长，可是退休时他去当初的狙击地怀旧，看到了已是

老人的绑匪，绑匪也怀疑他的枪法，他说："因为我是枪神，我想打你哪里，就能打你哪里。"绑匪跪倒在地。

读完这篇小说，我们明白了真正的"枪神"的含义，真正的"枪神"不在于能击毙歹徒，而是能有拯救人性的胸怀，从而使"银线串珠"显现灵光。

4. 用好浓缩语言，力求小小说言简意赅

小小说要在千字左右表现人物、讲述情节、揭示主题，就意味着语言必须浓缩，所谓"浓缩的都是精华"，那么小小说的语言就应该句句是精华，句句有用不可少。这种浓缩的语言功底，一时半会是练不出来的，需要长时间积累。那么初学者可以循着自己的故事思路洋洋洒洒地写开去，多少字不限制，写后做大刀阔斧地删减，可要可不要的话都要删掉，要力求做到"短线串好珠"，用最精练的语言把主题表现完整。

5. 妙用写作技法，使小小说出神入化

小小说诱人效果的营造，离不开各种写作技法。这些写作技法有开门见山、欲扬先抑、制造悬念、抽丝剥茧、单线结构、双线结构、前后对比、反复回环、意识流、荒诞手法等等。要用好这些"串珠"手法，需要多读多写多练，初学者可以取法其中一二，否则容易弄巧成拙。

当然，写作的技法、技巧和模式不是一成不变的，也不是生来具有的。其中要有理论指导下的写作，更要有实际写作的锻炼，运用"银丝串珠"法，写就人生百态。通俗一点来说：写小小说就是要根据立意确定选什么样的"丝"，串什么样的"珠"、串多少"珠"、如何"串珠"、串出一条什么样的"珠链"。平日久而久之，自然也就娴熟地掌握了写小小说的一些窍门和规律，写出有形有意的小小说也就不在话下了。

三、说明文写作创新性教学设计与实施

（一）说明含义及特点

1. 说明文含义

说明文是一种以说明为主要表达方式的文章体裁。对客观事物做出说明或对抽象事理的阐释，使人们对事物的形态、构造、性质、种类、成因、功能、关系或对事理的概念、特点、来源、演变、异同等能有科学的认识，说明文的中心鲜明突出，

文章具有科学性，条理性，严谨性，实用性，语言确切生动。它通过揭示概念来说明事物特征、本质及其规律性。

说明文一般介绍事物的形状、构造、类别、关系、功能，解释事物的原理、含义、特点、演变等。说明文实用性很强，它包括广告、说明书、提要、提示、规则、章程、解说词等。说明文有的是以时间为序，有的是以空间为序；有的由现象写到本质，有的由主写到次；有的按工艺流程顺序来说明，有的按事物的性质、功用、原理等顺序来说明。

2. 说明文的主要特点

以说明为主是说明文与其他文体从表达方式上区别的标志。

在各种文章样式中，说明文体是一种客观地说明事物，阐明事理的一种文体。在社会生活中，说明文越来越显示出它的重要作用和实用价值。现实生活充分表明，说明文不是一种无足轻重的文章形式，而是运用范围极为广泛的常用文体，它与人们的生产、工作和生活的关系相当密切，而且由于社会生活的需要，说明文写作正在大量涌现，并更多地融入我们的生活。

说明文的特点是"说"，而且具有一定的知识性。这种知识，或者来自有关科学研究资料，或者是亲身实践、调查、考察的所得，都具有严格的科学性。为了把事物说明白，就必须把握事物的特征，进而揭示出事物的本质属性，即不仅要说明"是什么"，还要说明"为什么"。应用性说明文一般只要求说明事物的特征，阐述性说明文则必须揭示出问题的本源和实质。

为了把事物特征说清楚，或者把事理阐述明白，必须有相适应的说明方法。常见的说明方法有举例子、分类别、作比较、列数据（列数字）、下定义、作诠释、打比方、摹状貌、引用、画图表（作图表、列图表）。写说明文要根据说明对象和写作目的，选用最佳方法。采用什么说明方法，一方面服从内容的需要，另一方面作者有选择的自由。是采用某一种说明方法，还是采用多种说明方法，是采用这种说明方法，还是那种说明方法，可以灵活，不是一成不变的。

说明文虽是以说明为主要表达方式的一类文种，但若没有其他表达方式（如叙述、议论、描写等）的恰当配合，则无法圆满地完成向读者介绍事物、解释事理的任务；而从学习写作说明文的角度讲，如果能确切了解表达方式的综合运用在说明文中的重要作用，注意准确使用叙述、议论等方式来辅助说明，说明文就能写得有声有色。

（二）说明文的写作技巧

说明文按表现方法可分为两大类：一类是解释性说明文，如教科书简介，各种知识性文章；一类是文艺性说明文，如科学小品，介绍名胜古迹等文章。要写好说明文，必须把握以下几点：

1. 要选择自己熟悉的事物来写

要把一个事物说明清楚，首先要了解这个事物，认识这个事物，要做到这一点，就要对说明的对象进行细致的观察或深入地调查分析，准确把握其特点。

2. 要选择恰当的表达顺序

凡涉及事物发展变化过程的，以时间顺序有助于说明事物特征；凡涉及事物空间位置变化的，宜以空间顺序来写；凡须说明事理，揭示事物之间的内部联系的，一般按逻辑顺序组织材料。说明文的格式基本上是按"总说→分说→总说"的结构，但也不能绝对化，可以"分→总"，也可以"总→分"。

3. 说明文的语言要通俗易懂

说明文一般情况下，都应当运用平实、简明、准确的语言。当然，说明文语言也应该追求"亮"起来。叶圣陶先生说："说明文不一定就是板起面孔说话，说明文未尝不可以带一点风趣。"但必须记住：语言"亮"起来的基本要求是语言准确、简明、通俗，让人看懂、看明、喜欢，在此基础上做到生动活泼，让人觉得有情趣。

4. 要认真观察，从熟视无睹的环境事物中，发现"新大陆"

（1）关于观察，要注意以下四点：
①观察必须仔细，不能笼统。
②观察必须深刻，不能只满足于表面现象，蜻蜓点水，浅尝辄止。
③必须有目的地观察自己所需要的东西。
④必须善于观察到的事实说话。
（2）观察后，必须对所观察到的事物或事实进行深入细致的思考。要掌握不同的观察方法：
①比较性的观察，在比较中掌握事物的个性、特征；

②换角度、多侧面的观察，正确、全面地写清楚事物；

③连续性地观察，从头到尾，寻根究底，知其全貌。

5.掌握几种绘景技巧

（1）定点绘景。观察点固定，将视野里出现的上下、左右、远近的景物，按照时间或空间的顺序，运用拟人、比喻、排比等修辞手法加以描绘。如大自然的四季变化，景物的形状、姿态、色彩、声响、气味、光泽等，如果把这些方面描绘出来，景物的特征也就显现出来了。

（2）移步换景。运用移步换景，作者如同一名导游，领着读者一个景点、一个景点地去参观、游览。人走景移，随着观察点的变换，不断展现新画面。首先，必须交代清楚方位变换，按照游览的先后顺序，交代清楚先到了什么地方，后到了什么地方，不能模糊不清；其次，要理清思路，明确主次，合理布局，突出主干，恰当地裁剪材料；最后，要注意抓住景物的特征进行描写，使之各有特色，互相区别。

（3）情景交融。即指景中有情，情中有景，景物和情意融为一体，以强烈的艺术感染力引起读者共鸣的一种写景方法。景离开了情，就没有生命力，而情又需要通过一定的景来表现，只有情和景巧妙地结合起来，才能达到情景交融的艺术境界。

（三）说明文的写作方法

1.下定义

就是用最简明扼要的语言，概要说明对象的性质与特点，以达到提示事物本质属性的目的，它有一种比较常见的格式"什么是什么"或"什么叫作什么"。下定义的方法一般用在科普性的文章之中，使用这种方法可以使读者对说明事物的含义有一个明确的概念。不会与其他事物混淆在一起。如果将这种方法用在文章的开头或结尾，可在全文起提纲引领的作用，或文章的结论。学生使用这种说明方法时，切记不要胡乱地去下定义，免得贻笑大方。

2.分类法

就是根据事物的不同的特征，将事物分成若干不同的部分。使用这种方法可以让读者对被说明的对象有一个大致的了解，可以管中见豹。还可以使文章的头绪清楚，层次分明，容易被读者所接受。

3. 举例子

这种方法同学们最喜欢使用，因为这种方法能把抽象、复杂的事物说得具体而通俗易懂。另外，这种方法同学们运用起来得心应手，全不费劲。

4. 作比较

这种方法的运用不外乎三点：一是比较优劣，突出某个对象的特点；二是比较差异，显示各个对象的各自特点；三是用两个相似的事物相比较，通过其中比较熟悉的事物，推知另一事物的特征。

但是运用这种方法注意两点：一是可以用来比较的；二是明确比较点，拿什么东西去比。

5. 打比方

学生在写作说明文时，如果遇到的事物比较抽象、复杂，难以用平实的语言阐述解释清楚，我们就可以用打比方的方法加以说明。但是要想打个很恰当的比方，一定要记住双方得有相似之点，也就是说喻体要有相似之处，否则反而会弄巧成拙。

6. 列数字

就是运用数字的数量来解释事物，如果恰当使用数字，往往会起到"千方百计抵不过一个资料"的作用。

7. 作引用

说明文的引用，只是作为说明的依据，有时也是为了使引文摆脱机械呆板和毫无生气，就使用这类方法。这种引用的材料都是名家的论述，经典材料上的说明，等等。

8. 列图表

图表能增强直观感，使人一目了然，也可起到一切尽在图表中的效果。而且使用这种图表说明方法，使读者容易接受，并且条理清晰。

（四）说明文写作中的创新教学方法

在说明文教学中，教师一般的教法是把说明文的写法灌输给学生，再让学生像写八股文一样去套用这种方法，写起来都是千篇一律，没有新意，读起来没有情感投入。师生都觉得说明文的阅读教学枯燥乏味，不能激起学生的兴趣。由此可见，有效地进行说明文阅读教学，使说明文课堂教学变得灵动已迫在眉睫。

1. 挖掘说明文闪光点，激发学生学习兴趣

语文教材所选的说明文在内容上都具有趣味性。教师在教案准备和情境设计上，寻找教学资源时应抓住这个有利条件，充分调动学生学习的积极性，激发他们学习说明文的兴趣。教师应当在教学时让学生自己发现兴趣点，充分重视发现过程对激发兴趣所产生的作用。

2. 开展说明文实践活动，感受说明文原理

说明文总是客观地反映事物的本质，和记叙文议论文有着根本的区别。另外在语言的运用上也要求能恰如其分地进行表述。始终坚持科学性是写说明文的第一要素，不仅简单易懂，还可以亲身体验。这是说明文的一大优势，其他文体都是望尘莫及的。

3. 不断地开发课程资源，拓展说明教学内容

说明文教学过程中，语文教师可以依据学生的需要，合理挖掘教学资源，丰富说明文教学的课堂。语文课程资源范围较广，包括课堂教学资源和课外学习资源，可以是文物古迹自然风光，也可以是风俗民情家庭生活，甚至还包括日常生活中的话题等都能纳入语文课程资源的范畴。

语文教师应经常性地举行多种语文教学活动，开发与利用课程资源，鼓励学生增强在不同情境中学语文用语文的意识，从各方面增强学生的语文运用能力。课程资源的开发加上教师适当地补充相关知识，拓宽了学生的视野，正好顺应了说明文知识性强的要求，增强了学生对资源的处理能力。

4. 抓住说明事物特征，从中获得科学真知

在学生的心中，几乎都会有一种愿望，希望自己成为鲁滨孙那样的人。作为教师，在教学说明文的活动中，应抓住事物的特征进行教学。语文课本中的说明文，精品连连，只要教师引导得当，设计合理有效的方法，就能激发他们的学习兴趣，让他们获得真知。

5.抓住被说明事物的特征

一篇说明文的内容不外乎就是说明一样事物,一样事物之所以不同于其他的事物,就在于它有自己的特征。因此,特征的描写是说明文中一个重要的组成部分,不仅是在说明文的阅读中还是在说明文的写作中,抓住了事物的特征是第一要务。只要抓住了被说明事物的特征,就很容易下手,很多问题也就能够迅速找到答案。

6.感受不同的说明语言

对于说明文的阅读,除了要把握好以上几点之外,还有就是要感受说明文的语言。说明文的语言与其他体裁的文章还是有一定区别的。一般说来,说明文在语言的表达和文字的使用方面都要求比较准确和科学。特别是在说明一些具体的事物的特征和结构的时候,要求文字要更加精准。这一点比较难去体会,在写作上也比较难把握。因此,在学习阅读说明文的时候,要加强这一方面的学习。多去比较,比较不同主题的说明文之间语言表达的差异性。

7.体会多样的说明方法

说明文的一个重要方面是要把握一定的说明方法,只要方法用得恰当,枯燥的事物也能说得生动活泼。任何一篇说明文都要用恰当多样的说明方法来进行说明,这样才能使说明的事物更加立体生动,说明方法用得好,一篇说明文就能写得好;也可以说,说明方法的好坏以及使用是否恰当直接就会关系到一篇文章的好坏。因此,在阅读和学习中,要学会把握和体会作者所采用的一些说明方法,并能体会到用这样的说明方法有什么样的好处。

总之,要想提高说明文教学的课堂效率,就必须深挖教材中的教学资源,拓展说明文的教学范围。更要重视说明文的教学,进行科学合理的设计,让说明文的教学具有趣味性以吸引学生的注意力,提高课堂效率,让说明文的课堂教学充满灵动。

四、议论文写作创新性教学设计与实施

(一)说明含义及特点

1.议论文的含义

议论文,又称说理文,写议论文是为了剖析事理、发表观点。议论文是写作难

度较高的一种文体，作者通过摆事实、讲道理、辨是非、举例子的方法，来确定某观点正确或错误，树立或否定某种主张。它不同于记叙文以形象生动的记叙来间接地表达作者的思想感情，也不同于说明文侧重介绍或解释事物的形状、性质、成因、功能等。总而言之，议论文是以理服人的文章，记叙文和说明文则是以事感人、以知授人的文章。

2. 议论文的主要特点

议论文的主要特点体现在以下几个方面：

（1）明确的观点与主张。议论文的首要任务是明确表达自己的观点或主张。作者通过深入剖析事理，阐述对某一问题的看法，从而确立自己的观点，并力求使读者接受和认同。

（2）充分的论据支持。为了证明自己的观点，议论文需要提供充分的论据。这些论据可以来自事实、数据、案例、理论等，它们应该能够有力地支撑作者的观点，并帮助读者理解其合理性。

（3）严谨的逻辑推理。议论文的语言表达应当具有严密的逻辑性。作者需要通过层层深入的分析，展示各论据之间的联系和推理过程，使得观点的得出符合逻辑规律，避免出现逻辑漏洞或自相矛盾的情况。

（4）精炼的语言表达。议论文的语言应当精炼、准确、有力。作者需要运用恰当的词汇、句式和修辞手法，使得观点表达得既明确又生动，吸引读者的注意力，提高文章的说服力和感染力。

（5）对比与反驳。在议论文中，作者可能会采用对比的手法，将两种或多种不同的观点或做法进行对比，以突显自己观点的正确性。同时，作者也需要对可能存在的反对意见进行反驳，进一步巩固自己的观点。

综上所述，议论文的主要特点包括明确的观点与主张、充分的论据支持、严谨的逻辑推理、精练的语言表达以及对比与反驳等。这些特点使得议论文能够有效地阐述作者的观点，说服读者，并在思想交流中发挥重要作用。

（二）议论文的写作结构

议论文的写作结构通常遵循一定的逻辑顺序，确保观点明确、论据充分、论证严谨。

1. 故事式开头

所谓故事式开头，就是开篇讲述一个引人入胜的小故事，用叙述性的语言，把情节表述清楚，然后由这个故事引出文章的论点或论题的一种方法。用故事开头，既丰富了文章内容，又能自然而然地引出观点，并能激发评卷老师的阅读兴趣。

运用故事开头的手法，需注意以下几点：

（1）要精心选择故事，以利于观点的引出。

（2）因为故事仅是一个由头，所以叙述不宜过细，篇幅不宜过长，能引出观点就行。

（3）一个故事可以从多角度理解和诠释，在叙述时就要重点突出能够引出自己观点的那一个侧面，使观点的引出水到渠成。

2. 层进式结构

层进式结构也称递进式、层递式，就是按照逻辑关系，由浅入深，层层递进，纵向开掘的一种结构方式。

层进式主要有两种类型：一是将中心论点分成几个分论点时，这些分论点之间构成的是由浅入深、由简单到复杂的关系。层次间可用诸如"不仅……而且……""……况且"等关联词语过渡。这种结构俗称"剥笋法"，一层一层地"剥壳"，最后显出其本质。二是按照"提出问题、分析问题、解决问题"的思路安排论证结构，即按"是什么→为什么→怎么样"的顺序来写。

这种论证结构的好处是层次清楚，逻辑严密，论证深刻。运用层进式结构要注意以下几点：

（1）层进式的各个部分之间的关系要恰当，要符合人们的认知规律，不可随意颠倒。

（2）层进式各个部分之间的过渡要自然，要用一些过渡性词语承上启下。

（3）按"是什么→为什么→怎么样"的顺序写作时，要明确回答各部分的内容。

3. 点例法举例

所谓点例法举例，也叫排比论证法。就是运用排比的句式列举一组相似的论据进行归纳议论分析。运用点例法举例，可以用较少的文字列举大量的例子，使例证全面而充分。此外，由于运用了排比句式，大大增强了文章的气势、议论说理的力度、语言的表现力和感染力。

使用点例式分析，要注意以下几点：

（1）几个事例的叙述角度要一致，要能够论证共同的观点，但又各有各的精彩。

（2）叙述语言要简洁，一般一个例子不超过40字。

（3）要在例后进行一定的归纳分析，指出共性，揭示本质，从而有力地论证中心论点。

4. 假设式分析

所谓假设式分析，也叫假设论证。就是针对前面所举的事例，从反面进行假设，进而得出一个与事实相反的结论，从而有力地论证中心论点。运用假设式分析，事例与假设分析可以明显分开，即先叙事再反面假设；有时也可采用夹叙夹议形式。此类分析法常常用"假设不……""试想如果不……"，引出与所举事例相反的情况，进而展开论述。

5. 深思式结尾

在文章结尾设置疑问或反问句，使读者在读完本文之后，对自身或者现实生活进行思考，从而收到"言有尽而意无穷"的表达效果。

（三）议论文写作技巧

写议论文、阅读议论文应该注意议论文的要素即论点、论据、论证。论点就是我们的看法和主张。一篇议论文只有一个主要的看法和主张，这是文章的中心论点。有的议论文还有分论点。分论点是从中心论点分离出来的，从属于中心论点几个分论点构成中心论点。论据是用来证明论点的根据，一般是用事实、道理、定律、公式来证明论点的正确性。

作为依据的事实、史实和数据，必须确凿无误，否则论点就站不住脚。此外，论据要充分，也要可信。论证是运用论据证明论点的过程和方法。常用的论证方法有举例论证、道理论证、对比论证、比喻论证、引用论证、归谬论证、正反论证等。论证的方式一般分为两种：立论和驳论。立论是对一定的事件或总是从正面阐述见解和主张的论证方式。驳论是对片面的、错误的见解或主张进行批驳，只要批驳成立就行了。立论和驳论常常是互相文章中有时也要立论，阐明自己的正确观点。

（四）议论文的写作方法及技巧

1. 题目的拟定

有时作文题会直接给出作文命题，学生就不必思考如何拟题；有时作文题会给出写作范围，学生可以在这个写作范围内自己拟题。比较常见的就是半命题作文，给出了文题材料、命题的范围，学生需要在这一基础上拟题后写作。

学生要分析文题材料和写作主题的范围，缩小写作的切入点。比如主题是"一代人有一代人的机缘、使命、挑战"，这个主题范围太大，当主题范围过大时，要缩小写作范围，明确写作的切入点。如把宏观的主题变小，从人物主体上对主题进行限制，人物主体是过去的人们、未来的人们，还是当下的"我们"；从主题的某一个侧面进行限制，如"我们完成时代机缘、使命、挑战的意义""我们完成时代机缘、使命、挑战的渠道"，应用这样的方法，可以再一次缩小主题的范围，使探讨的内容更集中。在确定了探讨的主题后，可以确定文章题目，可用比喻、借代等修辞手法拟题增强句子的表现力，比如"接好我们手中的'这一棒'"。

2. 开头的把握

议论文的开头，要表明自己要阐述的事理及观点。议论文开头的方法有很多：单刀直入法，直接表明观点；应用隐喻的方法，表明自己的观点；应用讲故事的方法，表明自己的观点；引入名人名言，表明自己的观点；应用描述一种现象的方法来表明自己的观点。不管应用哪种方式开头，都要注意文章的开头要"名实相符"，不能为了优化写作形式，而模糊了观点的表达。议论文的开头最重要的就是要亮明观点。

比如："你们都曾玩过'接力赛'吗？在跑接力赛的时候，我们都希望能够获得好的名次，然而，我们无法确保我们前一个队员跑得快，也难以寄望后一个队员一定能跑得快，我们能够做到的是，在棒子交接到我手上的时候，必须努力跑，让自己尽可能跑得快。这样，我们才能帮自己的团队尽可能得到好成绩。同理，在全球经济大发展的前提下，我们必须担负起时代赋予我们的机缘、使命、挑战。"这个开头，就是应用隐喻的方法，把国家的发展比作一场与人竞争的接力赛，然后把自己这一代人必须完成时代的机缘、使命、挑战比作认真接好这一棒。这个比喻非常鲜明、生动，突出了作者要表达的观点。

3. 结构的选择

教师在引导学生学习议论文的时候，会让学生掌握几种常见的写作框架。教师要引导学生在高考中，结合自己的写作需求，选择一个最适合的写作框架。教师引导学生了解常用的几种写作框架。

目前较为常见的议论文写作框架为：

（1）是什么—为什么—怎么样。

（2）提出问题—分析问题—解决问题。

这两种写作框架的应用侧重点不同。学生需要结合写作材料来分析选择应用哪种写作框架；教师也要引导学生分析高考给出的材料，分析写作重点，以此确定写作框架。这次给出的材料是："2023年中国新一代人造太阳"中国环流三号"，首次实现100万安培等离子体运行，迈入国际前列；2023年是我国首次载人飞行任务成功20周年；2023年可再生能源发电装机规模历史性地超过火电，全年新增装机超过全球一半。国际收支基本平衡。"这些材料和材料之间，又有什么逻辑联系呢？

这一段材料描绘了国家繁荣发展之后发生的一系列大事，结合所给材料来看，如果学生探讨一代人有一代人的机缘、使命、挑战这个问题，就没有把握材料重点，写作就会出现偏差。相对地，结合这次的写作主题，学生初步拟定写作框架：开头—当前，我们这一代人要承担的使命是什么。

引用材料来说明，当前我们需要承担的历史使命是学习，在2035年，通过努力奋斗，基本实现社会主义现代化。为什么我们要去实现这个使命？结合材料来分析，在社会发展的前提下，民众要求社会要向前发展，人们要求物质、精神、科学等领域向前发展。只有国家强盛，社会向前发展，未来人们才有更好的生活——怎样做才能让社会向前发展？结合材料，说明材料中包含的内容，材料中描述，每一代人有每一代人能够做的事情，每一代人都通过努力来解决当下社会发生的问题。

4. 主题的深化

在写议论文的结尾时，如果能够运用一两句具有较高艺术水平的句子来表达自己的观点，便能深化文章主题。读者在阅读这样的作文时，会产生深刻的印象，阅卷教师也会给予作文较高的评价。

比如：在当下，劳动者都在对社会做贡献，推动社会发展。然而，我们现在只是一名学生，也许我们现在能做的就是学习，我们要好好履行自己的使命。等到有一天——未来 2035 年，祖国的发展需要某方面的人才时，我们便可以胜任相关的工作，那时，我们便可以用我们的智慧和力量推动社会向前发展。这就像是在接力赛中，我们可以自豪地说"来吧，把棒子交给我吧！我一定能够为我的祖国接好这一棒！"这一段的特点就是采用了复句"……然而……"阐述观点。与单句相比，复句更能突出描述的重点。并且这一段应用了类比，这一类比与开头相呼应，使主题更鲜明。

虽然议论文是一种较难的写作体裁，但只要教师能够帮助学生掌握议论文的写作技巧，就能够让学生写出合格的议论文。

（五）说明文写作中的创新教学方法

在说明文写作教学中，采用创新的教学方法能够极大地提高学生的兴趣和参与度，同时也有助于提升他们的说明文写作能力。以下是一些创新教学方法：

1. 互动式学习

利用小组讨论、角色扮演等互动方式，让学生在实践中学习如何撰写说明文。例如，可以设置一个关于环境保护的议题，让学生分组讨论并撰写相关的说明文，然后在课堂上进行展示和互评。这种方式能够让学生在合作与交流中深化对说明文写作的理解和掌握。

2. 案例分析法

选取一些优秀的说明文作为案例，引导学生分析其写作特点、结构安排和语言运用等方面。通过对比不同案例的优缺点，学生可以更加直观地理解说明文的写作规范和技巧，并学会如何将这些技巧应用到自己的写作中。

3. 创意写作挑战

设置一些有趣的说明文写作主题，鼓励学生发挥想象力和创造力，撰写出具有新颖性和独特性的说明文。例如，可以让学生写一篇关于未来城市的说明文，要求他们结合科技、环保、文化等多个方面进行创新性的描述。这种方式能够激发学生的写作热情，并提升他们的创新思维和写作能力。

4. 跨学科融合

将说明文写作与其他学科相结合，如科学、历史、艺术等，通过跨学科的方式拓展学生的视野和思路。例如，可以让学生在学习科学课程时，撰写一篇关于某个科学现象或原理的说明文；或者在学习历史课程时，撰写一篇关于某个历史事件的说明文。这种方式能够让学生更加深入地理解说明文的应用价值，并提升他们的综合素质。

5. 利用数字化工具

借助现代科技手段，如在线协作平台、多媒体教学资源等，为学生提供更加丰富和便捷的学习体验。例如，可以利用在线协作平台让学生实时分享和讨论他们的说明文作品，或者利用多媒体教学资源制作生动有趣的说明文课件，提高学生的学习兴趣和参与度。

总之，通过采用互动式学习、案例分析法、创意写作挑战、跨学科融合以及利用数字化工具等创新教学方法，可以有效地提升说明文写作教学的效果和质量，培养学生的说明文写作能力和创新思维。

第四节　中学语文课堂写作创新案例解析

一、案例背景

李阳作为一名工作在一线的初中语文教师，一谈到日常的写作教学，心中就会闷闷不乐。正在他为之苦恼不已的时候，教育局大力开展课堂教学改革工作，自主互助型课堂教学模式为他作文教学指明了方向，教育理念随之悄然地发生着变化。

2023 年 10 月 8 日，正是国庆长假过后开学的第一天。恰巧李阳班周一有写作课，刚开学就让学生写作，对学生而言，无异于是一记晴天霹雳；看到学生们怨声载道、抓耳挠腮的样子，李阳心中一遍一遍告诉自己："穷则思变"，只要我认真思考、大胆创新，就一定能解决这个难题。随着思考的深入，加上对日常自主互助型课堂教学的反思，他的脑海中思路渐渐清晰起来，写作教学是否也可以利用自主互助的教学模式进行教学呢？

秋季的校园，在蓝天白云的衬托下，在阳光雨露的映照下，在瑟瑟秋风的吹拂中，也别有一番韵味。想着想着，李阳心中一阵欢喜。李阳决定让学生走出课堂、亲近自然、观察校园，这一番游玩观察过后再写作文，学生一定会欣然接受并且爱

上写作，题目就定为《亲近校园，邂逅秋韵》。

二、案例讲解

可是直接把学生们放出去，学生们无组织无纪律，没有任何的方法指导，学生们不知道如何去观察，那与体育课似乎无异。于是，李阳在课堂上先利用十分钟，跟学生一起回忆了写景文章，作者是如何描写春夏秋冬四季富于特色的美景的，作者是如何描绘富春江的奇山异水的，作者是如何描绘庭中美妙的月景图的。

总的来说就是：①认真观察，抓住景物的特征进行描写。②调动多种感官，可以从视觉、听觉、嗅觉、味觉、触觉等方面去感知景物、描绘景物。③描绘景物要掌握一定的逻辑顺序，可以按照从整体到局部、从宏观到微观、从高到低、从远到近等顺序进行描写。④综合运用多种修辞手法，如比喻、拟人、夸张等修辞手法，让所描绘之景更加生动形象，给人以身临其境之感。⑤恰当地运用写作手法，描写景物时可以使用以静衬动、以动衬静、动静结合、声色结合、正侧描写相结合、借景抒情等写作手法。总结归纳后，学生已经记在了自己的笔记本上，心里已经有了理论支撑，下一步就是到户外进行实践了。

在走出教室进行观察前，李阳先对学生进行了分组。六人一组，一共分了八组，每组安排了一名组长，组员要听从组长的安排统一行动。另外，还安排了一名记录员，记录大家的所见所闻所感，整理写作素材；其他组员担任观察员，任务是发现秋季校园之景的动人之处和魅力所在。出发前，做了最后一项准备工作，即对学生进行安全教育，保证作文课外实践活动的顺利进行，同时规定时间为二十分钟，二十分钟之后组长召集组员一起回教室。

回到教室后，学生们显得异常兴奋，本子上已经密密麻麻地记录了好多校园秋天的痕迹。有的同学本子里还夹了树叶书签，红色的、淡黄色的好看极了；有的同学手里拿着野果子，红红的煞是好看；有的同学还发现了一片园子，拿回了几个红彤彤的辣椒和紫色的小茄子。看到学生们天真的笑脸，感悟到学生们满载而归的喜悦之情，李阳也倍感幸福，这次作文尝试应该已经成功一半了。看到学生们兴奋劲还未过，很难静下心来进行艺术创作，于是趁热打铁，以小组为单位，组员之间进行交流讨论，将各自的所见所闻所感讲述给其他组员听。学生们的思维活跃，在讲述、交流、讨论的过程中一定能迸溅出不一样的火花。五分钟讨论时间，五分钟后各个小组派代表进行成果展示，在班级内进行成果共享。

三、案例评析

铃声响了,学生们已经安静地坐在自己的座位上,他们一个个的眼神中满是期待,看得出来他们是真心想将上节课的成果诉诸笔端,化成一段一段优美的文字。李阳回首在黑板上写下作文题目《亲近校园,邂逅秋韵》,这次没有唉声叹气,更没有满是怨言,唯有笔尖在纸上沙沙的声音,这声音听起来是那么和谐,那么温暖。

这是一堂有底蕴、有特色的作文教学课,有思想、有方法、有灵魂、有创意、有自主、有交流、有合作、有共享,这次作文教学改革的成功实践,得益于自主互助型课堂模式的开展,先期课堂教学中积累的经验为这节课的成功奠定了坚实的基础,李阳也更加坚定了自己的信心与决心,一定要走出一条富于个人特色的作文教学之路。

【思考题】

(1)简述中学语文课堂写作教育的现状和未来发展。

(2)为什么要大力提升中学语文课堂写作教育水平?请简述理由。

(3)创新素质在写作教育中会产生怎样的影响?

(4)写作教学一般包含哪几方面?该如何进行创新设计研究?

(5)请根据本章所学知识设计写作教学创新案例。

第五章 中学语文课堂阅读教学创新

【课程目标】

1. 掌握语文课堂阅读教学的概念与理论基础,提高教师的课堂教学效率,帮助学生更快掌握所学知识。

2. 了解中学语文课堂阅读的教学方法,提升学生的语文阅读能力。

3. 明确语文课堂创新阅读教学的必要性与可行性,掌握语文阅读教学的方法和模式。

4. 学习语文课堂创新阅读教学的方法研究,掌握语文课堂创新阅读教学的环境构建方法。

第一节 语文课堂阅读教学的概念与理论基础

一、语文课堂阅读的基础概念

阅读是运用语言文字来获取信息、认识世界、发展思维,并获得审美体验与知识的活动。它是从视觉材料中获取信息的过程。视觉材料主要是文字和图片,也包括符号、公式、图表等。阅读是一种主动的过程,由阅读者根据不同的目的加以调节控制,陶冶人们的情操,提升自我修养。阅读是一种理解、领悟、吸收、鉴赏、评价和探究文章的思维过程。

文学作品除了内容之外，还有修辞和韵律上的意义。例如读"压力"这个词时，喉部肌肉应同时运动。阅读诗词更要注意听到声音，即使是一行诗中漏掉了一个音节，照样也能听得出来。阅读散文要注意它的韵律，聆听词句前后的声音，还需要从隐喻或词与词之间的组合中获取自己的感知。文学家的作品，唯有充分运用这种接受语言的能力，才能领会他们的想象能力和写作技巧。这种依赖耳听，通过眼睛接受文字信号，将它们转译成声音，到达喉咙，然后加以理解的阅读方法，最终同我们的臆想能力相关。

阅读哲学、经济、军事和古典著作时可以采用经典著作阅读法。阅读这些著作要像读文学作品一样的慢，但读者的眼睛经常离开书本，对书中的一字一句都细加思索，捕捉作者的真正的用意，从而理解其中的深奥的哲理。值得注意的是，如果用经典著作阅读法阅读文学作品，往往容易忽略文学作品的特色，以使读者自己钻进所谓文学观念史的牛角尖中去。

二、语文课堂阅读教学的理论基础

中学生时期正处于生长发育的关键阶段，活泼好奇，求知欲强，可塑性大，接受新事物快，但容易偏激，比较盲目，阅读能力、鉴赏能力有所局限。同时，中学生也是一个充满活力的群体，他们朝气蓬勃，渴望尽快成长融入社会，又力求发展个性标新立异，对周围的世界富有好奇和探索的向往。大量的课外阅读能有效地锻炼中学生多角度思维的能力，丰富他们的知识，增长见识，提高自身修养，提高学生的理解能力和口语交际能力。

（一）中学生阅读特点

《语文课程标准》要求："培养学生广泛的阅读兴趣，扩大阅读面，增加阅读量，提倡少做题，多读书，好读书，读好书，读整本的书。鼓励学生自主选择阅读材料。"可是，在教学现实中，学生的课外阅读虽然一直被看好，但也存在着很多问题，需要教师科学指导。

1. 范围广泛

时事、军事、文娱等类书籍，因其贴近时代，与实际生活息息相关而成为部分学生的偏爱。他们通过阅读时事类图书了解到了一些国内外大事，并用所学的书本知识去分析、探究，以使自己的思想逐渐趋向成熟；军事类图书常常成为一些男生的宠儿，这和他们与生俱来的天性有关，孩提时代的游戏和玩具，让他们在成长过程中依然对飞机、舰船、兵器这些东西感兴趣，也进而使一部分学生萌生了当兵报效祖国的愿望；文娱类读物主要突出的是它的休闲性，学生们读这类图书的主要目的是消遣，以此来缓解课堂学习的紧张压力。

2. 充满情趣

一般而言，中学生选择文学读物居多，文学作品所反映的生活都是经过作家心灵过滤，情感理智酝酿，再进行精心艺术提炼而成的。学生在阅读过程中不自觉地成为审美主体，进入情感介入认识过程。当其生活经验被唤起，情感被激发时，他们便主动进入与作品对话状态，甚至达到物我统一、物我两忘的境界。

3. 自由驰骋

中学生课外阅读大多是在自由自在，在毫无拘束的心理环境中进行的。这样就有利于调动各种心理因素协同参与，个性得以充分发挥，阅读方式也较随意，可以一目十行，也可细嚼慢咽。在阅读过程中，阅读个体受故事情节的引导，美的语言与意境的感染，在不知不觉中，伴之以联想、想象。

4. 兴之所至

对于大部分中学生来说，课外阅读都是兴之所至。他们一旦拿到喜好的读物，常常是废寝忘食、不分场合就迫不及待要读完。所以时常能看到食堂、课堂、寝室中他们忘情阅读的身影。同时，他们所阅读的书籍也并非一成不变，常随着年岁、兴趣的改变而渐趋向于理性化。

（二）中学生课堂阅读的现状分析

中学生阅读还存在着令人担忧的极端：约20%的中学生经常读一些不适合他们阅读的书，约30%的学生干脆什么课外书都不看。分析其原因，因为中学生正处于身心发育的重要阶段，求知欲强烈，但阅读心理不成熟，往往带有盲目性。

1. 无书可读

主要原因是面对书店里的大量读物，印刷精美，花花绿绿，但内容上很少是为中学生服务的，不少中学生往往感到无所适从，东挑西拣，眉毛胡子一把抓，结果什么也抓不住。有的学校虽有图书馆，但藏书量严重不足，藏书陈旧不堪；报纸杂志缺乏针对中学生的书评和新书介绍，没有对中学生的阅读起到应有的导向作用；中学生阅读与社会脱节，社会上的热点书，要么不适宜于学生阅读，要么引不起学生的兴趣。

2．不允许读

教师尤其是班主任教师以及家长不让学生阅读课外书，怕他们荒废"学业"，影响中考、高考成绩。一些教师没收的课外读物，有的是应该的，但像《文化苦旅》《生命的追问》《读者》《青年文摘》《小说月报》等也照收不误就不应该了。这种唯应试的做法，有违"开卷有益""博览群书"等优良传统。

3．没时间读

可以说现在的中学生很难逃脱"题海战术"的围困，从早到晚，学生有做不完的数理化，有应付不完的考试，在这种情况下，学生根本不可能有大量的时间来读他们喜欢的课外读物。

4．不会读

很多中学生还明显地存在不会读书的现象，例如读书不动笔、不作批注、不搞摘录、不做笔记、不会质疑、唯书是信、毫无心得，既不能抓住重点难点，又不能举一反三，深刻领悟，更不能学以致用。这种阅读不仅阅读效果低下，也会造成学生阅读兴趣淡薄，使中学生阅读陷于尴尬的境地。

（三）中学生的阅读指导

1. 培养学生的阅读兴趣

"知之者不如好之者，好之者不如乐之者"。兴趣是最好的老师，是中学生参与课外阅读的基础。一些家长和老师常常埋怨当代中学生阅读品位低下，为什么他们不愿意去读那些公认的名著，而宁愿沉迷于"口袋书"和武侠、卡通漫画？

有些中学生在网络论坛上吐露了他们的心声："老师要求我们读名著的方式很死板，他规定你在一定时间里非得读多少本书，写多少篇读后感。本来是一件很快乐的事情，却被程式化了。我们很厌烦！"由此可见，中学生不是没有阅读的兴趣，而是这种兴趣被肢解，被压制。所以我们应该让学生感觉到———阅读是一种找寻美和欣赏美的旅程。激发学生阅读兴趣的方法很多，教师可以加强指导，培养学生的阅读兴趣。

教师在讲课过程中，宣传鼓励课外阅读，适当对所讲的内容进行延伸，都能吸引他们的好奇心，培养他们的兴趣；开展活动，形成兴趣，中学生的阅读兴趣总是体现在具体的情境之中。如有些学校为了激发学生的课外阅读兴趣开展了"小荷图书银行"活动，让学生利用课余时间多读课外书，记录好词好句，写读后感，并定期对学生进行检测，使他们乐于读书；优化环境，激发兴趣。良好的阅读环境，能够充分激发学生的课外阅读兴趣。如有的学校创设了报纸《小白帆》，在《小白帆》中展示学生的优秀作文，收到了很好的效果。

我们还可以根据中学生阅读的特征，举办各种类型的阅读课或阅读讲座，引导学生理解作品所反映的不同时代背景下，丰富的社会生活和所包含的深刻思想内容，使学生受到美的熏陶，产生美的追求，提高文化修养和欣赏水平，从而培养健康的阅读兴趣。也可以创办"班级读书角"，利用中学生的从众心理，掀起一股读书的热潮。

2. 给予学生充分展示自我的舞台

开展读书会、书评、演讲比赛等活动，吸引学生的参与，使他们在这些活动中获得一种成就感，从而消除阅读中没有"成就感"的情绪。也可以营造一种"好读书、读好书、读书好、书好读"的氛围，吸引他们去追求一种高层次的阅读享受。我们在高一年级发起"我看我评"的书评活动，同学们非常踊跃，交上来的书评作品很多，优秀的文章在橱窗中集中展出。我们还举办读书会，将爱读书、爱思考的学生集合起来，给他们一个展示的平台。

每一次集会我们只需引导他们确定一个主题，然后他们自己根据主题收集资料进行讨论。上届读书会上讨论了"学习方法""环境保护""名著阅读"等专题，这些专题都是同学们自己提议自己投票选出的。他们在活动中畅所欲言，常常产生思想的火花，也常常互相撞击产生新的灵感。同学们经过讨论写出了小论文，优秀作品将在校刊上发表。他们都感觉收获很大，增强了表达能力和自信心，也提高了查找资料的能力，增强了阅读的兴趣。

3. 注重阅读引导，培养学生良好的阅读习惯，提高他们的阅读鉴赏能力

有一个中学生在网上调查中说："经典名著的语言、情节、人物形象对读者产生

的震撼力，远非流行小说可比。读屠格涅夫的《贵族之家》时，我哭得稀里哗啦，比看流行小说感觉爽多了！"具有恒久生命力的经典名著凝结了人类的智慧，对人类历史产生过重大影响，阅读这样的书籍，对健全中学生的人格和陶冶他们的情操有着重要的作用。

我们除了开展读书会，讨论交流读书的乐趣和收获以外，还在广大学生和教师中开展"好书推荐"活动。真正做到"好书大家看，好书大家评"。有创意的学生还给推荐文稿配上各种各样的背景和插图，其活泼的形式和新颖的内容吸引了很多读者的目光。

三、语文课堂阅读的重要性

语文课堂阅读的重要性在于它对个人成长和学习的积极影响，特别是在提高阅读理解能力和写作技巧方面。

（一）语文课堂阅读对个人成长和学习具有深远的影响

阅读有助于学生开阔视野，了解不同的文化、历史和社会现象。通过阅读，学生可以接触到各种思想和观点，从而培养批判性思维和独立思考的能力。此外，阅读还能提升学生的情感素养，增强同理心，使他们更加关心和理解他人。

（二）语文课堂阅读能显著提高学生的阅读理解能力

例如，在阅读《红楼梦》这样的经典文学作品时，学生需要分析人物性格、探究情节发展、理解主题思想。这些过程都需要学生运用阅读技巧，如预测、推断、总结等，从而培养他们的阅读理解能力。又如，在阅读《史记》中的历史事件时，学生需要理解古文的含义，分析历史事件的来龙去脉，这对于提高阅读理解能力具有很大帮助。

（三）语文课堂阅读还能帮助学生提高写作技巧

通过阅读优秀的文学作品，学生可以学习到各种写作技巧和表达方式。例如，在阅读鲁迅的散文时，学生可以学习到如何用简练的语言表达深刻的思想；在阅读朱自清的散文时，学生可以学习到如何运用细腻的描写来展现生活场景。这些写作技巧的学习和应用，能够帮助学生提高自己的写作水平。

为了帮助语文老师更好地在课堂上引导学生进行阅读，这里提出一些建议：

（1）选择适合学生年龄和认知水平的阅读材料，确保内容的趣味性和教育性。

（2）引导学生采用多种阅读方法，如默读、朗读、角色扮演等，以提高阅读兴趣和效果。

（3）鼓励学生进行阅读分享和讨论，培养他们的表达能力和批判性思维。

（4）结合阅读材料进行写作训练，帮助学生将阅读所得转化为写作技能。

总之，语文课堂阅读对个人成长和学习具有重要影响。通过选择合适的阅读材料、采用多种阅读方法、鼓励阅读分享和讨论以及结合阅读材料进行写作训练，语文老师可以帮助学生提高阅读理解能力和写作技巧，从而提升他们的语文能力和素养。

四、语文课堂阅读教学的方法

在语文阅读教学中，许多教师往往陷入教学的误区，不能摆正教师、学生和文本之间的关系，教师和学生缺乏真正的对话，忽视培养学生的独立思考和独特感受能力等等。阅读教学应该是以学生为主，教师、学生和阅读材料互动，从而达到培养学生良好的阅读兴趣、能力、方法、习惯等一系列目标的课内阅读教学。这样，阅读教学方法就与过去大有不同。这里参照一些专家和优秀教师的教法，试作介绍和描述。

（一）所有文章，兴趣引路，掌握方法，形成习惯，学思结合，体验情感

1. 培养兴趣，读中寻乐

要搞好阅读教学，但能否培养起中学生的阅读兴趣，主要在于第一学年的教学活动。例如，语文教师在日常教学工作中要做的一项重要工作就是培养学生上语文课的兴趣，使之感受到阅读的乐趣。因此，教学应尽可能增加趣味性，在阅读活动中引导学生学习语文、应用语文，使学生品尝到学习语文的乐趣，以增加其兴趣。

2. 教给读法，培养能力

学生有了阅读兴趣，就要着力传授学生各种阅读方法，以培养学生的阅读能力。要坚持"以读为本"，引导学生学会"读"书。中学生各个年龄段的阅读教学都要重视朗读、默读和背诵。朗读要重视指导有感情朗读的方法，用培养语感和感悟力

的方法来理解课文。默读要指导学生一边读、一边想,知道在什么地方想、想什么、怎么想。要引导学生多背诵学过的诗文,背诵是对语言和文化的储存、积累,可令其得益于当前,受益于一生。

3. 培养习惯,引导"积累"

语言的学习靠日积月累。阅读教学要重视引导学生随时积累课文中的好词佳句、精彩片段,培养语感,养成习惯。教材中引导积累语言:一靠背诵,二靠抄写。教师应通过交流、检查使之落实,从而引导学生主动积累,培养兴趣,并逐步形成习惯。

4. 尊重体验,学会"思考"

语文教学是学生、文本、教师的多边互动、融合、提升的复杂过程,学生的主体体验,则是这一过程进入最佳状态的保证,因此,它必然要求阅读教学中让学生在主动积极的思维和情感活动中,加深理解和体验,有所感悟和思考,受到情感熏陶,获得思想启迪,积累优美语言,享受审美情趣。否则,其学习注定是失败的。因此,教师切忌用自己的分析取代学生的阅读时间。当然,个性化阅读也需要教师进行适当的价值引导,不能任由学生随意发挥。

(二)具体文章,适宜具体教法,读思讲练,合作探究,按文取用

1. 不论什么文体,都要指导多诵读

不少教师教阅读时忽略"读"这一环节,热衷于引导学生以获取答案和结论为满足。于是经常在让学生草率读过课文后,便迫不及待地就文章词句提出一些问题,要求学生围绕问题讨论,表现了什么思想,让我们受到了什么教育。或者机械地挑出文章中的一些词句,要求分析"为什么"。这种用所谓"启发"直接代替学生理解的做法,表面上热热闹闹,实质上浮光掠影。这样做的结果,即使再美的文章也会被教得索然无味。

"书读百遍,其义自见。"在阅读的过程中,学生欣赏美,学习语言,吸收写法。文章作品丰富的意蕴,存在于字里行间,隐藏在文字背后,存在于空白处留下的巨大审美空间之中对一篇课文的教学,教师不应引导学生去分析理解,而应引导学生去感受,即通过充分调动学生的感觉、知觉、表象、联想、情感去触摸内容的整体

存在，去品味语言文字的意义、情味和旨趣。因此在阅读教学中，教师千万不要忽视"读"这一环节。无论是什么文体，都要每篇必读，而且可以吟诵、默读、朗读，在读中思考理解，并学会圈点批注，体味文章意义、意境、情味，要从停顿和语调的高低、强弱、缓急等方面给学生以指导。学生在反复吟诵课文中，随着形象在学生头脑中的"复活"，必然会触动他们的情感，使他们沉浸在作者所创造的艺术世界里，爱作者所爱，恨作者所恨。这样，学生就会在不知不觉中把握全文内容，受到艺术熏陶，获得美的享受。

2. 要引导学生由整体到局部把握全篇

一篇课文是一个完整的艺术品，从内容和形式的有机结合上形成一种整体美。教师要在充分领略这种整体美后，再引导学生来感受这种整体美。让学生喜爱这篇课文，学生才会心甘情愿主动积极地学习它。同时，学生还必须养成从整体到局部的阅读习惯，特别是对那些能揭示作者写作动机和艺术匠心的关键性语言，更要联系上下文反复咀嚼、反复体味。阅读的重点不仅局限在"写什么"或"怎样写"的范围内，还应着力让学生从语境的体味中真正认识到"为什么这样写"。教师要在学生整体把握阅读材料的基础上选择精彩段落进行精讲。

阅读教学使学生接受了人格上的熏陶，同时还培养了各种阅读技能，如学会辨析各种文体，查工具书查资料；勾画重点、批注文章，做读书笔记、摘录卡片；分析归纳总结；有理有据地阐述自己的观点等。

在语文阅读教学中，我们应该构建科学的语文阅读教学模式，充分发挥学生这个主体作用，从而优化语文教学。一是从整体入手反复读，二是分层施教，全面提高学生的有效参与度。如提出不同的目标，让每个学生都能激起参与的兴趣；进行分层次训练，让每个学生都能获得机会；采用多种方法，使课堂训练落到实处。

3. 进行恰当评价，让每个学生都能体验参与的乐趣

评价具有导向、激励的功能。在阅读教学中，学生参与教学效果的评价，是以充分发挥每个人的学习积极性，最大限度地激发每个人成功欲望为前提的。一是评价与目标相结合，二是评价与相互学习相结合。

4. 要利用固定程序阅读，强化复习

从学生的实际情况来看，学会了的东西，必须达到"熟能生巧"的程度，方

能在有限的时间内运用自如,因此,复习阶段的强化训练是十分必要的。所谓"强化",是指有两个重点:一是限时,二是反复记忆。如果我们在复习过程中,充分运用固定程序阅读来进行强化训练,就一定能达到巩固知识、提高能力的目的,不仅记得快,而且记得牢,可以收到事半功倍的效果。一是掌握快速阅读方法,二是掌握程序阅读法。

综上,在具体的语文阅读课堂教学中,重要的是合理地构建语文阅读教学模式,使学生成为学习的主人。

第二节 语文课堂创新阅读教学的必要性与可行性

创造性阅读是"读者带着一种创造新见解的目的去从事阅读,从读物中发现未曾有过的新答案的一种阅读活动。阅读教学历来是中学语文教学中的重点、难点和弱点。语文创新阅读教学是针对传统的接受性阅读教学而言的。接受性阅读教学习惯于"满堂灌",忽视学生这一阅读主体,学生在课堂上习惯于接受课本上的和老师的现成答案,不敢进行大胆的批判,当然也就缺少自己独到的见解和新的发现。而创新阅读教学则完全打破了接受性阅读教学单一、封闭、呆板的局面,采用开放性教学,把学生视为阅读的主体,给学生以充分的想象和思考的空间,赋予学生以质疑问难和切磋讨论的权利,诱发学生的探索动机,让他们去探新求异,寻求前人或他人未曾有过的答案,从而产生创造性的见解。

一、语文课堂创新阅读教学的必要性

语文课堂创新阅读教学的必要性主要体现在以下几个方面:

(一)适应时代发展和教育改革的需求

随着社会的快速发展和信息技术的不断进步,传统的阅读教学方式已经无法满足现代学生的需求。创新阅读教学能够使学生更好地适应时代的发展,培养他们的创新思维和批判性思维,从而符合教育改革的要求。

(二)提升学生的阅读能力和素养

创新阅读教学注重培养学生的阅读兴趣和习惯,通过多样化的教学方法和手段,

引导学生主动阅读、深入思考，从而提高他们的阅读能力和素养。

（三）拓宽学生的知识视野和思维方式

创新阅读教学鼓励学生广泛涉猎各类阅读材料，包括文学、历史、科学等各个领域，从而拓展他们的知识视野。同时，通过引导学生从不同角度思考问题，培养他们的多元化思维方式。

（四）培养学生的自主学习能力和合作精神

创新阅读教学注重学生的主体地位，通过引导学生自主阅读、自主探究，培养他们的自主学习能力。同时，通过小组讨论、合作学习等方式，培养学生的团队合作精神和沟通能力。

（五）提升语文教学效果和质量

创新阅读教学能够激发学生的学习兴趣和积极性，使他们更加主动地参与到课堂学习中来。同时，通过创新教学方法和手段，提高语文课堂的教学效果和质量，为学生的全面发展奠定坚实的基础。

综上所述，语文课堂创新阅读教学对于提高学生的阅读能力、拓展知识视野、培养创新思维和自主学习能力等方面都具有重要的意义。因此，语文教师应该积极探索和实践创新阅读教学的方法，以适应时代发展的需求，为学生的全面发展作出贡献。

二、语文课堂创新阅读教学的可行性

语文课堂创新阅读教学的可行性主要体现在以下几个方面：

（一）独特的学科优势

语文阅读是一种创造性的智能活动。

1. 阅读活动的创造性是由文章的开放性所决定的

对读者来说，每篇文章都是一个不断开放和不断生成的过程。尤其是文学作品，它使用的大多是描述性语言，有着明显的模糊性和不确定性，这就为读者的阅读创造留下了空间。在这个过程中，作品的空白点起了关键的作用，也正是因为这许许多多的空白点构成了文章意义的无限开放结构，为读者的创造性阅读提供了可能。

2. 阅读活动的创造性也是由阅读的主体性所决定的

由于对文章的理解涉及读者所处的时代、心境、情绪和生活体验等多种因素，即便是面对同一个客体，不同的接受主体也会得出不同的看法与结论。所以，创造性是阅读的本质，也是阅读的终极目的。"读，是为了创造；创造意味着摆脱读物本身的思路，产生一种还未曾有过的思路。"阅读的这些本质特点为创新阅读教学的实施提供了充足的可行性依据。

（二）中学生的思维特征使然

中学生的思维特征为语文创新阅读教学提供了生理学和心理学依据。

1. 想象的生动性

从生理学和心理学的角度看，当代中学生年龄在 14～18 周岁，正是形象思维活跃的时期，想象丰富而又生动，在再造想象的基础上增加了创造想象的成分。比如学习郁达夫《故都的秋》，掌握了作家笔下秋天清、静、悲凉的特点后，学生便可驰骋想象，描绘出许许多多生动形象的秋景：金黄的原野、橘黄的果园——秋天是收获的季节；云淡天高，牛羊奔驰的牧场——秋天是欢乐的季节；秋风萧瑟落叶无边的森林——秋天是怀旧的季节；钱塘秋潮、香山红叶——秋天是豪迈的季节；皓月当空、桂香浮动——秋天是浩渺的季节。这种想象海阔天空，纵横千里，体现了中学生想象的生拿性和创造性。

2. 思维的批判性

据现代心理学研究表明，中学是思维的独立性和批判性迅速发展的关键期，尤其是中学生已经进入了青年期，生理和心理都接近成熟。他们的感知能力提高、视读广度扩大，阅读的有意注意增强。在思维能力方面，最为明显的是思维的独立性和批判性成分增强了，因此，他们在阅读中不满足于对一般材料的客观理解和接受现成的观点，而希望独立思考，乐于对阅读材料进行是非判断、优劣评价，甚至常常被探索、发现和创造的意识所驱使，提出一些不同于前人和他人的见解。具体表现为他们不迷信书本和名家，不迷信教师，敢于质疑问难，喜欢讨论争辩，善于求异和发现，并有自觉地自我评价、自我监控、自我反馈、自我修正的意识和能力。

例如阅读郭沫若的《甲申三百年祭》（节选）后，有的学生对作者提出的"李自成的失败，他自己实在不能负专责，而牛金星和刘宗敏倒要负差不多全部的责任"

的观点提出了自己的看法。他们认为牛金星和刘宗敏的错误，李自成要负领导责任。如果作为统帅的李自成不负责，而要他的两个部下"负差不多全部的责任"是不公平的。这种认识就很有时代特色。对中学生来说，他们不盲从权威、不迷信书本、大胆探索的精神，应该视为是一种创新，而这种创新正是思维批判性的表现。

中学生想象的生动性和思维的批判性是他们创造潜能的具体表现，而语文创新阅读教学所需要的正是这些生动的想象和批判的思维。

实施语文创新阅读教学既有必要性，也有可行性。只要广大教师更新观念，锐意创新，那么，语文课堂所培养出来的创新精神和创造能力将是学生一生取之不尽、用之不竭的财富。

三、创新中学语文阅读教学方法

阅读是搜集处理信息、认识世界、发展思维、获得审美体验的重要途径。阅读教学是学生、教师、文本之间对话的过程。对于客观存在的学生阅读效果不理想的问题，我们是该反思长期流行的种种阅读目的、阅读方法的时候了。

（一）阅读量——多与少

许多教者似乎乐于提倡多读，读多，所谓"博观而约取，厚积而薄发"从亲友、师长、同学、伙伴交流中接受语文教育；凭借书籍报刊、声像传媒、互联网接受语文熏陶；从文史哲法等社会学科中丰富语文知识，从数理化生等自然学科中训练语文思维，语文课堂教学是语文学习最为主要的途径等。

一般地讲，要培养学生广泛的阅读兴趣，扩大阅读面，增加阅读量，多读书，好读书，读好书，读整本的书。多读只是"量"的一面，要因人而异。

"量"不等于"质"，一味地追求"量"也不一定是件好事。识字很多的人也不见得就"会"读，历史上不是有"书漏""书橱"的记载吗？而且，能读"之乎者也"的人，也未必真能看懂报纸上的科技新闻。

如今，学生快餐式的阅读太多，快餐式阅读往往只告诉你表面的东西，却不会告诉你深究背后的原理，以及它与其他事物之间的联系。当学生接收碎片信息时，实际上是在扩充"事实"，但并没有增加"联系"。长此以往，会使学生的知识结构变成一张浮点图：孤零零的知识点漂浮在各个位置，却缺乏一个将它们有序串联起来的网络。比如，有些学生喜欢通过几分钟的影视短片或经过加工的网络小说去了解曹操、包公、孙悟空等传奇人物，这样可以在短时间内获取大量的信息碎片，但算不得真正意义上的科普阅读。

但文学作品是生活的百科全书，其中的文字是一种人类特有的表意符号，具有神韵，它表情达意、塑造形象都是间接的，要接受它，有赖于读者大脑的储存、同化、深化、加工、智慧碰撞。这个转换过程正是人们知识、情感、能力成长与发展的过程，文字所承载的许多深邃思想、难于言表的内涵是影像无法再现的；文字所特有的韵律和节奏、空白和神韵，似褒似贬、韵外之旨、言外之意等更是影像所无法代替的。所以，看电视剧《三国演义》永远不能和看小说《三国演义》相提并论，看电视剧《射雕英雄传》也绝享受不到看小说《射雕英雄传》所能得到的乐趣。从文字到图像，这只是一种传播技术的进步。

"阅读教学的重点是培养学生具有感受、理解、欣赏和评价的能力。"阅读力关键是要讲究"质"，应"以质取胜"。叶圣陶先生指出，阅读方法不仅是机械地解释字义、记诵文句、研究文法修辞的法则，最紧要的还在多比较、多归纳、多揣摩、多体会，对一字一语都不轻易放过，务必发现它的特征。唯有这样的阅读，才能够发掘文章的蕴蓄。

有一位道人用手一指，点石为金，一位徒弟在旁呆看，道人说："你把金子搬去可以致富。"徒弟摇摇头。道人问他为何不要金子，徒弟说："我看中你那个指头。"世上有多少被金子迷惑而忘了点金的指头。诸葛亮读书与当时大多数人不一样，不是拘泥于一章一句，而是观其大略，并喜欢吟诵《梁父吟》这首古歌谣。陶渊明也谈到自己的读书方法是"好读书，不求甚解"。

阅读材料浩如烟海，人的一生毕竟有限，"吾生亦有涯，而知亦无涯"，阅读力的强与弱不在阅读的"量"，而要重视"质"。

（二）阅读力——强与弱

我们常说一个民族把自己全部精神生活的痕迹都珍藏在民族的语言里，语文教学就是通过文字材料进行的阅读活动。

阅读是围绕文字材料这个"作品"的"磁场"进行的心智活动，读者既要围绕磁场，又要能跨出磁场，构建以体验感、想象力、理解力、创新力为中心的非常复杂的心智活动，形成独特的"阅读力"。

车尔尼雪夫斯基说过，美的事物在人心中所唤起的那种感觉，是类似我们当着亲爱的人面前所洋溢于我们心中的愉悦。阅读就是一种最美的愉悦，与大师对话、与凡人攀谈，观山川、看河岳，上晓天文、下通地理、中悟人生……何其乐哉，何其美哉!要得到这一切,有赖于"阅读力"。

信息时代的今天,文字材料多如牛毛,有赞、有否、有幽默、有讽刺、有褒义贬用、有贬义褒用等。我们不仅要关注阅读力、重视阅读力,而且更应该研究阅读力。但遗憾的是,整个语文界对"阅读力"的重视与探究太过忽视,"逐步培养学生探究性阅读和创造性阅读的能力,提倡多角度的、有创意的阅读,利用阅读期待、阅读反思和批判等环节,拓展思维空间,提高阅读质量"。教育的终极目标是以人为中心的发展,"人既是发展的第一主角,又是发展的终结目标",阅读的最终目标也应该是强化学生阅读力,形成阅读张力。

阅读力强的人能读出创造(写作欲望或提高写作水平)、读出个性(能从作品中汲取人生经验与哲理)。阅读活动包含四个因素:学生的背景知识、学生的情感、新知识本身蕴含的潜在意义、新知识的组织与呈现方式。

阅读力的获得不是教师简单地把各种方法的"真理的金子"移交给学生,而是在长期教与学的过程中,特别是在学生个体自己的长期"历练"中,在教师指导下由学生自己去建构,因为阅读不是简单的信息的输入、存储和提取,而是新旧知识之间的双向的相互作用、相互撞击过程,这个过程是别人无法替代的。

重视阅读力,关注阅读力,研究阅读力,这是今天阅读教学的首要任务。

(三)阅读情——外与内

阅读不但是形成阅读力的过程,也是阅读情的内化与外显的过程。

阅读的对象都是文章,文章自然都是有内容、有思想、有情感的,"情者文之经"。"夫缀文者情动而辞发,观文者披文以入情",在文学家的笔端,一切语言信息往往都带有作者的主观情感色彩,所谓"一切景语皆情语"。王国维说:"以我观物,故物皆着我之色彩。"而通过阅读去感悟别人的语言信息时,必然会带入自己的主观情感,阅读是一种内潜性的观念活动,阅读本身就有人文价值、美育价值。

"阅读是学生的个性化行为,不应以教师的分析来代替学生的阅读实践。应让学生在主动积极的思维和情感活动中,加深理解和体验,有所感悟和思考,受到情感熏陶,获得思想启迪,享受审美乐趣。"同化是阅读信息输入后的存储、理解、吸纳、创新,逐渐形成阅读力,影响自己人生某一方面乃至整个人生的过程,必然内化为阅读的稳定的心智模式。

阅读是对读物、作品的再生产、再创造。"一千个观众眼中就有一千个哈姆雷特,一千个读者眼中就有一千个贾宝玉。"阅读同样是富于创造性的实践活动,只有外显才是最有生命力的阅读。

如果只有"读",而没能"写",后人就永远不可能有新的作品面世了。外显是在阅读基础上形成阅读力,外显集中体现在:评论已阅读的材料、创作自己阅读材料、指导人生。

陶渊明说自己读书的目的:"常著文章自娱,颇示己志。"学生怎样才能产生阅读的外显性呢?布卢姆认为,除了百分之一二的超常儿童和百分之二三的低常儿童之外,95%以上的学生在学习能力、学习速率、学习动机等方面,并无大的差异。只要有适合学生特点的学习条件,世界上任何一个人能学会的东西,几乎所有的人都能学会。因此我们的教师要"为掌握而教""为掌握而学",使学生能读中见情、读中生情、读中悟情、读中解情。司马迁说:"余读《离骚》《天问》《招魂》《哀郢》,悲其志。适长沙,观屈原所自沉渊,未尝不垂涕,想见其为人。及见贾生吊之,又怪屈原以彼其才,游诸侯,何国不容,而自令若是。读《鹏鸟赋》,同生死,轻去就,又爽然自失矣。"朱熹则从另一角度说:"所谓清庙之瑟,一唱而三叹,一人唱之,三人和之,方有意思。又如今诗曲,若只读过,也无意思,须是歌起来方见好处。"可见,情在个体的阅读中所占的比重。

提出多元智能结构理论的加德纳认为,影响每个人的智力发展有三种因素,即先天资质、个人成长经历和个人生存的历史文化背景,它们虽然相互影响、相互作用,但起决定作用的还是个体后天的历史文化教育活动。

爱迪生7岁时,患了猩红热,病了很长时间,造成耳聋。8岁上学,但仅仅读了三个月的书,就被老师斥为"低能儿"而撵出校门。从此以后,他的母亲就是他的"家庭教师"。由于母亲的良好教育方法,他对读书产生了浓厚的兴趣。"不仅博览群书,而且一目十行,过目成诵。"8岁时,他读了英国文艺复兴时期最重要的剧作家莎士比亚、狄更斯的著作和许多重要的历史书籍。到9岁时,他能迅速读懂难度较大的书,如帕克的《自然与实验哲学》。稍大一点,他爱上了化学,为了生计,一边卖报,一边兼做水果、蔬菜生意,只要有空他就到图书馆看书,终成一代俊杰。苏霍姆林斯基说:"我一千次地确信,没有一条富有诗意的感情和美的清泉,就不可能有学生的全面智力的发展。"长期积累、自然得之,入情入理,如痴如醉,正是爱迪生阅读乐趣的写照。

阅读的"外显"十分重视阅读的创造力,"书读百遍,其义自见"。据国外的统计,科研人员在一项研究中,用于查找和阅读情报资料的时间,要占完成该项研究课题时间的50.9%,而编写报告的时间仅占9.3%。可见浏览、阅读已成为科研的基本能力。在学校教学中，阅读教学正是培养创造精神、发展创造能力、造就创造性人才的摇篮。

当然，不能要求学生具有成人的独创性，青少年只要达到了自己从未有过的认识水平，或评论已阅读的材料，或自己创作文字材料，或影响自己的某一方面的人生，这就是外显的主要目标。

当人能识字后，阅读量、阅读力、阅读情是阅读系统的三个方面，阅读量是基础，阅读力是关键，阅读情是核心，三者之间存在着逻辑关系，是一种螺旋式上升的关系。重视，研究，创新，是提高阅读教与学的客观必然要求，也是为学生一辈子做人、做事，及至成为贤达名流的迫切需要。

四、创新性六步阅读教学模式

"六步阅读教学模式"系教育改革家魏书生所创。叶圣陶先生曾提出"教会学生自己学习"的教育理念，这一思想和策略不断深入人心。许多教育实践家对要不要重视自学能力的培养、怎样培养自学能力、怎样以引导自学为基本策略完成大纲规定的教学任务等，做了深入的研究探讨，有的教师为此进行了长时间的实验。魏书生的以"引导学生自学"为基本策略的阅读教学改革蜚声教坛，享誉全国。魏老师认为，在当今信息社会，一个人在学校所学的东西是有限的，终身教育是必然的趋势，学校所做的只是为日后的学习和发展打基础。传统的教学方法不重视学生自学能力和学习兴趣的培养，不适应现代社会对教育的要求。为此，魏书生决心摸索出一条培养自学能力的有效途径。所谓"六步阅读教学模式"，指在阅读教学中采用以引导自学为基本策略的"自读、回忆、启问、讨论、练习、总结"六个教学步骤。

（一）自读

自读可以把学习的主动权还给学生。六步阅读教学法即学生按教师设计的自学提纲及教师教给的学习方法，自主阅读课文，整体感知课文内容。课前布置这样的预习作业是有目的性的：

一是要求学生在自读课文时，逐字逐句地认真读书，边读边画出生字新词并注音，认识、掌握生字，能联系上下文或借助工具书理解生词，初步感知课文内容。

二是要求学生多读几遍有关段落，力求自己解决问题。实在弄不懂的，可向同学、教师请教，或做好记号，在汇报交流时提出来。

三是要求学生运用学过的质疑方法画出重点、难点，有选择地读一读描写比较精彩的地方，加深对文章的印象。

四是在再读课文时，让学生想想课文主要讲什么，对某句、某段的感受或不同见解的内容做好标注，对较难理解的词、句、段等用符号批注出来，为汇报交流做好准备。

（二）回忆

在自读的基础上，教师可以通过六步阅读教学法引领学生回忆阅读相关文章的写法，如写人的，让学生知道可采取"一读知人物，明事情；二读理顺序，抓重点；三读抓要素，知特点；四读抓整体，探写法"的方法。写事的可采取"一读感知内容，了解学情；二读厘清顺序，把握重点；三读剖析重点，理解中心；四读主次联系，强化理解"的方法。这样引导，能使学生读有目标、读有顺序、读有重点。

（三）启问

启问是前两个教学环节的深入，是指充分调动学生主体意识，促进学生积极思维，对课文重点、难点及关键处质疑、释疑。教师必须及时化繁为简，归纳分类，并按先易后难的顺序写在黑板上，为下一步学生讨论解疑做好准备。

1. 从课题上发现和提出问题

文题是文章的眼睛，从课题着手质疑，往往可以起到纲举目张的作用。

2. 根据课后思考题提出问题

课后思考题往往是一课教学中的重点和难点，可以帮助学生更快地掌握所学内容。

3. 从课文的重点句段上提出问题

课文中的重点句子和重点段是需要学生熟悉并掌握的，善于从重点中提炼问题，可以帮助学生思考文章的中心思想。

4. 根据文章的表达特点提问题

众所周知，教学一篇课文，只有掌握了文章的语言表达特点，才能进一步了解文章的内容和思想。所以，在阅读文章时，要分析文章的语言表达特点，根据语言表达特点去思考问题、分析问题，这样不仅会读得更深入，还会富有层次性，使文章的线索一目了然。

5. 从课文的布局谋篇、表现手法上找问题

教师可以引导学生从标点符号质疑，从文章的细节处质疑，从人物、景物描写处质疑，从文章的过渡句质疑，从文章的内容顺序和思路质疑，从语言表达方式质疑等，让学生在自主探究中感受作者"谋篇布局""遣词造句"的精妙，从而习得表达方法。

（四）讨论

在学生个人钻研课文之后，教师可以安排一个讨论课文的环节。教师在教学中应大胆放手，善于提出"大问题"和发散性问题，扩大问题的空间。在教学中，教师要引导学生在反复读的基础上，通过同桌、邻桌交流，有重点、有层次、有针对性地解决疑难问题。然后，全班交流自学所得，重点交流如何读懂课文。

梳理学生组内解决不了的问题，并让学生针对解决不了的问题再读课文。具体来说，教师要引导学生在书中找到有关段落，抓住重点语句读一读，再画一画、想一想。学生通过讨论，就能运用科学的思维方法分析和推理，得出自己的见解。此外，对有争议的问题，教师不要轻易下结论，而是引导学生回到课文中寻找答案。

（五）练习

练习就是开启学生自主训练之门，是学生获取知识、掌握学法、形成技能的一个重要环节，也是他们运用知识、发展思维的重要手段。练习题除采用课后习题中的部分习题外，还可以设计部分巩固知识与技能的题目，以便学生更好地掌握所学知识与技能。

（六）总结

总结是指引导学生回归整体，概括总结，深化认识。总结时，教师不要包办代替，要让学生自由讨论、踊跃发言，这样既可以让学生回顾本课我们是用什么方法学习的，总结出规律性的东西，提高学生的综合能力，还可以让学生形成连贯性思维，在自读、回顾、启问、讨论、练习的过程中获取知识，在回忆中掌握方法，在

启问中探索，在讨论中升华，在练习中创新。

每一阶段的小结，就是对学生学习方法的一次验证，经过这样多次训练，学生不断地从中获取方法，独立阅读的能力也会相应提高。

近年来，教师采用六步阅读教学法，通过不断实践研究，真正落实了"以学生为主体、以教师为主导、以自学为核心"的教学模式，既减轻了学生的负担，又提高了教学质量。

第三节　语文课堂创新阅读教学的方法研究与环境构建

一、语文课堂创新阅读教学的方法研究

（一）语文课堂阅读教学创新的必要性

如何在阅读教学中创新，这个问题困扰教育界已多年。我们作为教育工作者对前人的宝贵经验要继承和批判吸收。师生互动教学是在继承传统阅读教学经验的基础上，融合了新的课程理论、吸取了时代新的教育教学理念而提出来的一种课堂教学方式，对于改变学生的接受式思维与教师教学的疲劳战现状具有积极的意义。师生互动教学的核心是在教师的有效指导下学生与学生之间，特别是学生与教师之间进行的对师生共同关注的问题（某一语言现象，或某一文学形式，或教师教学，或学生学习中的困惑等）进行互动式的质疑、辩论、探究，最终寻求问题解决的一个动态互助的教学过程。

阅读教学中，师生互动的学习是与学生被动学习、灌输式的接受学习不同的概念。在传统的课堂里，也会有互动，只是太过于局限在课堂、书本，学生自己自由学习的空间被严重压缩。因此，开展互动教学并不是要排斥传统教学，而是让传统教学的经验为它所用，为它服务，并让其促使新课程改革被更多的教师接受、为更多的学生受益。

如今，社会分工的细化，学科渗透的交互，仅受文学知识灌输的人才已不能满足社会的需要。因此，通过师生互动的方式，可以加强学科知识的整合，加强各学科知识的渗透，有利于课堂学习过程中师生信息的反馈和交流，有助于课堂教学创新。阅读教学要符合新课程教育理念，落实新课程教学改革的要求，真正走入新课

程，实施师生互动的课堂教学是值得尝试的一种做法。

（二）语文课堂阅读教学创新的必要手段

阅读教学不仅仅是需要学生正确理解文章中的含义，还需要学生在阅读的过程中发散自己的思维，提高自己的阅读能力，通过阅读来拓宽他们的眼界。因此，这就需要教师打破传统的教学模式，树立新的教学理念，丰富自己的教学手段，以提升阅读教学的效率。

1.激发学生的阅读兴趣

兴趣是一个人从事工作或者学习的内在动力，能够使学生积极主动地参与到阅读学习之中。因此，要想提高语文课堂的阅读教学效率，那么首先就需要激发学生的阅读兴趣。那么如何去激发学生的阅读兴趣呢？

（1）教师要丰富自己的教学手段，突破传统教学方式的束缚。一直以来，教师在阅读教学中都喜欢用一个具体的流程来教学，先让学生大概浏览一遍文章，然后让学生找出文章的中心思想，最后让学生去回答问题。这种教学方法太过单一枯燥，很难激发学生的学习兴趣。为此，教师要适当改变自己的教学方法，比如，可以运用多媒体教学法、小组合作探究教学法等，这样就能够吸引学生的注意力，提高他们的阅读兴趣。

（2）创设具体的情境。通过让学生在一个实际情境之中去体验作者的感受，这样可以激发学生的共鸣，从而产生阅读的兴趣。可以在班级范围内营造一个良好的阅读氛围，让同学们都养成一个阅读的良好习惯，这样就会潜移默化地影响着他们对阅读的看法。比如，教师可以在班级范围内开设"故事会"的活动，让学生将自己所观看的名著讲述给大家听，这样就能够有效激发学生参与到课外阅读之中，进而为接下来的阅读教学打下基础。

总之，教师需要采取各种措施去激发学生的阅读兴趣，这样才能够提升阅读教学的效率，提高学生的阅读水平。

2.突出学生的主体地位

随着时代的变化与发展，传统的教学理念越来越难以适应时代的发展，难以满足学生的内在需求，为此，我国推行了课程改革。课程改革提出，教师在教学过程中要转变自己的角色地位，突出学生的主体地位，要树立"以学生为本"的教学理念,积极引导学生参与到阅读教学之中。然而,在阅读教学中,还有一些教师仍然没有摆脱传统教学理念的束缚,他们在阅读教学中更习惯引领学生进行阅读,这样就很容易将自己的观点灌输到学生的脑海之中,不利于学生的思维发展。因此,教师需要摆正自己辅助者、引导者的角色,要突出学生的主体地位。

(1)引导学生自主阅读。一般来说,课堂的教学时间较为短暂,所以许多教师都没有留足阅读时间给学生,这样就使得学生难以正确理解文章的主要内容。那么在今后的阅读教学中,教师要留足阅读时间,引导学生自主阅读,让他们发散自己的思维,去思考文章所表现的中心思想,从而产生自己独特的见解。

(2)鼓励学生进行批判性阅读。阅读是培养学生综合素养的重要手段,而批判性阅读能够让学生深入思考、独立判断和评估信息的价值。批判性阅读的核心是培养学生的批判性思维。教师可以通过提问或引导学生分析和探究作品中的观点、论据和结论来培养学生的批判性思维。

要想鼓励学生进行批判性阅读,还要创造一个良好的阅读环境。学校图书馆、教室图书角和家庭图书室等提供了丰富的阅读资源,学生从这些地方可以借阅到各种不同类型的图书,从而激发学生主动展开阅读的兴趣。此外,教师可以定期在课堂上组织阅读活动,如阅读分享会、读书讨论会等,引导学生发表个人意见,让他们相互分享阅读体验,使他们对文学作品产生更高程度的兴趣。

3. 加强课内阅读与课外阅读的联系

在中学语文教材中,有许多的文章都可以从课外去找到相关联的资料供学生阅读,以加深学生的了解。例如,"孙权劝学""陈涉世家"等,教师都可以在网上下载一些相应的材料来辅助学生阅读。此外,教师还可以设置悬念,引导学生去主动搜寻课外资料,去了解主人公的命运。

例如,在"孙权劝学"一课教学中,教师就可以说,吕蒙最终成为一代名将,那么你们知道他经历过哪些战争,他的最终结局又是怎样的呢?那么学生为了了解吕蒙的最终命运,就会纷纷去图书馆,或者上网搜寻,最终找到问题的答案。

又比如,在"智取生辰纲"一课教学中,教师也可以设置悬念引导学生去探寻故事主人翁的最终命运,引导学生去阅读《水浒传》这本名著,那么通过这本名著中的故事,学生就会了解到吴用、晁盖等故事主人翁的最终命运。

采用这种教学方法,容易激发学生的探究欲望,培养他们的课外阅读习惯,这对于学生今后的阅读学习有着重要的影响。

4. 开展"参与式"的阅读教学

在阅读教学中，一些教师更习惯于将自己的观点与看法传输到学生的脑海之中，他们往往忽略了学生的看法以及意见，这样就不利于学生思维的发展。因此，要想提高阅读教学的效率，就需要教师树立"参与式"的教学理念，加强与学生的互动与交流，深入了解学生对文章的观点与看法。而要实现这一教学理念，可以从以下几方面着手。

（1）构建一个和谐平等的师生关系。在阅读教学中，教师要想引导学生积极参与到阅读教学中，启发学生积极交流与讨论，构建一个和谐、平等的师生关系，这是开展参与式阅读教学的前提条件。因为当教师公平地对待每一个学生时，大家都有参与讨论以及对话的机会，就能够调动每一个同学的参与欲望。对于学生的表现，教师要根据学生的个体差异进行适当的点评，以便让他们能够在体验成功中获得快乐。

（2）师生共同探讨阅读文本。为了提高阅读教学的效率，教师需要加强与学生之间的联系，同学生一起去共同探讨阅读文本，引导学生去阅读文章，读出自己的独特感受，然后让他们去提出自己的问题，在这个过程中，教师要将自己的位置摆正，也就是把自己当作一名学生，一同来探讨文章中的问题。这样更容易拉近与学生之间的距离，更能够提高学生的阅读效率。

综上，在中学语文阅读教学中，语文教师需要激发学生的阅读兴趣；要突出学生的主体地位；加强课内阅读与课外阅读的联系；开展"参与式"的阅读教学。这样一来，就能够提高学生的阅读水平，提高课堂的教学效率。

二、语文课堂创新阅读教学的环境构建

阅读教学要在继承传统的基础上进行教学创新，主要通过改变课堂结构、落实教学艺术、分时段互动等三个方面的师生互动实践达到目的，尤其是分时段互动中的课前决策互动、课堂角色互动和课外探究互动具有可操作性和实用性，是阅读教学课堂改革的一种新方式，也有利于创建良好的阅读环境。

（一）改变课堂结构，激发学生思维

改变课堂结构即继承阅读教学重视阅读、重视字词句理解落实的教学传统，找准互动创新的切入口，改变原来课堂的"垂直式"结构（教师一根线垂直到底）为

"放射状""辐射状"结构,即由一个问题向某一方向或角度发散出许多问题,或以一个问题为中心生发问题环或问题群,从而达到激活学生创新思维之目的。教师在互动过程中,注意引导学生把新知识之间的内在联系找准,然后与原有知识进行重组整合,成为新知识的一部分。

互动的中心问题可以由教师提出,但更多的情况却从学生自己的已知出发,尽可能地创设让学生提出问题的情境,激发他们提问的意识,并为学生提问的质量提供可供向上攀缘的"支架",教师要有大问题意识,要有从一篇课文中提炼出一个大问题的基本功,向学生提供富有挑战性的问题或可供自主或合作学习探究的任务,并规范学生互动学习中的操作,改变原有的课堂垂直结构为放射状、辐射状结构,在教师与学生共同协作完成的过程中,要让学生学会自由联想以激活原有的知识进行思维创新,让课堂成为学生放飞心灵展示灵性的舞台。

(二)落实课堂艺术

1. 着眼个性发展,关注个体差异,进行多角度评价

学生的个体差异是客观存在的,教师不应该回避,而是要设法把个体差异的劣势为课堂组织的优势,让个体差异的学生在阅读教学、师生互动的课堂上充分发挥自己的聪明才智,展示自己的思维和才华,激励学生自主学习的热情。通过教师合理的评价,帮助学生认识自我,建立自信,促进学生创新力的可持续发展,通过评价也提高教师教育教学的能力、促使教师自我认可。"多一把尺子就多一批好学生",每一个学生都是天底下独特的唯一的一个,对学生的评价要体现三维目标。

2. 学会等待,给学生机会

以往的教学课堂上,教师总是迫不及待地把答案亮了出来,说出的问题不让学生思考或学习,就立即要求学生回答,特别是公开课更显而易见了,所以每每听完一节公开课后我们就会惊叹:"这班学生真神了!"可事后调查却发现并不是如此。课堂上教师表现为急躁、缺乏耐心往往是为了完成预设的教学目标,为了力求"圆满"。心理学原理告诉我们,一个创新的想法往往不是在思维的起始阶段,而是在思维的发展阶段甚至是最后阶段产生出来的。学会等待,给学生充分思考的时间,给学生回答、讨论、交流、挑战的机会和联想、想象的空间,会有创新智慧的灵光闪现。

3. 俯身参与，学会倾听和求助

教师要学会倾听学生的诉求和想法，就要努力做到以下几点：

（1）规范秩序，任其自由。如想象文章结局之类的讨论，就可以允许学生自由思考和想象，自由表达，只要是他们喜欢的方式都是可以的，因为问题本身就不求一个统一的答案。

（2）积极引导，禁止批判。对学生幼稚可笑甚至错误荒唐的想法，严禁批判，在保护自尊的前提下，给予引导和点拨，指出其中的问题，并由此生发一个更加深入的问题供全体学生思考讨论，以求达到互动的目的。

（3）质的提高，量的积累。以"还有什么更好的想法吗？""谁来再扩展一下呢？"等引导学生思考。

（4）相互鼓励，合作创新。可以向学生说明"老师也是需要鼓励的人"，让学生也学着鼓励他人，师生之间、生生之间，相互鼓励，相互启发，优势展示，长短互补。

如让学生在教师节的课堂上给教师送点有文化味的"礼"，结果全班56个人无论从内容到形式都没有一个重复。令当场听课的老师感到兴奋不已。量的积累促进质的提高，这是我们课程教学互动创新的目的所在。

（三）分时间段操作

1. 课前决策互动

课前决策互动目标：让学生拥有学习的主动权，积极参与教学的决策与筹划。

课前决策互动原则：师生商议，民主决策，共同选择教学内容、教学方法方式。

课前决策互动形式：主要分课堂上在引入教学中心之前互动和课前利用课外时间互动两种。

例如：在上《鲁提辖拳打镇关西》一课前，教师可以联系学生设计活动课"开庭审判鲁达"，课前互动安排课外时间。首先，教师应反复权衡作充分准备，预见效果，与学生一道制订计划，进行可行性调查研究，决定活动课形式。其次，师生共同查找相关资料，进行资料积累，进行相关法律知识的咨询和搜集。最后，师生明确分工，通过"竞争上岗"选定角色。

随后，联系电视剧《大法官》，师生一起带着目的、带着角色观看，搜集相关的法律资料及其熟人关系所提供的信息等。组织学生参观人民法院，旁听法庭审理"寻衅滋事"刑事案件（此案件与课文鲁达打死镇关西案件的性质相似）的全过程。有了上面这些课前互动作准备，于是，法庭审判前的"调查取证""核对证人证物""现场勘察""诉讼词"准备、"辩护词"准备等一系列开庭前期工作就有声有色、有条不紊地展开了，确保创新课堂教学的质量。

2. 课内角色互动

课内角色互动目标：让学生拥有学习过程的参与权，自主投入教学活动的全过程。

课内角色互动原则：联系生活，角色反串或角色互换。

课内角色互动方式：互相质疑、角色反串或角色互换等。

（1）以文章的中心问题带动师生互动。

（2）让师生进行角色反串或角色互换。

角色反串或角色互换运用在语文教学的课堂里，效果显著。但教师要掌握分寸，控制火候，切不可操之过急，让课堂变了味。它比较适用于比较浅显的文学作品，如童话、戏剧等，也适用于文言文教学的第二课时或后阶段。

例如：师生角色反串。教师让学生来当，教师不站讲台，坐在学生席上做学生。如考试成绩一直处于下游的应一正、陈蕴韵等，一下就来了兴趣，认真地钻研起课文来，像模像样地备课、当老师、站讲台，尽管有许多是搬用别人的，但他们也从中得到了学习的基本方法，锻炼了表达能力，增强了自信心。

又如：多角色尝试。可以让学生在阅读教学的课堂里变成教师、主持人、记者、通讯员、辩论手、法官、律师甚至演说家等不同的角色，目的只有一个，那就是为了增加体验、加深对文本及教学内容的感悟。

3. 课外探究互动

课外的世界很精彩。师生共同参与的阅读教学课外活动主要有社会实践、课本剧场、课外阅读调查研究、课外专题讲座、课外兴趣小组、课题研究、这些都是师生互动的主要方式。也不排除师生就某一个问题展开的讨论、师生座谈、师生竞赛等方式。

如"开庭审判""教师节活动课""记者采访"的大量课外准备工作、"研究性学习专题研究"等，形式多样、生动活泼，而且师生同心同德、同甘共苦，为一个共同的学习目标走到一起来了。

（四）效果与思考

1. 带来教学课堂的精彩纷呈如"把自己的礼物献给老师"

教师节互动课堂，通过师生互动的特殊方式给教师节这个特殊的节日带来语文课堂的新气象，既锻炼了学生良好的语言表达能力，训练了他们的思维能力，又让教师感受教育教学的愉悦，浓浓的师生情感也深深地感染了现场听课的每一位老师。

2. 促进语文素养的形成和创新品质的发展

如"模拟法庭"等互动课堂，带给学生动力，"用生命捍卫共和国的法律尊严"等理想初步形成，"公民责任感和独立作出决定的能力"得以培养，学生"学会学习"的同时更"学会做人"。

3. 继承是根本，互动创新是发展

在互动的课堂里，学生能对语文学习过程进行自我设计，"经常有惊喜""经常被难住"，我深刻体会到"师不必贤于弟子，弟子不必不如师"的真谛，体验教学的喜悦。可是，灌输习惯与学生接受习惯根深蒂固，学生很少动手动脑，很少独立面对，学习上自觉的意识亟待加强。

4. 激发教师不断创新的热情，促进教师的专业成长

激发教师不断创新的热情并促进其专业成长，是教育领域中至关重要的任务。学校应鼓励教师尝试新的教学方法和策略，允许他们犯错误并从中学习。必要的时候要提供相应的资源和支持，以帮助教师顺利实施创新项目。

第四节　中学语文课堂创新阅读教学案例解析
——以《再别康桥》为例

一、案例主旨

《再别康桥》是 20 世纪中国出色的一首别离诗，它犹如一首轻柔优美的小夜曲，诗人的自由天性、潇洒飘逸的风格与康桥宁静优美的自然风景融会成了别具一格的诗境之美。一直吸引着无数的读者，让人感慨，引人沉思。本案例研究的主要问题有：

（1）教学条件下的诗歌教学应该让学生得到什么？如何得到？

（2）教师在学生学习体悟过程中起什么作用？运用教学策略的基本途径有哪些？教学策略对于学生自主学习具有何种意义？

（3）如何让学生有效地学习知识？

二、案例背景

本单元的学习重点：运用阅读教学的入门方法，研究、探讨现代诗歌，体会诗歌的意境之美。

本课学习目标：

（1）感知《再别康桥》的诗意美、音乐美、建筑美、绘画美。

（2）学会新诗的鉴赏方法。①通过教师的指导朗读学会欣赏诗歌的音乐美。②通过教师的指导赏析，学会从诗歌的意象入手赏析诗歌。

优秀文学作品是人类精神生活的宝贵结晶。文学欣赏活动是欣赏主客体相互呼唤、适应、契合的结果，一方面欣赏主体有某种精神需求，另一方面欣赏客体对主体具有吸引力。教学条件下的文学欣赏活动有其特殊性，首先是要认识学习者已有的学习基础及知识背景。中学生已具备相当的鉴赏能力，解读文本的"语表层"几无困难。但正是由于对内容的"粗知"，而容易使他们产生满足感，失去进一步鉴赏的兴趣与动力。因此教学设计首先要考虑的是如何强化并保持学生对鉴赏活动的需求。教学策略之一是使教学内容"陌生化"，即拉开学生与文本的距离，让学生产生少知感甚至未知感，生疑生惑，从而，让距离去调动学生。让学生在鉴赏过程中不断探究并发现文本的魅力。

据此，本案例设计以学生的自我鉴赏为起点，由浅入深，从易到难组织教学内容。以阅读为主，以课件贯穿始终，集音乐、画面、相片、朗诵等视听手段为一体，充分感受诗歌的优美境界。让学生自主探索理解文本意义，建构知识，最终实现提高鉴赏能力并获得整体发展的目的。课时目标、内容如下：

以诵读领起，以课件贯穿始终，集音乐、画面、相片、朗诵等视听手段为一体，充分感受诗歌的优美境界。教会学生诗歌鉴赏方法，通过对意象、意境的具体分析来帮助学生解读作品。

三、案例实录

导入新课后,欣赏配乐朗读《再别康桥》,在此基础上提问:《再别康桥》在你的心里留下了什么样的印象?它美在哪里?学生展开讨论,教师引导学生鉴赏诗歌的情感美、意境美、语言美。

片段一:

师:古人云:黯然销魂者唯别而已矣!所以在古人的作品中,既有"西出阳关无故人"的无奈,又有"天下谁人不识君"的豪迈,还有"相见时难别亦难"的苦涩,那么现代人是如何理解离别的呢?

生:徐志摩笔下的离别像暮春里牧童的笛声,既让人欣喜又让人伤感。

师:能结合诗歌具体谈谈么?

生:诗歌的感情从惆怅到热烈,在第五节达到高潮,在第六节陡然低落,沉浸于寂然,只能带着无限的怅惘离去。这种感情的变化正是基于对康桥的不可遏制的爱,这种爱让人欢喜让人忧。

片段二:

师:这种感情是直接表达出来的吗?

生1:不是。

生2:感情是蕴含在景物描写之中的。

师:对,这些景物就是意象,是融入了诗人主观情意的客观物象。

生3:这些意象都是柔美而抒情的事物,浸透了作者对康河的永久的恋情。他甚至想永远留在这里"在康河的柔波里,我甘心做一条水草"全诗通过这些意象构筑了梦幻般的氛围,如一首小夜曲,让人如痴如醉。

师:意象的组合就是意境,请大家用散文诗般的语言描述诗歌的意境。体会诗歌情感。

气氛非常活跃,想象异常丰富,大家沉浸在创造的欢乐和对意境的描述所产生的愉悦中。

这节课结束了，但学生们似乎还沉浸在诗歌优美的意境之中，诗歌像抛向湖面的石子，在每个学生的心中激起了圈圈涟漪。那纯美而又忧伤的旋律与情感感染了每一个人。

四、案例后记

《再别康桥》的诗境是说不尽的，尽管在短短的一节课中，学生领略了这一艺术精品的风采，但认识的只是冰山一角。案例的操作必须紧扣教学目标，突出教学主线，努力"删繁就简，避熟就新"，带着教材走向学生，使学生学得乐，学得深。要激发、调动学生思考，关键是要将一定的学习目标转化为问题，通过创设合理的"问题情境"将主体鉴赏活动始终置于"最近发展区"，最终实现有所发现的预期结果。在动态的多变的教学过程中，教师还要重视对学生思维行为的引导、点拨，进行有效的课堂调控，使鉴赏活动始终围绕一定的目标展开，通过"追问"实现"有效学习"是十分关键的。案例的有效实施，需要教师具有全新的理念，得当的方法和机敏的应变能力。

五、案例分析

本案例力图体现"重在自主，重在发现，重在探究"的教学理念，使学生通过阅读明确文章要传达的情感诉求。

首先，学生的鉴赏活动贯穿教学的始终，无论是对文本意义的读解，还是对意境的感悟，都不是由教师传递、告知的，而是由学生主体通过探究而发现的，在课堂上，学生主体拥有比较充分的鉴赏权、思考权、发言权，这就为主体"发现"提供了保证，学生不再是名义上的、形式上的主体，而是实质性主体——成为学习过程的真正主人。

其次，教学条件下的鉴赏活动，教师的作用主要是策动并促成学生主体鉴赏。案例中教师始终做到：既不将知识和盘托出、全盘授予，也没有简单地设置学习目标或用指令性任务去驱动学生鉴赏，而是努力将一定的教学内容问题化，用问题驱动学生进行鉴赏实践。以对问题的探究——展开问题或解决问题为途径，从而实现了一定的教学目标。在学生主体活动过程中，教者以调整难度，提供支持，激励疏导等方式给活动以切实的帮助，这种帮助正如不断地向燃煤鼓风输氧，使煤得以充分燃烧。这样的教学过程使主体情知互补，心智并进，思维、语言、情意、品质得到同步协调发展，为主体的全面发展奠定了基础。

本案例中"意象与意境"这一文学知识，教师不是用定论的方式传授，而是引导学生通过分析感悟自己去发现知识。这样，学生获得的不仅是某一知识结论，同时经历了知识的生成过程，契合了"要让学生感受、理解知识产生和发展的过程"这一时代要求。与单向且被动参与教学过程相比，这种知识获取过程具有明显的优势：它使学习者形成对知识的深刻理解，它绝不是一知半解的，更无须死记硬背，因而是一种"优质"的知识；学习者亲历知识的发生、创造过程，由此形成并拥有的知识具有极高的迁移价值，因而是一种"活化"的知识；另外，学习者在获取"意象与意境"这一知识的过程中，经历了类似于科学发现的某些思考、分析、概括的过程，而这些方式是解决各种问题以及将来从事探究工作所必需的，因而还是一种极具可持续发展意义的"长效"的知识。

【思考题】

（1）中学语文课堂阅读教学的理论基础和主要方法是什么？
（2）中学语文课堂阅读教学的创新为什么是可行的？
（3）简述语文课堂创新阅读教学的常用模式，并阐述该模式的先进之处。
（4）请根据本章所学知识设计阅读教学相关的创新案例。

第六章　中学语文课堂修辞教学创新

【课程目标】

1. 了解修辞与语文教学的关系，提升学生的修辞应用能力、思维能力以及创新素养。
2. 深化学生对修辞手法的理解，并培养他们灵活运用各种修辞手法的能力。
3. 了解修辞学的重要性，帮助学生拓宽思维视野，从不同的角度和层面思考问题，形成独特而深刻的见解。
4. 掌握修辞创新教学的相关方法和手段，提升修辞学的影响力。

第一节　语文教学与修辞学的关系

修辞学同中学语文教学的关系非常密切。在中学语文教学中关注修辞学，并不是指增加修辞学知识的教学，而更强调修辞学的原则、方法以及最新发展对语文教学的深刻影响和指导意义。促进修辞学研究成果的转化，使之更好地为中学语文教学服务，是一项重要的课题。

修辞学不仅一直是语文教学知识内容的组成部分，还对中学语文教学有着重要的指导作用。吕叔湘先生1980年就指出，"语文教学的进一步发展，就要走上修辞学、风格学的道路，也就是文学语言的研究，这是语言学与文学交界处的学科"。这绝不单单指在语文教学中增加一些修辞学、风格学的有关知识，更主要的还是强调修辞学的原则、方法以及最新发展对语文教学的深刻影响和指导意义。

一、语文教学与修辞学相辅相成

（一）语文教学需要修辞学

1. 语文教学一直缺少自己的学科理论

语文教学经历了多年的改革探索，教学思想、教材编写、教学方法各个方面都有了很大的进步，但从语言教学的专家到广大语文教师，对语文教学的质量还是不满意。20世纪70年代，吕叔湘先生说："十年的时间，两千七百多课时用来学习本国语文，却是大多数不过关，岂非咄咄怪事？"20世纪80年代叶圣陶先生说："语文教学到底是干什么的？要研究。"20世纪90年代张志公先生说："语文教学需要有突破性的改革。"

语文是一门综合性实用性很强的学科，汉语又具有很浓的民族特色，要拿出汉语文的教学规律，培养学生具有较强的母语运用能力，要靠我们自己去探求。至今语文教学的效果不令人满意，就是因为语文教学研究在这个方面尚未获得突破性进展。而未能突破的原因，我们认为最关键的是缺少理论，缺少一个汉语文教学的理论——可称作"语文学"的来指导语文教学。

多年来我们一直是以语文知识的有关理论来替代语文教学的理论，知识的理论并不是知识教学的理论，更不是通过教知识去形成能力的理论。

2. 修辞学是十分贴近语文教学的理论

修辞学与语文教学虽是两门学问，但都以语言运用为对象，所以有许多一致的地方。

（1）性质目的一致。"修辞学是研究表达效果的规律的学问，或者说，修辞学是人们所认识到的语言中提高表达效果的规律的总和。"修辞既要宏观地，也要微观地研究在各种不同的语言环境制约下，从不同的题旨出发进行成功言语交际的规律。其目的是拿这些规律指导语言运用，提高人们运用语言的水平。

语文教学是让学生对母语进行系统的再学习，以提高学生对母语的认识，尤其是对母语运用规律的认识，以便更充分地发挥语文的工具作用。倪宝元先生在《语言学和语文教学》一书中说:"绝大多数人学习语文的目的,是为了把语文作为一种交际工具,学习文化科学知识的工具。在这个意义上说,在语文教学中,修辞学有着特殊的极其重要的作用。"语文教学借助修辞学的帮助,必定会有效地提高教学效率。

(2)能力形成一致。语文能力的形成需要三个前提:一是要有相应的语文知识作为基础,包括汉语知识、文学知识、阅读知识、写作知识与规范楷模作品的储存;二是要有指导学习语文的理论,语言的学习是一种综合的难度极大的学习,一个人天天用语言,从小用到老,还未必用得好;三是要经过大量的语言实践,语言运用是一种技能,任何技能的熟练都需要大量的实践,相比之下,语言运用的语境千变万化,题旨千变万化,听说读写的形式千变万化,加上言语交际,尤其是口语交际时间性强,往往是瞬间反应,这就要求我们必须经过长期、反复、科学的实践,才能具备审视、鉴别、品味语境及语言作品的能力,具备切合题旨情境进行言语交际的能力。在这一点上,语文能力的形成与修辞能力形成的性质、条件与过程是一致的。

3. 用修辞学理论指导语文教学

汉语修辞学自陈望道先生的《修辞学发凡》问世成为一门独立学科后,就进入了社会和学校语言教学,特别是20世纪80年代以来,取得了空前的发展。随着修辞学研究的日渐深入,修辞学研究成果的日渐丰厚,人们日渐清楚地看到了修辞学蕴藏着的巨大潜力与价值,并将其日渐普及地运用到言语交际的方方面面,为国民语言水平的提高充分发挥其作用。在语文教学中,这些年来,随着对语文教学实质、语文能力构成、语文能力培养的手段途径、语文教材编写等各方面研究的深入,教育工作者逐渐认识到语文教学与修辞学在语言运用上的内在关系。比如,语文教学大纲在"能力训练"中增加了读写听说的具体内容;教材中课文的选择、单元的编排、习题的设计加重了语言能力训练的分量;语文知识尽量减少概念,注重为运用服务;教师的教法也在不断地朝着调动学生学习语言的积极性,联系社会语言实际,提高学生运用语言水平的方向努力。这里边融合了大量的修辞学知识与理论。可见,用修辞学理论指导语文教学对学生语言能力的培养,顺应了语文教学改革的趋势,是切实可行的一条路子。

（二）修辞学需要语文教学

1. 语文教学是修辞学的用武之地

修辞学要"实行"，语文教学是块理想的用武之地。修辞学理论可在语文教学中得以实践。关于修辞学性质任务的理论、修辞与语境的理论、修辞中表达与理解的理论、各种修辞手段运用的理论等，都可在语文教学中得以实践。语文教学从小学到中学涉及字词句篇各种知识的教学，听说读写各种言语方式的运用，不论自觉的不自觉的，意识到还是没意识到，要培养学生的语文能力，怎么离得开修辞学？我们应该有目的系统地让修辞理论一一实践于语文教学之中。

修辞学指导语言运用的价值可在语文教学中得以体现。修辞学的价值在于指导语言运用。而语文教学的任务正是教学生运用语言。语文教学如果在修辞学的指导下有效地提高学生运用语言的水平，修辞学的价值便得到了最广泛的体现。修辞学提高国民语言修养的任务可通过语文教学实现。

2. 语文教学是修辞学理论的试金石

语文教学作为一种教学活动，有着突出的特点：教学对象明确，教学水平明确，教学内容明确，教学目标明确；既有阶段性，又螺旋式上升；既要讲解又要训练；既要传授知识又要形成能力。语文教学是按照年龄与文化水平，循序渐进地提高学生语言能力的一种科学活动。语文教学可以检验修辞学理论的系统性。语文教学是严格地按照学生的年龄水平、学科内容特点按部就班地教与学。修辞学进入语文教学，也必须接受这样的梳理，哪个年级学习哪些修辞知识，达到怎样的修辞水平，怎样的修辞能力培养需要用怎样的修辞理论指导都必须明确。

3. 语文教学可以检验修辞学的应用性

在语文教学中要充分发挥修辞学的作用，需要把修辞理论浅显而生动地表述出来，把修辞能力形成的程式有条理地显示出来，让学生轻松地接受指导，掌握规律方法，有效地进行训练，切实培养提高语言能力。这项工作实则是对修辞学应用性的一次检验。

4. 语文教学可以检验修辞学的效益性

修辞学要讲求修辞效果，但修辞效果的测定是一件复杂的工作，须在特定的语境中考察。语文教学有特定的对象、水平、教学内容和教学手段,哪些修辞学内容的教学对哪些学生取得了哪些效果,可以通过教学测定手段进行较为精确的评价。这样的效益评价考察面宽,数据充足,得出的结论具有科学意义。

(三)语文教学是修辞学发展的动力

一个理论,一个学科,只有在实际应用中才能不断注入活力,才能得到发展。汉语修辞学在20世纪80年代蓬勃发展。今天,我国修辞学从应用角度虽说已渗透到许多方面、许多行业的言语交际中,但大都还处在取言语现象与修辞理论对号入座的阶段,尚未达到用修辞理论大面积地指导语言运用、培养语言能力的水平。修辞学如要指导语文教学,要有效培养学生语言能力,必须加速自身系统性、规律性、教学性的建设。

二、修辞学与语文教学目标一致

(一)修辞学和语文教学都要以"诚信"为基础

中学语文教学的目标是提高学生的语言表达能力,这与研究如何提高语言表达效果的修辞学在很大程度上是一致的。在语文教学中如何处理"文"与"道",即语言教学与思想教育的关系,在众多思想教育中首先进行哪方面的教育,修辞学理论可以给我们重要的启示。

"修辞"长期以来被解释为"修治文教",没有跟语言表达直接挂上钩。直到近年来当社会某些现象唤起我们对语言诚信关注的时候,汉语修辞学界对"修辞立其诚"有了新的领悟和解释,指出"立诚"是修辞学的最重要原则,修辞学必须向传统回归。

"修辞立其诚"是我国古代修辞学思想的高度概括,是中华民族传统文化的精华,体现了将诚信道德同语言技巧统一起来的"质文统一"的修辞观。"修辞立其诚"向语言表达提出了思想内容方面的基本要求,它也应该成为语文教学的根本原则。

语文课不是思想教育课,但渗透思想教育,"修辞立其诚"给语文教学找到了思想教育的基点和起点。"立诚"原则体现在语文阅读教材的编选上,要求我们要择取那些言之有物、表达真情实感、有教育启迪作用且修辞艺术高超的文章入选,杜绝那些假大空、矫揉造作、无病呻吟之作。在作文教学上,叶圣陶先生所倡导的"写话",就是完全符合"立诚"原则的,这不但是培养学生良好道德的需要,而且那些有切身体验、真实感受的东西才是最容易写并且容易取得好的表达效果的。

（二）修辞学有利于语文教学的专业表达

在以往语文阅读教学过程中，介绍作者和时代背景—找出段落大意—归纳中心思想的老一套课文分析模式招致广大师生的批评，这是因为一是它千篇一律，不知变化；二是没有揭示语言表达本身的精彩奥妙之处。修辞学是研究语言运用的，对语言表达的研究可以说是多方位多角度多层次的。在语文教学中借鉴修辞学的分析手段，不仅可以丰富教学内容，更重要的是可以进入微观，有利于学生提高语言分析和语言运用的能力。

1. 修辞语言三要素

修辞以语言三要素为材料，是在具体的语境条件下对三要素选择加工的活动，其结果就表现为修辞现象。语言三要素包括语音、词汇和语法。

（1）语音。语音方面如音节相调、同韵相协、平仄相间、叠音相配；

（2）词汇。词汇方面如同义词、反义词、上下位词的选用，方言词、古语词、外来词、新语词、行业词的运用，成语、谚语、惯用语、歇后语、格言的运用；

（3）语法。语法方面如语素的易拉、独用，词类的活用，词组的变换，句式的选择和变换。

例如，从语音修辞角度来看《天山景物记》中"而且已经有人计划在沟里建立酿酒厂，把野苹果酿造成大量芬芳的美酒，让这大自然的珍品化成人们的营养，增进人们的健康"一段，作者在这里运用了押韵的手法，使句子韵脚和谐，朗朗上口。再如《孔乙己》中的一段对白："窃书不能算偷……窃书！……读书人的事，能算偷么？"从词汇修辞角度分析，"窃"这个文言词的使用，生动描写出孔乙己偷书被捉还要咬文嚼字，强词夺理，自命清高的窘态。又如从语法角度分析朱自清《春》中"小草偷偷地从土里钻出来，嫩嫩的，绿绿的"一句，两个原本是修饰语的形容词独立出来成为分句，避免了语句的拖沓，突出了小草的嫩绿。

修辞分析中的语言三要素是动态的，这不仅可以巩固学生所学的语言知识，还可以把这些知识变成活的知识，让他们真正学会如何运用。

2. 修辞分析的落脚点

紧扣文章的题旨情境是修辞分析的落脚点。我们并不反对归纳段落大意、中心思想的做法，只是强调脱离语言分析的归纳无益于学生语言表达能力的提高，文章的思想内容只能通过语言表达显现出来，导入修辞分析会使阅读教学更加充实具体，使学生对文章作品的思想内容和写作背景有更深切的感受。

修辞分析可以对任何一级语言单位的使用进行探究，传统修辞学中所讲词语的选用和锤炼、句式的选用、修辞格三部分内容已经覆盖了语素、词、词组、单句、复句等单位的修辞现象，篇章修辞作为比较新的研究领域也有一些成果可资借鉴。在语文阅读教学中，所遇到的篇目形形色色，修辞各具特点，教师可以根据它们的特点有选择地重点分析。

例如：鲁迅的《药》写康大叔递给老栓馒头时一连串动词选用得就比较突出；刘鹗《明湖居听书》中的比喻相当有特色；孙犁《荷花淀》中人物对话的口语句式选用得很好。还有教师总结了课文中标点符号的修辞作用，选择范例指导学生应用，取得很好的效果。

将修辞分析导入中学语文教学过程并不是要在中学课堂上讲授大学的修辞学，主要是通过修辞现象的具体分析增加学生在语言运用方面的感性认识，绝不能脱离阅读作文大讲特讲修辞理论，一些不太常用的辞格名称也不必出现。

三、修辞学和课堂教学语言运用要求一致

语文教育不是要把本来丰富多彩、灵活多样的现代汉语规定得死死的，一个东西、一样动作、一种性质，都只允许由一个词来表达，一个意思，只允许用一种句式来表达。它要求语言的多样性、丰富性。汉语本身就是丰富多彩、灵活多样的，它容许语言各个层面上的各种各样的有差别的语言形式存在。具体地说，就是它在一定的原则下容许同音词、多义词、同义词、同义句等的存在。而修辞的最根本的准则，通俗一些说，就是"一样话，多样说"，也就是通过对各种各样的语言形式尤其是同义形式的利用和选择来达到提高表达的目的。人们根据交际需要，选用同音词、多义词造成谐音相关、意义双关，选用同义词或近义词准确表达事物在性状上、色彩上、风格上的细微差别，选用同义句以突出表情达意的侧重点。如此种种修辞事实，又都有力地说明它们在对语言运用上的要求是一致的。

四、修辞学提升语文教学的表达能力

不断提高学生语言表达能力是中学语文教学的主要目标，而这一目标在某种程度上和研究怎样使学生语言表达效果得以提高的汉语修辞学是一致的。著名文学家、

学者吕叔湘先生于1980年明确提出，要想不断发展与完善语文教学，就必须走风格学、修辞学的发展之路，即研究文学语言。这并不仅仅是指将一些相关风格学、修辞学等知识增加在语文教学中，还要充分强调汉语修辞学的应用方法、应用原则及对语文教学的指导价值与深刻影响。

（一）修辞学提升了语文教学的审美

教育部《语文课程标准》对提高学生审美能力提出了明确规定，而学生的这类审美能力主要指的是语言表达领域。汉语修辞为学生语言表达效果的提高所做的调整、加工、选择以及修辞等各项工作，均可解释为对美的不懈追求，而其中所包含的语言美的特征是有规律可循的。

语言美主要包括对称均衡美、参差变化美、形象意境美以及整齐一律美等。汉语修辞审美原则对语言表达突破常规语法逻辑，对语言表达形式的创新具有决定性作用。汉语语言形式与思想内容的有效结合其实就是汉语修辞的一种审美取向。学生审美能力在语文教学与学习过程中主要是在作文实践与阅读鉴赏中不断培养出来的，同时也能够在很大程度上提高学生创新能力与语言探究能力。

汉语修辞学的本质就是对汉语语言进行研究，汉语语言表达是多层次、多角度、多方位的。在语文教学过程中对汉语修辞学分析方式进行借鉴，一方面能够不断丰富语文教学内容，另一方面还能对汉语语言本质进行微观观察，对提高学生语言运用与语言分析能力具有重要作用。

（二）语文教学语言表达中修辞学的重要作用

1. 汉语修辞学中的口语交际学

从交际角度定义汉语修辞，则可将汉语修辞定义为：以表达思想内容为基础，针对情景特点寻找最佳表达形式的一个过程，汉语修辞的本质是有效调整信息编码，尽可能减少双方交际信息差的一个语言分析过程。语文教学是课堂高校生与教师的双向互动交际，其最终目的就是不断提高与培养学生语言交际能力。所以，学习交际修辞学的意义是知识与方法。

一般语文教学过程中，口语交际就是一个教学死角，目前很多文学研究者都发现在学生语言学习中口语交际能力的关键作用，而且口语交际对学生书面写作能力具有直接影响。语文阅读写作可以在很大程度上提高学生的口语交际能力。而语文教学的发展趋势是学生笔头与口头两者交际能力的转化与促进，因此，我们应该将更多交际修辞学知识引入语文教学中。

2. 汉语修辞学中的心理修辞学

所谓心理修辞学，其实就是对修辞心理机制的研究，和想象、感知、记忆、注意等心理具有很大关联性。语言表达若要取得满意效果，一定要让对方注意到，这就需要对刺激物的新异性、强度以及对方心理需求等一方面进行全面考虑，语言表达能够对对方感官形成一种刺激，使其感受到不一样的东西，另一方面可通过移觉对对方感觉进行转移。语言能够确保知觉的稳定性，但也有出现错觉的可能性。人的记忆可将已有经验唤醒，通过表达记忆往往能够起到事半功倍、相得益彰的效果。

从社会心理角度来分析修辞，需要修辞必须与政治、审美心理、话语角色及道德等的表达相适应。借鉴心理修辞学研究成果对语文阅读过程中所存在的修辞现象进行分析，对触动学生心理及脑神经极为有利。

第二节 语文课堂中修辞学教育现状

中国现代修辞学走过了百年历程，取得了令人瞩目的成就。中国当代修辞学的发展现状如何，它的未来发展之路将在何方，这是每一个从事修辞学研究的同仁十分关注的一个大问题。从 20 世纪 80 年代末到 21 世纪初，不断有学者撰文讨论中国当代修辞学的现状和未来发展之路，尽管众说纷纭、莫衷一是，但无论他们的论点存在多大差异，有一点是共同的：他们都在密切关注着中国修辞学的发展命运，他们的关注、思考和讨论对中国修辞学的进一步发展繁荣起了一定的推动作用。

一、常见的修辞手法介绍

修辞手法是一种通过修饰和调整语言表达来增强其效果和吸引力的方法。它包括多种技巧，旨在使语言更加生动、形象、具体，同时也能使抽象的概念变得易于理解。以下是一些常见的修辞手法及其特点：

（一）比喻

通过将一个事物与另一个事物进行比较，以形象的方式表达情感或意境。比喻分为明喻和暗喻，明喻使用"像""如同"等词，而暗喻则通过"是"或"成了"等词来表达。

（二）拟人

将非人的事物赋予人的特征或行为，使之具有人的外表、个性或情感。

（三）对比

将对立的事物或概念放在一起比较，以突出它们之间的差异或矛盾。

（四）对偶

使用结构相似、字数相等的句子来表达相反、相关或相连的意思，具有音律美和节奏感。

（五）夸张

通过夸大事物的特点或特征来强调其重要性或效果。

（六）反问

通过提问的形式来加强语气，表达已经确定的思想。

（七）设问

在文章中提出问题，以引起读者的思考和兴趣。

（八）排比

使用三个或三个以上结构相似、语气一致的短语或句子来表达相似或相关的意义。

（九）象征

使用具体的事物代表抽象的概念、情感或意义。

（十）引用

直接引用他人的话语或文献，以增加论点的权威性或丰富文章的内容。

通过运用这些修辞手法，可以使语言表达更加生动、有力，同时也能提高文章的艺术美感和感染力。

二、修辞学教育发展现状

对现状的正确估计是我们走向未来的一个良好起点，中国当代修辞学的发展究竟取得了哪些成绩？是否处在发展繁荣阶段？这是值得进一步讨论的问题。当代修辞学继续处于发展繁荣时期，取得了多方面的成就，主要表现在以下几个方面：

（一）当代修辞学研究硕果累累

从 20 世纪的最后 20 年至今，中国修辞学研究出现了一个非常明显的特点，就是修辞学的研究范围不断拓展，几乎涵盖了语言运用的方方面面。与语言的表达效果有关的问题，几乎都成了修辞学的研究对象。不断拓展的研究视野和研究对象，给中国修辞学的研究带来了勃勃生机，修辞学研究硕果累累。

中国修辞学研究成果在这样一种充满激情与创新的时代氛围中，整个修辞学界思想异常活跃，研究者们不但善于吸收古今中外修辞学的优秀研究成果，而且同时以博大的心胸广采博收，充分吸纳多学科的理论营养，如从语法学、语用学、语义学、逻辑学、古代汉语、哲学、美学、心理学、逻辑学、文学、文学理论等邻近学科中，吸收有益的营养成分，不但使研究者自身的理论素养得以提升，更为重要的是使修辞学的研究视角得以转变，研究方法得以更新并产生了一些新型交叉性学科。

（1）在理论探索方面，当代修辞学突破了传统的研究框架，不断创新和完善学科体系。学者们借鉴了语言学、心理学、社会学等多学科的理论和方法，对修辞现象进行了深入剖析和阐释。同时，还结合汉语的特点，形成了具有中国特色的修辞学理论。这些理论成果不仅丰富了修辞学的内涵，也为实际语言运用提供了有力的指导。

（2）在研究方法上，当代修辞学也取得了显著的进步。研究者们注重运用实证研究、对比研究、跨学科研究等多种方法，对修辞现象进行定量和定性的分析。这些研究方法的应用，使得修辞学研究更加科学、客观和深入。

（3）当代修辞学还关注到了修辞在社会实践中的应用效果和社会效益。研究者们从政治、经济、文化等多个角度，探讨了修辞在各个领域的作用和影响。这些研究不仅有助于提升修辞学的实际应用价值，也为相关领域的发展提供了有力的支持。

在具体的研究成果方面，当代修辞学涌现出了大量的学术论文、专著和教材。这些成果不仅展示了修辞学研究的最新进展，也为学术界和社会提供了宝贵的参考资源。同时，修辞学的研究也得到了国内外学术界的广泛认可和赞誉。

（二）实用修辞学研究成绩斐然

修辞学既是一门理论科学，又是一门实用性很强的实用科学。20 世纪 50 年代至 60 年代，学术界十分重视实用修辞学的研究，并取得了空前的成绩。其中吕叔湘、朱德熙的《语法修辞学讲话》和张志公的《修辞概要》是代表作，尤其是《语法修辞讲话》因为得到了政府和主流媒体的大力支持，在《人民日报》连续刊载，产生了广泛的社会影响，全社会掀起了学习语法、修辞的热潮。

进入新时期的中国当代修辞学研究，进一步发扬了实用修辞学的研究传统，不少研究者把主要精力放在实用修辞学的研究上，并出版了一批研究成果，如姚殿芳、潘兆明的《实用修辞学》，李裕德的《新编实用修辞》和贺诚璋的《实用修辞新编》。甚至可以说当代修辞学的一大特色是众多的修辞学家走出了纯理论研究的象牙塔，走出书斋，关注社会语言生活的方方面面，探讨、总结不同领域语言运用的修辞技艺。一时间公关语言艺术、言语交际艺术、广告语言艺术、法律语言艺术、演讲语言艺术、辩论语言艺术、教师语言艺术等和广大人民群众密切相关的修辞学研究成果如雨后春笋，修辞学界呈现出一派春意盎然的繁荣景象。

（三）修辞学史研究盛况空前

20 世纪 20 年代中国修辞学开始涉足修辞学史的研究，肇始之作是《国学丛刊》2003 年第一期胡光炜的《中国修辞学史略》(《国学丛刊》第一卷第一期 2003 年）,其后很少再有人关注。直到 1965 年郑子瑜先生推出《中国修辞学的变迁》，这是中国修辞学史研究的第一部专著。由于缺少必要的参考借鉴，加之作者在海外较难收集相关资料，因此该著作存在许多缺陷。直到 1984 年，经过补充、完善，一部在学界看来比较完备的修辞学史著作——《中国修辞学史稿》诞生了。

正是这部史学著作的出版和成功，催生了中国修辞学史的研究热潮。从 20 世纪 80 年代末特别是 90 年代中期开始，出现了一大批有相当学术分量的修辞学史论著和论文，这些研究成果的出现，中国当代修辞学的研究呈现一派繁荣景象。

其中代表性的论著有易蒲、李金苓的《汉语修辞学史纲》，宗廷虎《中国现代修辞学史》，袁晖、宗廷虎《汉语修辞史》，周振甫《中国修辞学史》，吴礼权《中国修辞哲学史》，郑子瑜、宗廷虎《中国修辞学通史》（五卷本），宗廷虎、陈光磊《中国修辞学史》（三卷本），宗廷虎、李金苓《修辞史与修辞学史阐释》，李维琦、王希杰《修辞文萃丛书：修辞学》等等。这些史学著作不但在修辞学界受到了广泛的关注和好评,而且也在修辞学界之外如出版界广受赞誉,有的著作还获得了高级别的奖项。

(四)修辞学取得的成就显而易见

修辞学在发展过程中取得了多方面的成就,以下是一些主要方面:

1. 理论体系的完善

修辞学已经形成了完整的理论体系,涵盖了修辞技巧、修辞策略、修辞效果等多个方面。这些理论体系不仅深化了我们对修辞学的理解,也为实际的修辞活动提供了有力的理论支撑。

2. 跨学科研究的推进

修辞学不再仅仅局限于文学和语言学领域,而是开始与其他学科进行深度融合,如心理学、社会学、政治学等。这种跨学科的研究方法为修辞学注入了新的活力,也推动了相关学科的发展。

3. 实践应用的拓展

修辞学的理论和方法已经被广泛应用到各个领域,如政治演讲、广告营销、新闻传播等。在这些领域中,修辞学的应用不仅提升了语言表达的效果,也增强了信息传递的效率。

4. 教育普及的提高

修辞学已经成为许多学校教育课程的重要组成部分,特别是在语文教育中。通过教育普及,更多的人开始了解和掌握修辞学的知识和技巧,提升了整个社会的语言素养和表达能力。

5. 国际交流的加强

随着全球化的推进,修辞学的国际交流也日益频繁。不同国家和地区的修辞学家开始共同探讨修辞学的理论和实践问题,推动了修辞学的国际化发展。

6. 对文化遗产的传承与保护

修辞学作为语言学的一部分,对于传承和保护文化遗产具有重要意义。通过对古典文献的修辞学研究,我们不仅能够更好地理解历史文化,还能够为现代语言表达提供借鉴和启示。

总的来说,修辞学在发展过程中取得了显著的成就,不仅丰富了自身的理论体系和实践应用,也为其他学科和社会领域提供了有力的支持和帮助。

三、修辞学教育的未来发展

中国修辞学的未来发展一定会取得重大突破,未来的中国修辞学,应以中国传统的修辞学思想为核心,借鉴西方的修辞学、符号学、语言学等的理论和方法,构建符合中国实际的汉语修辞学体系。此外,还要汇聚相关各学科,共同开发修辞学资源,对修辞学进行运筹学式的研究。同时要关注现实生活,对修辞理论和修辞应用作全面的研究,使修辞学真正成为指导人们言语交际的有用的学问。

(一)深化修辞认识,提升学科品位

凡有认知活动或语言行为,都有修辞参与。正因为这样,修辞与哲学、心理学、逻辑学、美学、社会学、人类学、文艺学、政治学、法学、教育学等科学有着非常紧密的联系。有了这样的认识,人们就会有意识地从多元文化视角、用各种研究方法去透视修辞,从而得出科学的结论。

(二)修辞学研究领域和范围将进一步扩大

因为修辞涉及一切社会行为,修辞适用于一切以语言甚至以符号为媒介的交际活动,也适用于语言交际甚至交际活动的一切情况。所以,修辞学的发展,呈现立体交叉的态势,各种修辞学著作将大量涌现。修辞学的分类也非常详细,主要分为以下几种:

1. 从修辞学的目的来分

有理论修辞学和实用修辞学,有修辞学方法论和修辞学批评;从修辞所凭借的媒介来看,有言语修辞学、视觉修辞学、网络修辞学以及其他非语言行为修辞学等。

2. 人语体的角度来分

有口语修辞学和书面修辞学,其中口语修辞学包括演讲修辞学、辩论修辞学、交谈修辞学、推销修辞学、广告修辞学等,书面语修辞学包括科学修辞学和艺术修

辞学，下位学科有事务语体修辞学、科技语体修辞学、政论语体修辞学等，而艺术修辞学又分为小说修辞学、诗歌修辞学、戏剧修辞学、影视修辞学等。

3.从修辞学与相关学科的关系来分

有政治修辞学、经济修辞学、法律修辞学、交际修辞学、心理修辞学、社会修辞学、修辞逻辑学、修辞哲学、修辞美学、外交修辞学等。

4.从修辞主体来分

有表达修辞学和接受修辞学；从修辞的层次来看，有人际修辞学，跨文化、跨阶级、跨种族修辞学和人机修辞学。

（三）随着修辞学研究范围的扩大，其研究方法也相应灵活多样

近年来，研究方法越来越引起人们的关注。从机械引进、盲目套用到方法的自觉、与理论的契合，人们不再单纯认为哪一种方法最科学最好用，不管是演绎法还是归纳法，只要"适合"就是好方法。所以，未来的修辞学研究，研究者会根据研究对象去选择方法。交叉学科如修辞哲学、修辞心理学、社会修辞学等，采用交叉科学方法会多一些，研究修辞学史、修辞史可能会用到历史的方法，建构理论修辞学体系也需要吸收系统论方法，进行修辞现象分析可能会用到统计方法，对文学修辞的研究也往往离不开感悟和点评的方法，当然也会适当借用其他人文科学社会科学乃至自然科学方法等。也就是说，未来的修辞学研究，既是研究对象的大扩展，又是研究方法的大解放。

（四）研究目的的逐步明确

语言学界不少人认为修辞学缺少科学品位，修辞学内部也有学者为此感到自惭形秽。这一方面表现出对修辞学研究目的的无知，另一方面也表现出对科学性理解的狭隘。修辞学自有自己的建构方式，尤其取决于它的研究目的。

修辞学既然是实用性很强的学问，那么它就必须与社会生活紧密相关。所以，社会发展决定了未来修辞学不再神秘化、贵族化，而具有更多社会化、大众化倾向，它将对社会秩序、人们的生活方式、思维方式、交流方式做出评估和指导，所以，修辞学更注重人们的各种策略言说、高效接受、智慧生存。它将更关注具体的修辞操作，比如网络传输、教学沟通、法律语用、日常交流、文学言说、政治表述等。

第三节　语文教学中的修辞教学与创新训练

"在阅读教学中,为了帮助理解课文,可以引导学生随文学习必要的语法和修辞知识,但不必进行系统、集中的语法修辞知识教学。"从中我们可以明显看出,在此背景之下,我们的修辞教学将重点放在了在语境中修辞手段的动态体现,在言语表达中体会修辞手法的效果,在理解文本意义和体验情感中修辞方法的作用,品味和鉴赏修辞的言语形式,以及在实际生活中修辞的运用。

一、修辞教学的重要性

修辞教学在中学语文中具有举足轻重的地位,它不仅关系到学生语言表达能力的培养,更在深层次上影响着他们的思维发展、文化传承和文学素养的提升。其重要性主要体现在以下几个方面:

(一)修辞教学有助于提高学生的审美能力

修辞手法如同语言的艺术工具,能够在有限的字数中发挥出最大的表现力。通过修辞教学,学生可以更深入地理解文学作品中隐藏的深层意义和美感,从而提高对美的敏感度,增强对文学作品的鉴赏能力。

(二)修辞教学有助于培养学生的写作能力

写作是语文学科的重要内容,也是学生表达思想和情感的主要方式。通过学习修辞手法,学生可以丰富自己的表达方式和工具,使文章更具说服力和感染力。这不仅能够提升学生的写作水平,还有助于他们在日常交流中更加准确、生动地表达自己的观点。

(三)修辞教学还有助于提高学生的阅读能力

阅读是语文学科的核心内容之一,也是学生学习语文的重要手段。通过对修辞手法的学习,学生可以更好地理解文章中的深层含义和作者的写作意图,从而提高阅读理解的深度和广度。

（四）修辞教学有助于培养学生的表达能力和思维能力

语言是人类最重要的交流工具，也是思维的表达方式。通过对修辞手法的学习，学生可以更加灵活、准确地运用语言，提高自己的表达能力。同时，修辞教学还可以培养学生的逻辑思维和创造性思维，有助于他们在学习和生活中更好地应对各种挑战。

综上所述，修辞教学在中学语文中具有不可替代的重要性。通过修辞教学，可以全面提升学生的语文素养和综合能力，为他们未来的学习和生活奠定坚实的基础。因此，中学语文教师应该重视修辞教学，采取有效的教学方法，帮助学生掌握修辞知识，提高他们的语言运用能力。

二、创新性修辞教学方法

修辞教学是中学语文基础知识教学中一个重要的分支，修辞教学也在中学语文教学中占有重要的地位。重视中学语文修辞教学，探讨中学修辞教学方法，可以最大限度地调动学生学习修辞的积极性，提高学生的阅读、欣赏、写作能力。关于修辞教学的方法的研讨主要分为以下几个方面：

（一）比较法

比较法是修辞教学中一种传统的教学方法，在实际教学实践中也是运用较多的方法之一，同时也是一种能够有效地启迪学生鉴赏修辞的妙处、体会修辞效果的方法。使用比较法，我们就好像创设了一个修辞的数据库，在比较各种表达方式的效果中，增加、删除、改变、更换、各种词语、句子等语言材料的表达方式，表达效果也就会具体形象生动活泼地呈现出来，学生可获得一个又一个清楚以及鲜明的印象。修辞主要研究的是运用语言的能力，而在比较以及对照中这种能力会更加分明。所以在中学语文修辞的教学中对语言进行训练，比较对照是很有效的一种方法。

举个例子：从此就看见许多新的先生，听到许多新的讲义。（鲁迅《藤野先生》）例中的两个"新"后来改为"陌生"和"新鲜"。比较"陌生""新鲜"比"新"好在哪里呢？除此之外，要求学生比较对照作文的修改稿与原稿，从中发现问题，以此提高学生的语言表达能力。

在修辞教学过程中，教师可以结合课文的内容，运用比较法，这样容易化解知识难点，使学生获得感性的认识。而比较又有以下几种：不同文体比较，同一内容、不同作家、不同写作目的比较，同一作家、同一作品比较，不同句式比较，替换词语比较，其他适合比较教学的内容。运用比较法，可以化解知识难点，使学生形象地认识锤炼语言、选择句式以及合理运用修辞格的重要性；在提高阅读、鉴赏水平的同时，养成认真推敲、仔细选择的良好习惯，达到预期的教学目的。

（二）切境法

判断修辞效果好与不好的主要依据和凭证是语境，而选用的语言材料好与不好，则是看选用的语言材料是不是符合具体的语境，即题旨情境。在中学语文修辞教学中，一定要注意培养学生结合语言环境来阅读理解课文的能力以及根据语境遣词造句的能力。修辞教学中运用切境法，有利于在课文教学中为学生讲解相关知识，如在表达某个主题思想的时候，该如何选用各种语言材料和修辞手法。

运用修辞必须符合语言环境。语言环境包括具体的时间、地点、听读对象、文体风格、上下文等。只有紧扣上下文，针对时间地点条件、听读对象，适应文体风格进行修辞手法的运用，才能取得好的修辞效果。所以，教师要提醒学生，不要静止孤立地看待词语句子，也不要机械地分辨"格式""句式"，而是要把它们放到具体的语言环境中去分析，进而对作者的思想情感进行揣摩思考。

同时，还要把握好语言环境，提高品味语言的能力。修辞行为所依存的环境，也就是我们通常所说的语境。任何言语交际行为都不可能脱离一定的环境在"真空"里实现。一句话是否得体、确切，都要看是否与环境相适应。

语言中有丰富的修辞手段，整个语言体系就会有巨大的潜在的表现力。但是语言体系中的修辞手段，语言单位的感情色彩，只有在具体的言语环境中才能显示出真正的修辞效果。不容置疑，中学课文大都是名篇佳作，其中的语言大都体现了规范性和艺术性的统一。我们何不把它们用作进行修辞教学的好教材？修辞教学，就是要引导学生结合具体课文、具体言语环境，去领会各种修辞手法的表达作用。

（三）表情朗读法

经典作家作品的语言，不但语义表达十分精确，而且语言形式非常优美生动，学生通过反复诵读精彩的语段，可以感受到语言的丰富性、连贯性、规律性，同时可以增强对语言的敏感性以及鉴赏能力。要在对这些语言修辞分析的同时，运用表情朗读，反复地诵读，让学生在反复的诵读中体会文章的寓意。如果在中学语文修辞教学中能够结合诵读进行教学，让学生在诵读中感受汉语言的语音魅力，一定能够大大地提高学生学习语文的兴趣。

(四)类比联想法

修辞教学在中学语文教学中是一个比较抽象的课题,不太容易让学生了解,特别是在讲解修辞的效果和作用的时候,我们可以利用一些现代化的教学工具进行辅助,通过类比联想法来加深学生对一些修辞手法的理解。

利用影像吸引学生是很实用的方法。电影是声与画相结合的艺术,在很多电影中,导演为了让电影能够更加吸引观众,所以会运用各种各样的手法,其中也包括一些修辞手段的运用。在教学过程中给学生放映一些和教学内容有关的影视片,这样很容易就会吸引学生的注意力,引发学生的共鸣,引起学生的兴趣。比如在拟人辞格教学中,动画是最能体现这一修辞格的影像的,可以选择《快乐的大脚》中开头一群企鹅边唱边舞的片段,这段画面很美,在白雪皑皑的冰层中,一大群企鹅狂欢的场景,企鹅的动作非常悦目,这样企鹅生动的形象就能够让学生们把对拟人的抽象理解化为具体,很容易就能理解拟人辞格这一修辞手法。

多媒体教学所带来的便利许多,利用影像可以给学生带来立体的感受,加深印象,使学习更加具有趣味性。

(五)挖掘修辞教学中的隐性知识

积极挖掘修辞教学当中的隐性知识,开拓使隐性知识显性化的教学方法,有利于改善修辞教学的效果,提高学习者语言运用的能力。修辞教学的方法最好是将修辞知识与语言实践紧密结合起来,教师从作文和一些练习表述入手仍然是我们推崇的办法。在这个过程中,学生可能还会触及其他修辞知识,长此以往,学生会觉得无处不修辞,修辞不再是零星的知识点,它就融汇在语言中。选择恰当的时机,依据教科书中的材料,介绍拓展修辞知识。从教材中选取适当的材料,适时上升到修辞理论上去。

总而言之,修辞教学应该结合语法、结合语境、结合实际深入语文的教学中,将提高学生的语言能力和思维能力作为教学的最终目的,让学生在运用中学习修辞,并能够学以致用,让学生能够不但会说、会写、会读、会赏自己的母语,而且还能够说得妥当,写得优美,读得悦耳,赏得精辟。

三、修辞教学创新性训练

中学语文教材中关涉众多修辞方法,这些方法运用都有其自身的规律。在修辞教学中,教师要发挥主导作用,整合修辞方法、优化修辞教法、拓宽修辞训练,帮助学生顺利建立语言鉴赏切点，提升学生的鉴赏水平。

（一）语文教材及纲领明确修辞教学重心

《语文课程标准》关于修辞教学内容不仅仅包括辞格，还应包括语句表达简明、得体和连贯，句式的变换、句子的连贯等问题，以及语体风格、篇章结构等方面。

同时，修辞教学的内容应在教材中得到更多的体现。在课文选择或课后练习上加大语文修辞教学与训练的比重。

（二）提升中学语文教师修辞教学的水平

教师作为教学的主导，要努力提高自身素质，改变教学现状。作为语文教师，应该具备专业知识，特别在修辞教学中尤为重要，扎实专业功底，正本清源，澄清修辞教学认识上存在的误区，产学研相结合，鼓励具有专业研究背景的教师参与到中学语文课堂教学之中。

（三）从心理上引领中学生学习修辞

中学生对语文学习在态度和心理上都需要有一个逐渐适应的过程，对修辞的学习也是如此。这就要求我们一线语文教学教师切实做到以下几点：首先要教师注意教学的引导作用，在了解学生心理的基础上，分层教学，帮助学生树立好学习语文修辞的信心。其次，要讲究师生平等、教学民主，鼓励学生畅所欲言，为语文修辞教学取得长足进步奠定心理基础，重视中学生学习能力的培养。最后，还要不断激励，强化学生深层学习动力，使学生保持长足的激情，端正稳定的学习态度，从而进一步推动语文修辞的有效学习。

四、科技在修辞教学中的应用

科技手段在修辞教学中的应用日益广泛，为修辞教学带来了许多新的可能性。以下是一些科技手段在修辞教学中的具体应用及其影响：

（一）多媒体教学

通过多媒体设备，教师可以展示丰富多样的修辞示例，包括图片、视频、音频等。这些生动的材料可以帮助学生更直观地理解修辞手法的运用，并激发他们的学习兴趣。

（二）网络资源利用

互联网为修辞教学提供了海量的资源。教师可以利用在线修辞数据库、修辞词典等工具，方便地查找和分享修辞案例。学生也可以通过网络自主学习，深入了解各种修辞手法的特点和运用技巧。

（三）互动软件与平台

现代科技提供了许多互动性的教学软件与平台，如在线测试、互动游戏等。这些工具可以让学生在轻松愉快的氛围中学习和实践修辞知识，提高他们的参与度和学习效果。

（四）虚拟现实与增强现实技术

虽然这些技术在修辞教学中的应用尚处于探索阶段，但它们具有巨大的潜力。通过虚拟现实或增强现实技术，学生可以沉浸在修辞的情境中，更直观地感受修辞手法的魅力，从而加深对修辞的理解和掌握。

（五）智能教学系统

一些先进的智能教学系统能够根据学生的学习进度和兴趣，智能推荐适合的修辞学习内容和练习。这种个性化的学习方式有助于提高学生的学习效果和自信心。

科技手段的应用使得修辞教学更加生动、有趣和高效。然而，教师在利用科技手段进行修辞教学时，也应注意适度使用，避免过度依赖技术而忽略了学生的实际需求和反馈。同时，教师还应结合传统的教学方法和经验，发挥科技手段的辅助作用，为学生提供更优质的教学体验。

第四节 中学语文课堂修辞教学案例解析
——以《荷塘月色》为例

一、案例背景

本课堂设计的《荷塘月色》是在农村乡镇中学展开的，这是一个普通班级，基础薄弱，对于学生的实际情况，学生能具备什么样的理解能力，在教学过程中，尽量让学生的认知水平和所设的教学目标相一致。本课是通过某些学习的方法，来体现朱自清先生的《荷塘月色》的特色。教师把握了教学设计的总主题，在这一前提下，应用适当的有效的教学方法，引导学生有效学习，在提问设计和问题解答教学环节上，启发学生思维，让学生们掌握有效的学习方式和方法。教学中，教师发现学生之间有疑问，引导学生正确思考和解决困惑。

二、案例讲解

教学片段 1：

一开始就让学生回忆初中学过的朱自清散文。

师：我们在初中学过作者的哪一篇文章？

生：《春》

师：从春中我们感受到作者的散文特色应该是什么样？

生 1：一种诗意。

生 2：有独特的艺术风格和审美旨趣。

接下我就总结学生对朱自清先生的文学风格的理解

师：同学们回答都对，朱自清先生的散文风格是能够贮满那一种诗意，能从清秀隽永到质朴再到激进深邃，具有很高的审美价值。

开始解题。

师：从题目看我们可以分为几个部分，我们应该如何去看待这两个主题。

生："荷塘"与"月色"。

师：我们一起来感受"荷塘"与"月色"是如何再现朱自清先生的散文风格。

教学反思：

《荷塘月色》是高中必修的一篇散文，是一篇散文阅读教学课文。这节课教学设计是由朱自清先生的文学风格引入《荷塘月色》主题，开门见山地介绍本课所学要学的目标，提纲式讲明这一课要分析的"荷塘"与"月色"，这样使学生清晰地感知教材，学习的目标明确，少走弯路，提高学习的效率。课堂的低效或无效会导致教学成为走马观花，解决有效教学的关键在于提升学生的主体性，又要发挥教师的引导作用，只有让每个学生都得到自主合作探究学习，才能谈到教学的科学、实效性。

教学片段2：

在学生自由朗读后，整体把握。

师：我们要从整体上去把握文章，

请同学们思考问题"作者写了荷塘的哪些景物，这些景物的特点，作者的心理变化"？学生开始在课文中寻找相关的语句，互相讨论。

教学反思：

不只是传授知识，更应探讨知识。传统课堂习惯性的"满堂灌"，然而有些教师把课程改革当作"满堂问"，毫无启发性地填满40分钟，应该抓住主要的问题来探讨。对这篇散文文本的探究，设计一个清晰的问题："作者写了荷塘的哪些景物，这些景物的特点，作者的心理变化"，把这个具有探究价值的问题放在学生面前，从而使学生好奇和探究欲望增强，学生在默读课文后，就能用原文的语句来回答这个问题，从另一层面学生追寻和感悟到朱自清细腻的景物描写。这些就能引导学生获得内在的启蒙，正是我们有效教学的倾向。

教学片段3：

进入语言鉴赏环节。

师：我们说作者的散文有诗意的审美感，我们是否在课文里感受到呢？请勾出你喜欢的语句，说说具有作者散文特点的理由？

教学片段4：

开始学习通感这一修辞手法。

师：我们这一学期学到的新修辞手法，"通感"。

板书通感的概念。

几个学生争辩：通感是感觉的转移，感到困惑。

生：刚才提到关于通感概念还是不理解。师：我们理解简单为：感觉相通。我们找一些句子来分析。

教学反思：

博采精用，遍地开花。这节阅读课，教师要把有价值的问题还给学生，让学生在问题中发现问题，解决问题。提问方式上创设情境，几次提出同一问题"勾出你喜欢的语句，说说喜欢的理由"，学生的眼睛是闪亮的，他们用心去体会，使全体学生思路打开，学生的眼界拓宽了。又如在另一环节中，对"通感"这一修辞手法的理解，教师做出浅入深出的解释"感觉相通"，把学生难以掌握，比较抽象的问题，给学生感性的认识，启发学生理解。

教学片段5：

开始理解这篇文章的意境美。

师：板书，这篇文章除了音韵美，还有意境美。

几个学生疑惑："意境是文章内容的什么美呢？"

学生各有各的说法。

师：让我们找出相关的"修辞"来或者"炼字"来看其艺术效果。

三、案例评析

教学互动要有实质的合作内容。课堂是师生之间互动表演的舞台，然而缺失学生之间的交流、合作，对于学生合作学习的目的和过程，只要有疑问，无论难易，在学生当中就有探讨的价值。如学生在散文"意境美"这一概念中产生了疑问，在这个过程中，教师不但是个指导者，还是个"仲裁者"。而学生方面缺乏沟通交流，思想就不能碰撞，更多的学生只会当听众，绝大多数人的意见受不到重视，导致学习的目的没有达到，因此，教师从修辞手法、动词的应用上对"意境"加以分析。

【思考题】

（1）语文教学与修辞学的关系是怎样的？请详细阐述。

（2）语文教学中修辞学的教育现状是怎么样的？它的未来发展方向是什么？

（3）修辞教学为什么要融入创新训练？创新训练方法有哪些？

（4）请根据本章所学知识设计修辞教学相关的创新案例。

第七章　中学语文课堂思维能力教学创新

【课程目标】

1. 提升学生的思维能力，包括逻辑思维、创新思维和批判性思维等方面，以适应现代社会的需求和挑战。

2. 掌握中学语文课堂思维教学的基本策略及目标。

3. 了解中学语文课堂教学的抽象思维与形象思维，并明确这两种思维对语文教学的影响。

4. 掌握中学语文课堂教学的感悟思维教学方法，提升课堂教学的效率，帮助学生更快掌握感悟思维能力。

第一节　中学语文课堂思维教学的基本策略及目标

中学阶段的语文教育更加注重深化语文知识的内涵，让学生接触到更加广阔的知识面。在这个过程中，学生要学会举一反三，有效应对语文教材中的各种难题。语文教学工作不仅需要解决教材中的问题，还应该帮助学生理解文章的内涵，从而培养学生的思维能力和良好的领悟能力，使学生理解更多的精神和文化，进而提高学生的文学修养。同时，培养学生的思维能力还能够帮助学生掌握更多的文化知识，有效提升语文教学效果。

一、中学语文课堂思维教学的基本策略

（一）思维教学的含义

思维教学是指以提高思维能力为目的的教学。它兴起原因有以下四个方面：

（1）与创造教育有关，培养创造思维品质是创造教育的核心。

（2）认识到思维品质影响学习的质量。

（3）现代心理学的研究突破了智力不可改变的观点。

（4）心理学家和教育家的推动。

英国剑桥大学认知研究基金会主任德·波诺认为，思维是一种技能，并像其他的技能一样，可以直接教给学生。他提出一套"学思维"的教学方案，于1970年致力于实践，此后许多国家都兴起思维教学活动。

（二）与创新思维有关的思维类型

思维类型大致可以分为三大类，即逻辑思维、形象思维和灵感思维。这三大思维都与创新思维有关。研究表明，形象思维和灵感思维更有利于创新。在实际工作中，我们的思维活动常常是三类思维混合交叉着进行的。三类思维的混合交叉，又衍生出以下思维类型。

1. 发散性思维和收敛性思维

（1）发散性思维。发散性思维是一种多方面、多角度、多层次的思维过程。发散性思维要求从不同角度、不同途径去思考和设想，用多种手段和方法去探索多种答案，最后使问题得到解决。思维越是发散，就越容易产生联想，越容易在别人意想不到的地方有所发现，产生创新思维成果。爱迪生在研究白炽灯时，找到了当时各种白炽灯共同的弱点：灯丝使用的材料不耐用。为了找到一种既廉价又耐用的材料作灯丝，他费了一年多的时间，选用了一千六百多种材料进行试验，其中有金属、石墨、木材、稻草等，效果都不理想。一天晚上，爱迪生的妻子正在家里缝制衣服，他看着妻子手中的棉线，忽发奇想：把棉线烧成灯丝试试看。他拿起棉线连夜赶回实验室，和助手一起研究，将棉线烧成碳丝，同时又提高灯泡的真空度，避免灯丝氧化。到1879年10月21日，世界上具有实用价值的白炽灯终于诞生了。

发散性思维的特点：一是流畅性，当利用发散性思维对某一问题进行思考时，能够举一反三，流畅地进行联想。二是活跃性，从一个思索对象出发，充分发挥想象的作用，不拘框框，对一个问题有许多思路。三是变通性，当发散性思维发散的方向越来越多时，就形成了立体思维并编织成思维之网，思路之间的转换变得更加容易，思考就会发生质的飞跃。

（2）收敛性思维。收敛性思维是一种与发散性思维相反的思维方式，它要求将多路思维指向某个中心点。如果说发散性思维是从一点向四周辐射，那么收敛性思维就是从四周向某点集中。收敛性思维是最常用的思维方式之一，抽象、概括是其基本内核。它的作用是把发散性思维的遐想牵引回来，集中到某一思维点进行思维。它的最大优点在于能对发散性思维的结果进行去粗取精、去伪存真，从而获得思维结果的突破。

（3）发散性思维和收敛性思维的关系。发散性思维和收敛性思维各有优缺点和独特的作用。发散性思维有利于找到新思路、新方法等，而收敛性思维有利于确定问题和最终的解决方案。在实际创新过程中，发散性思维和收敛性思维是相辅相成、互相补充的辩证统一体。

①如果在创新中只运用发散性思维，而无收敛性思维，就不能将众多的思维结果集中起来，思维过程将会失去控制而陷入无序状态，变成混乱性的思维，也就是说发散性思维如果没有收敛性思维作补充，就容易发散无边，变成幻想、空想、乱想。

②如果在创新中只运用收敛性思维，而无发散性思维，收敛性思维就没有源头，也不能迸发出思维的火花。

③发散性思维和收敛性思维虽然可以分开，但两者总是交互作用的，人的思维发散到一定的阶段，就要收敛一下，找出较好的解决问题的方法，然后又在新的基础上进行发散，进而在更高的层次上收敛。

2. 逆向思维和侧向思维

（1）逆向思维。逆向思维也可称为反向思维，是指从与常规思维相反的角度出发去思考问题的方式，逆向思维的特点是对人们习惯的思维方式持怀疑和反对的态度。逆向思维往往能够出奇制胜，给人以意想不到的收获。

美国艾士隆公司董事长布耐尔一次在郊外散步，偶然看到几个小孩在津津有味地玩弄一只浑身肮脏形态极丑的昆虫，爱不释手，不由"触景生情"。他从中受到启迪，决心打破常规思维的定式来个逆向思维，"以丑招财"，即以丑陋的玩具吸引儿童并让他们的家长掏腰包。他立即组织人马研制出一系列"丑"字号的玩具。比如，在一串小球上印有许多丑陋面孔的"疯球"；用橡皮做的长着橘黄头发、绿皮肤和一双怪眼睛、一眨眼就发出怪音的"粗鲁陋夫"等。他认为这一套"丑陋玩具"一定大有销路！果不其然，该产品一上市，儿童就争相抢购，"以丑招财"使公司发了大财。

（2）侧向思维。侧向思维既不同于一般思维的方向，也不同于逆向思维，它是从事物的联系之中或从某一思路的侧面去开拓思路的思维方法。侧向思维一般是把注意力放在事物外部，从两个对象之间某些相似的特性中去寻找解决问题的办法。

过去，人们常为罐头不好开而苦恼，为了解决这个难题，工程师威廉·戈登及其合作者在研究时故意不去想开罐头这件事情，而是去思考香蕉极其容易剥皮的特性，最后他们利用剥香蕉皮的特点来解决问题，因而发明了易拉罐。

（3）逆向思维和侧向思维的关系。逆向思维注重从对立面看问题，而侧向思维选择的方向却是事物外部特征和特点的相似性。这两种思维方法实际上是有方向选择的发散思维的特例。由于发散思维强调多角度、多层次考虑问题，在实际操作中，尤其对个人而言，往往只能进行有限的发散思维。逆向思维和侧向思维的实施就要容易一些。正因如此，逆向思维和侧向思维被广泛地应用，而且有时候，两者的配合使用会取得意想不到的结果。

3. 灵感思维和直觉思维

（1）灵感思维。灵感思维简称为灵感，又称顿悟思维。它是属于超越逻辑推理的非常规思维，具有突发性、随机性、模糊性等特点。灵感思维往往不会产生于自觉的紧张思维之时，而是在此之后的休闲娱乐时，或酣睡方醒，它往往以一闪念的形式出现。许多杰出的科学家都对灵感在科学创新中的作用给予肯定，爱因斯坦曾经说过："我相信直觉和灵感。"他还认为创造性灵感往往出现于主观意识淡化的时候，在这个时候灵感往往像闪电般进入脑海。我国著名科学家钱学森也提倡建立灵感思维学或灵感学。

灵感思维的特点：①灵感产生的突发性；②灵感的产生需要诱因；③灵感到来时往往伴随着巨大的情绪高涨；④灵感产生的瞬时性；⑤灵感产生在良好的心态下。

由于目前人们对灵感的认识还很不充分，因而对灵感的应用还处于可遇而不可求的阶段。当然，根据灵感的特点也可以创造一些捕捉灵感的方法。比如，注重知识的积累并善于动脑和勤于思考，兴趣广泛，心情愉快，积极参加学术交流，随身携带纸和笔记录下突然闪现的思路等。此外,还有一点是肯定的,那就是灵感不是凭空而来的,它是建立在艰苦的努力之上的,灵感只垂青于有准备的头脑。只有在平时坚持知识积累,勤于思考问题,灵感才会光顾我们。

(2)直觉思维。直觉思维也是一种非逻辑的思维,它是依靠直觉进行的思维。直觉是对事物的内在联系和关键所在的一种敏锐感觉,它不依赖于对事物的原因分析和逻辑推理,而是一种直接的把握。

直觉可以帮助人们敏锐地发现问题,从而为问题的解决打开突破口,在实际工作中,发现解决问题的关键有时并非易事。这是因为问题常常被各种各样的表面现象和假象所掩盖,问题内部矛盾也错综复杂,要理出问题的头绪,找出解决问题的症结所在并非易事。这时直觉可能给我们提供很大的帮助,使我们直接感到问题症结之所在。

(3)灵感思维和直觉思维的关系。直觉思维与灵感思维是不同的。灵感思维出现时,往往也就意味着问题的解决。灵感本身是对问题的一种解答,其解决问题的可能性相对较高;而直觉一般是对问题的感觉和判断,其可靠性较低,解决问题的可能性也相对较低,有许多直觉甚至是错误的。

4.联想思维

联想思维也简称联想,是人们经常用到的思维方法,是一种由一事物的表象、语词、动作、特征等联想到其他事物的表象、语词、动作、特征等的思维活动。简单地说,联想一般是由于某人或者某事而引起的其他思考,人们常说的"由此及彼""由表及里""举一反三"等就是联想思维的体现。

联想能够克服两个事物及概念在意义上的差距,把它们联系起来。人对事物的理解、知识和经验的积累,都存在联想的过程。客观事物之间是相互联系和相互过渡的,因而反映事物的概念之间也是相互联系和相互过渡的。联想这种思维方法能够开阔人们的思路,找出事物之间的内在联系及发展线索,并从中作出创新。联想的种类很多,归纳起来主要有以下几种:

(1)相似联想。由一种事物想到在形态、性质或经验方面与它相类似的另一事物,就是相似联想。例如,由秋天想到收获,由劳动模范想到战斗英雄。一般的比喻都是借助相似联想,如将青少年比作早晨八九点钟的太阳,以苍松翠柏形容坚强的意志。

(2)对比联想。由一种事物想到在特征、性质或经验等方面与它相反的另一种事物，就是对比联想，也被称为相反联想。这种联想活动，可以由事物的外部特征所引起，也可以由事物的内部特征所引起。

（3）接近联想。由一种事物想到在空间或时间上与它相接近的另一种事物，是接近联想。一般来说，在空间上接近的事物，在时间上也是接近的。所以在接近联想中，空间因素和时间因素常常同时发生作用。例如，美国奥尔康公司由玩具娃娃想到玩玩具娃娃的小孩有姓名和出生地，于是给玩具娃娃也附上出生证、姓名，还盖上"接生人员"的印章，给玩具娃娃注入了人性，从而增强了产品的生命力。

5. 综合思维和分解思维

（1）综合思维。综合思维又叫整合思维，类似于收敛思维，但它并不是将各种想法收敛于一点，而是把不同的事物和因素综合在一起进行整体思考和加工取舍。

当人们把各个分散的部分组合成整体来认识时，各部分的特点在组合过程中或相互抵消，或相互中和，或相互补充，或相互重叠。这样就会使一些特点消失，一些特点更鲜明，并出现一些新的特点。同时，由于人们此时是从整体来认识和把握事物的，视角和感觉都会有所不同。因此，综合思维常常令人有新的发现、新的思想、新的感受。如果把整合思维用在认识和实践中，它常常有利于创新思维的产生。

（2）分解思维。分解思维和整合思维正好相反，它是指将一个整体分开，使人们对组成整体的各个部分有更深、更细的认识。分解思维把整体分解成各个相对独立的组成部分来认识和思考，就使复杂的问题变成了一个个相对简单的问题，使宏观的问题变成一组组微观的问题。这样，人们认识问题和处理问题就更容易分析和操作，并促使人们产生一些新的感受和认识，从而有利于新思想、新办法、新方式的诞生。

（三）语文课堂思维教学的基本策略

1. 创设问题情境是关键

众所周知，人们认识问题总是由表及里，从简单到复杂，思维的过程往往是一个渐变的过程。语文教学中教师唱独角戏，侃侃而谈，把知识放入学生口袋的做法已受到众多语文教育者的否定。但是，无目的提问往往又会使学生茫然或者处于思维"休眠"状态，这种课往往因为你问我答，课堂气氛看似活跃而受到一些人的青睐，但这种课却是没有实效的。因此，创设"小步距"问题情境会有助于激发学生兴趣，激活学生思维。在上《拿来主义》一课时，如果只是讲文章先批判了闭关主义和送去主义，学生往往会不得行文要领。教师在教学时先解决了"拿来什么"和"怎么拿来"后，简介了写作背景，然后向学生提出了"作者为什么不开门见山提出拿来主义的观点"这一问题，学生思考片刻后，纷纷讲出理由，在逻辑上把全文构成了一个有机整体，一切显得水到渠成。

在教学中创设，"变式"和"矛盾式"问题情境，学生的思维会呈发散状态，课堂教学才会"活起来"。在《雷雨》教学中，如果直接让学生分析周朴园性格，学生可能会为其性格中的两面性而困惑。因此，从中跳出来，先设置几个问题情境作为突破口，更有利于学生思考。在学生通读全剧后，教师可以向学生提出问题："周朴园保留旧房子、旧衬衣等举动是真情还是假意？"一石激起千层浪，学生立即议论纷纷，分成了两派，在争论稍停时，提出让学生从文中找出依据，结果学生在课堂上自发分成了几组讨论，一个课时就这样紧张热闹地过去了。教师不必给他们现成的结论，但学生思考的很多东西却又都是鲜活的，是教参上所没有的，有的学生甚至研究了周朴园话语中的"叹词"，令人耳目一新。

2. 加强知识发生过程的教学是原动力

长期以来，语文教学中盛行着一种"标签教学"的风气，人物性格、中心思想、景物环境的分析，往往都会有一些固定程式化的分析语言和思路，这极大地束缚了学生的个性，破坏了学生的创造性思维。语文文学作品往往存在多义性，加之学生思维的独特性，绝不可能是同一个面孔，"一千个读者就有一千个哈姆雷特"说的也是这个道理。在教学中，教师应当注重问题解决的思维过程，采用合适的思维方法，抓住新旧知识联系，使"静"态知识内化到"动"态思维中去思考和认识。课堂教学中学生的思维过程，实际上是透视知识发生的过程，是揭示新旧知识联系的过程。

加强知识发生过程教学，需要借助于比较、延伸等方法，例如，《水调歌头·游泳》时，对句中"极目楚天舒"中的"舒"不必直接讲解，而是抄写了毛泽东在1927年写的《菩萨蛮·黄鹤楼》中"烟雨莽苍苍，龟蛇锁大江"，在"便"下加了着重号，提示他们进行分析比较，学生很容易得出写作背景、人物心境和景物描写的联系。

在语文教学中，有时还必须巧借"他山之石"，这样学生的知识、经验就能充分发挥出来，设置合适的外环境，两者相互作用会产生较强的共振效应。比如，教师可以以《子路、曾皙、冉有、公西华侍坐》为故事材料，让学生从哲学角度看，这则故事告诉了我们什么道理？得到了什么启发？这样就把讨论引向一个更深的层次，让学生从讨论的过程中懂得如何正确处理事情，如何把形象思维和严密的逻辑推理结合起来，在掌握知识发生过程的同时，让知识内化为智慧。

3. 多媒体的合理运用是重要手段

思维科学研究的成果告诉我们，抽象思维和形象思维都是学习、科学研究和人的社会交往中必不可少的思维方式。但是，在以往的教育教学活动中，不仅教学内容呈现方式为单维性，教学过程也单调单向，忽视了外环境的刺激作用。科技媒体，以其直观具体、形象生动的方式呈现教育教学信息，调动了学生学习积极性，促进了学生形象思维能力发展和逻辑思维的和谐发展。多媒体的合理运用，已成为创设语文教学思维场的重要手段。

教师可以在课堂教学中播放《雷雨》的戏剧片段，品味演员声情并茂的表演，走进周朴园复杂的内心世界；播放《不自由毋宁死》讲演录音，走进语言现场，感受那磅礴的激情。运用电子备课系统听《荷塘月色》，看计算机屏幕上一幅幅优美画面，沉浸在悠长深沉、温柔甜美的音乐氛围中，感受作者的那份哀愁和喜悦。这些都会让学生思维中的理性和形象的成分互动融合，提高课堂教学的效率。

二、中学语文课堂思维教学的基本目标

中学语文教学不仅要重视知识的传授，更要重视培养学生对知识的理解、运用和转化的能力，使学生在获得知识的同时，更好地发展语文思维能力，培养学生养成良好的思维品质，提高学生的语文素养，促进学生更好地发展。

（一）中学语文课堂思维教学目标

1. 培养学生的思维能力和创造力

通过语文教学活动，鼓励学生主动思考、积极探究，培养他们的观察力、想象力、逻辑思维能力和创造力，使他们能够独立思考、解决问题，并具备创新思维的能力。

2. 提高学生的思维品质

通过语文教学，帮助学生形成正确的思维方式，培养他们的批判性思维、辩证

思维等，使他们能够客观地看待问题，全面地分析事物，具备较高的思维品质。

3. 促进学生的思维发展

针对不同年龄段的学生，设置不同层次的思维教学目标，通过循序渐进的教学方式，逐步提高学生的思维能力水平，促进学生的思维发展。

4. 培养学生的语文思维能力

在语文学习中，学生需要理解和运用语言，这要求他们具备一定的语文思维能力。通过教学，使学生掌握分析、综合、判断、推理等语文思维方法，提高他们的阅读理解、写作表达等能力。

5. 培养学生的文化素养和跨文化交际能力

通过学习不同文化背景下的文学作品，了解不同文化的思维方式和价值观，培养学生的文化素养和跨文化交际能力，使他们能够更好地适应多元化的社会环境。

为了实现这些目标，教师需要采用灵活多样的教学方法和手段，如启发式教学、情境教学、案例教学等，以激发学生的学习兴趣和积极性，提高他们的学习效果。同时，教师还需要关注学生的思维发展特点，因材施教，为每个学生的思维发展创造有利条件。

（二）语文思维能力的特点

人们在工作学习中每当遇到问题总要想一想，这种"想"就是思维。

而语文思维就是指学生在语文学习过程中，对所获取的知识信息进行分析和探究，通过自己的理解与思考，形成自己的见解，内化成自身的记忆。那么语文思维有哪些特点呢？

1. 语文思维具有广泛性

语文课程的基本特征是工具性和人文性的统一。很多学科的学习都是以语文知识为基础的，处处可以找到语文知识的踪迹，而语文学科本身也牵涉到自然科学、社会科学、历史、哲学等各方面的内容。因此，在语文教学中，知识的传递会激发学生不同的思维，引起各种不同的思考反馈。

2. 语文思维具有交流性

在语文课堂上，师生之间在针对某些语文知识进行深入探讨时，思维可能存在一致、互补，也可能存在分歧。通过不断交流，学生会发现自己思维上的不足，同学之间不经意的一句话也可能让你的思路更开阔，思维更加活跃，思考的空间更为广阔，进而使自己的思维得到不断的调整。

3. 语文思维具有渗透性

语文教学是一种美的艺术，教学内容一般都有较强的语言美、形象美、韵律美、形式美、意境美，教师引导学生用心领悟这种美的过程就是学生思维形成、发展的过程。

（三）学生思维能力的培养方法

1. 加强教师自身修养，不断提高语文思维教学能力

语文教师应首先具备较好的语文思维，具有高度的自信和积极主动的教学态度。在教学过程中，教师要不断增强自身的教学水平，采取多种有效的教学方法，培养学生学习语文的兴趣，增强学生的探究意识，将语文思维能力的培养有效地贯穿于整个语文教育教学全过程。

2. 教师讲授转变为"师生对话"

传统教学中，教师主宰着课堂上的一切，学生是一个被动的知识接受者，教师在教学中只注重讲授而剥夺了学生发表意见的机会。学生思维的积极性得不到鼓励，探究精神得不到培养。萧伯纳说过："我不是你的老师，只是你的一个旅伴而已。你向我问路，我指向我们俩的前方。"教师在教学过程中一定要意识到自己所扮演的角色，作为学生的"旅伴"，应该多和他们一起交流。孔子曾说过："知之者不如好之者，好之者不如乐之者。"学生如果对学习有了浓厚的兴趣，学习就能事半功倍。教师要善于运用启发式教学，引导学生积极思考，使学生在自己的思考中获取知识，并使思维能力得到发展。

3. 拓展和挖掘学生语文思维的广度和深度

在语文教学过程中，教师要注重知识的横向拓展。横向拓展，即选择文体相关、

内容相关以及表现手法相同的内容拓展文章内容。横向拓展的目的是让学生学会用旧知识串联新知识，用积累的方法解决相关的问题。这种横向比较的方法在文言文的学习中比较常见，一些常用虚词的用法，一些常用字词的含义会被反复比较。

在注重知识横向拓展的同时，教师也应注意到纵向探究的重要意义。纵向探究，即通过补充相关课外资料来挖掘课文主题，拓展教学空间。引导学生进行纵向探究就是激发学生的这种潜能和愿望，释放他们的探究精神。在语文诗词鉴赏的教学中，教师不能只从文字层面去讲解，孤立地去欣赏文章表面的内容，而是应该引导学生结合诗词的创作背景和作者简介进行深入探讨，从而培养学生知人论文的意识，以便更好、更准确地掌握文章主旨。

例如，在讲解李清照的《声声慢》时，可以询问学生此首词创作的历史背景，当时的社会环境以及作者为何有这样的创作，作者想表达怎样的思想，作者是怎样将这些信息融入诗歌中表现出来的。

4. 培养学生语文思维的创新性

苏霍姆林斯基也说："在学生的脑力劳动中，摆在第一位的并不是背书，不是记住别人的思想，而是让学生本人进行思考，也就是说，进行生动的创造。"创造性思维能力一般包括对问题的敏感能力，丰富的想象能力，综合与分析能力，发现缺失信息的能力。

培养学生语文思维的创新性可以从以下两个方面入手：

（1）培养学生问题意识。问题是思维的起点，是创造的先导，能发现问题就意味着有自己的思考。在教学中，教师要鼓励学生自己发现问题，带着问题去读书，这样才能充分调动思维的积极性。

（2）充分发挥学生的想象力。爱因斯坦说过，想象比知识更重要，因为知识是有限的，而想象力概括世上的一切，是知识进化的源泉。

面对一篇课文，学生如果在阅读过程中，能够通过自己的联想和想象，看到文字中的人和事，看到他们的生活情景，那么他们对课文的理解是真实的、深刻的、持久的。所以在教学过程中，教师一定要善于根据教学内容，引导学生充分调动想象力，把书上抽象的东西还原，从而达到对课文内容深刻的、创造性的理解。

随着课程改革的不断深化，高中语文教育不能拘泥于语文知识的简单传授，而是要在学生扎实掌握知识的基础上重视学生语文思维的培养。语文课培养学生思维能力的途径是多种多样的，可以渗透到听、说、读、写的任何一个过程和环节之中进行。培养学生的语文思维能力是学好语文的前提和基础,有助于学生掌握正确的学习方法,加深学生对学习内容的理解,提高学习效率,提高学生的语文素养和鉴赏能力,对学生的终身学习具有非常重要作用。

第二节　中学语文课堂中的形象思维与抽象思维

一、中学语文课堂中的形象思维

美国著名脑心理学家、诺贝尔奖获得者斯佩里经过多年研究,探明了人脑两半球的功能分工,左脑控制抽象思维,右脑控制形象思维。这一最新研究理论表明:在人的主观世界中,形象思维同样也能够反映事物的本质及规律,它与抽象思维一样都是人类认识客观世界的基本方式,不能互相代替;它们必须得到协调和平衡发展,互相补充。所以新世纪的高素质人才,必将是左右脑协调发展、更富有创造力的一代新人。因此,语文教学既要发展学生的抽象思维,同时也要发展学生的形象思维。

(一)形象思维的含义

所谓的形象思维,是指用直观形象的表象,解决问题的思维方法。形象思维是对形象信息传递的客观形象体系进行感受、储存的基础上,结合主观的认识和情感进行识别,包括审美判断和科学判断等,并用一定的形式、手段和工具创造和描述形象的一种基本的思维形式。

形象思维是反映和认识世界的重要思维形式,是培养人、教育人的有力工具,在科学研究中,科学家除了使用抽象思维以外,也经常使用形象思维。形象思维与逻辑思维是两种基本的思维形态,理论思维指以科学的原理、概念为基础来解决问题的思维活动。例如:用"水是生命之源"的理论来解释干旱对世界万物的影响。过去人们曾把它们分别划归为不同的类别,认为"……科学家用概念来思考,而艺术家则用形象来思考。"这是一种误解。

形象思维并不仅仅属于艺术家,它也是科学家进行科学发现和创造的一种重要的思维形式。例如,物理学中所有的形象模型,像电力线、磁力线、原子结构的汤姆生模型或卢瑟福小太阳系模型,都是物理学家抽象思维和形象思维结合的产物。

爱因斯坦是一位具有极其深刻的逻辑思维能力的大师，他反对把逻辑方法视为唯一的科学方法，他十分善于发挥形象思维的自由创造力，他所构思的种种理想化实验就是运用形象思维的典型范例。这些理想化实验并不是对具体的事例运用抽象化的方法，舍弃现象，抽取本质，而是运用形象思维的方法，将表现一般、本质的现象加以保留，并使之得到集中和强化。

（二）形象思维的特点

形象思维作为一种思维现象，尤其作为文学创作中的一种思维现象，很早就被注意到。我国古代诗论中非常重视"比""兴"的表现方法，古人已经认识到诗歌须用物象来表达一定的意义，这正是形象思维的根本特征。形象思维的基本特点有以下几个方面：

1. 形象性

形象性是形象思维最基本的特点。形象思维所反映的对象是事物的形象，思维形式是意象、直感、想象等形象性的观念，其表达的工具和手段是能为感官所感知的图形、图像、图式和形象性的符号。形象性使形象思维具有生动性、直观性和整体性的优点。

2. 非逻辑性

形象思维不像抽象思维那样，对信息的加工一步一步、首尾相接地、线性地进行，而是可以调用许多形象性材料，一下子合在一起形成新的形象，或由一个形象跳跃到另一个形象，它可以使思维主体迅速从整体上把握住问题。

3. 想象性

想象是思维主体运用已有的形象形成新形象的过程。形象思维并不满足于对已有形象的再现，它更致力于追求对已有形象的加工，而创造出新的形象。所以，想象性使形象思维具有创造性的优点。

4. 粗略性

形象思维对问题的反应是粗线条的反映，对问题的把握是大体上的把握，对问题的分析是定性的或半定量的。形象思维通常用于问题的定性分析，抽象思维可以给出精确的数量关系，所以，在实际的思维活动中，往往需要将抽象思维与形象思维巧妙结合，协同使用。

（三）语文课堂中的形象思维

形象思维是语文教学内容的一个重要组成部分，是语言表达的基础。形象思维是语文教学内容的一个重要组成部分，是语言表达的基础。在语文课堂中，形象思维可以激发学生的学习兴趣和想象力，将课本中简单的文字描写构建成相应的形象或情境，以便学生能更好地理解和感受文章内容，从而提升语文课堂教学的质量。

1. 在语文阅读教学中发展学生的形象思维

（1）养成观察习惯，丰富学生的表象。俄国作家契诃夫把"观察一切，注意一切"当作一个作家的"本分"来看待。语文教学大纲中也提到要养成留心观察的良好习惯。因此，观察是学习和工作中一个十分重要的问题。

观察是认识活动的起始阶段，主要作用是积累表象。表象就是储存于记忆中的客观事物的形象，是思维的材料。表象丰富的学生思维灵活，感情丰富，学习效率高。表象贫乏的学生思维迟钝，感情淡漠，学习效率低。没有丰富表象储存的大脑，就像是干涸的池塘，是没有任何生命力的。

深入的观察主要为形象思维，观察力是一种思维能力。在导入过程中要尽可能的利用课本插图、教学挂图、音像材料、实物展示、社会调查、观察自然现象等方法，使学生获得感性知识和情感体验。例如，在讲《理想的风筝》一文时，需要对残疾人的生活状况进行了解，才能更好地体现主人公身残志坚的精神。学生通过对身边的残疾人的观察，得到的结论是行动不方便，自理能力差，有时被别人嘲笑，有自卑心理等。而对比文中的刘老师的言谈举止，尤其是他蹦跳着追赶空中风筝时的场面，很多同学都为刘老师乐观向上，热爱生活的精神所感动，心中油然而生一种敬佩之情。这更加证明了观察生活的重要性，证明了观察、表象对形象思维的巨大作用。

在教学中，我们完全可以通过语言的形式唤起学生头脑中已有的表象参与到对所学内容的理解上，同时也可以把学生通过观察所得到的大量表象通过日记、周记的形式储存起来，在需要的时候提取。这样在大量观察的基础上，表象越来越丰富的前提下，就比较容易地通过再造想象领会课文内容，理解作者的思维感情了。

（2）创设情境，通过语言进行联想、想象，理解课文的内容。发展形象思维主要是再造想象和创造想象。利用文中概括性的语句，引导再造想象。在语文教学中，学生学习文学作品，在感知文章的语言和篇章结构时，学生对文章中的描写，人物的外貌、语言、故事的梗概有了一定了解，但这时学生还没有真正理解形象所蕴含的思想内容和艺术境界。学生在教师创设的一种情景与气氛下，在生动的、富有感情的语言的启发下，通过再造想象，唤起记忆中的有关表象和生活经验，引起联想，使文章中的情境，人物在自己头脑中清晰起来，产生一种身临其境的感觉，才会对文章有真正的领悟。例如，在学习《语言的魅力》一文中的重点句"春天到了，可是我什么也看不见"时，为了对比盲老人的黑暗世界，为了突显老人的不幸，为了唤起善良人们的同情心，就非常有必要创设情境，进行再造想象。老师启发学生：一年之计在于春，春天万物复苏，春暖花开，燕子来了，柳树绿了，孩子们在郊外春游，多么美好幸福的生活呀，请同学们想一想"春天到了"你看到了什么样的美丽景象呢？受到老师的提示，学生们把自己在平时积累的春天的表象绘声绘色地描绘出来，使之感受到了春归大自然的美好景色。然而这一切只属于正常人，对于盲老人来讲，世界上最美好的季节、景物他却不曾看到，不曾知道，这多么可怜、多么不幸啊！通过这样的再造想象，对文中这句话产生的巨大作用，就容易理解了。这样既突出了重点，又突破了难点，都归功于创设的情境和再造想象了。

教师要善于把"白纸上的黑字"转化为学生头脑中活生生的形象，并把这些形象在头脑中清晰地保存积累起来，就是在培养学生的形象思维能力。

（3）把产生的联想、想象转化为语言，进行形象思维的训练。在语文教学中，让学生把头脑中的形象，用准确的词语或句子表达出来，既增强了形象思维的情趣，又培养了学生的形象记忆能力。爱因斯坦说："想象力比知识更重要，因为知识是有限的，而想象力概括着世界上的一切，推动着进步，并且是知识进化的源泉。"

（4）培养有感情的朗读能力，促进形象思维的发展，激发学生的情感。老师和学生有感情地朗读课文，不仅有利于培养朗读能力，而且有助于加深理解课文内容和学习课文中生动、形象的语言。事实表明，教师有感情地朗读，可以再现作者的思想感情，使学生脑海里形成一幅幅图画，跟作品中描写的人物同呼吸共命运，受到感染，接受教育，从而达到动之以情的效果。而学生在充分体验了作者感情的同时，形象思维也得到了训练和加强。

有感情地朗读，使形象与感情融合，读者内心就会不断掀起情感的波澜，爱作者所爱，恨作者所恨，感作者所感，想作者所想，与作者情感共鸣。从而达到晓理动情的境界。

（5）发展形象思维，丰富道德情感，发展审美情趣。情感问题是深入语文教学的一个十分重要的问题。情感道德是文学作品的本质。在语文教学过程中，当我们根据文章创设的教学情境引发学生联想、想象时，学生会产生一定的情感上的感受。学生的生活体验越丰富，这种感受就越深，对文章的领会也就越深。学生就是在这种想象与感受，景与情的交融中，丰富了道德情感，发展了审美情趣。

语文教师要改变教学中明理多，育情少，说教多，而陶冶少的现象，重视发展形象思维，培养思想道德修养，以形带情，以情育情。发展形象思维，正是提高学生思想道德素质的有效方法。

（6）运用电教手段，促进学生形象思维的发展。随着科学技术的发展，电化教育手段已经广泛深入进课堂，教师采用了投影、录音、录像、电脑等手段改进课堂教学，推进了素质教育。电化教育手段清晰、准确地把与文字联系起来，图文并茂，好记易懂。

如：在学习短文《高山流水》这一内容时，学生通过语言文字很难理解到它的韵律，所联想到的景物也不能令人满意。此时教师将录音打开，一首流畅、清新、优美的"高山流水"立刻展现在同学们的眼前，他们似乎看到了那青山之上的一股瀑布，飞流直下，溪水淙淙，泉水叮咚……这一切实在太美妙了。

这样的感受都是因为有了电化教学手段。因此，适时、适度地利用电教手段，会启发学生的想象，对提高学生的形象思维能力，对提高教学效率是很有利的。

综上所述，阅读教学首先要注意用直观形象的材料充分学生的感知。丰富学生头脑中表象的积累，提供再造想象的基础。在感知的基础上，通过教师生动、形象和有感情地朗读或根据课文绘声绘色的叙述，唤起、激起学生头脑中原有的和新的表象。按照课文的描写，对表象不断地进行加工，产生种种联想和想象，使课文中描写的形象、画面在学生头脑中渐渐清晰、具体、鲜明起来，使学生有身临其境之感。这样，就通过形象思维的训练，再进行分析、概括，达到理解文章的目的。

语文教学同形象思维有着密不可分的联系，教学中必须发展学生的形象思维，否则，就不符合语文的学科特点和学生的认知规律。

2. 在语文写作教学中发展学生的形象思维

言为心声，文贵情真，只有感情真挚的文章才能打动人心。写真实的自我抒真挚的感情，是作文的灵魂。而唯有描写真实的人生、抒写真挚的情感才能使文章有信度，从而赋予文章一种特殊的感染力，甚至冲击力。

（1）关注生活，感受生活。生活是写作动力、兴趣产生的土壤。叶圣陶先生说："生活犹如泉源，文章犹如溪流，泉源丰盛，溪流自然活泼得昼夜不息。"生活是写作的源泉，写作是生活的需要，两者相辅相成，是鱼与水的关系，缺一不可。"登山则情满于山，观海则意溢于海"，看同样的景物、人物和生活，就会有"不一样"的感受。久而久之，眼光也变得高了，变得"不一样"起来。捕捉到与事物接触瞬间的那份奇异的人情，从表面相似的事物中识别出细微的差异，这是写作者最珍贵的收藏。在丰富多彩的生活中学生才会产生不同的体验，人生的苦恼和欢乐，学生在写作中才会从自我需要出发，说内心真实的感受、情感、体验。学生家庭背景不同，生活经历不同，性格千差万别，只要是学生自己写出来，没有一篇会是雷同的。"以我手写我心"，学生在真实自由中体会到写作的乐趣。

回归生活是自主写作得以实现的保证。在回归学生自主学习的作文教学中，要重视学生的自得、自"悟"，领会写作的真谛，就是把写什么和怎么写的主动权交给学生，让学生成为真正意义上的写作的主人。让学生在生活中写作才能给"自主"写作提供一个最好的环境、最大的空间，才能使"自主"成为可能。

作文教学回归生活，就是让学生在广阔的生活天空下，才华尽显，个性张扬，自由展开写作之翼，写出色彩纷呈的好文章。

（2）拓展学生的生活视野，丰富其人生经历和体验。紧张而单调的学习会使学生完全丧失对生活的内涵的品位，对生活美的发现。要使学生的视野从课堂拓展到广阔的生活天地中，观察日记、读书积累是学生积累题材的良途。发现应是人的天赋，但人往往会受到越来越多的观念、知识、陈见等的遮蔽，对生活这本大书"正读"太多，童心便会消隐，产生思维惰性，变得麻木不仁。因此，需要用永不满足的发现去消除这种弊病，而日常一点一滴地习作，使学生随时记下生活中的闪光画面、自己真切的感受、优美的文句、贴切的词语……久而久之，学生的视野逐渐开阔，捕获快感，产生创作的激情，而词语也日渐丰富，驾驭语言文字的能力逐渐提高。

在积极的关注中，学生会自然参与到社会活动中，投身到社会大潮流中，主动去感受时代的脉搏。这样，他们的笔下自然会浸润关心社会、关注人生的充实内容。正如艺术家罗丹所说："为了在生活中发挥自己的作用，热爱人生吧。"

（3）自由表达，联系生活进行真实平实的朴素写作。回归生活的作文教学，就是要使学生作文的情感内容体现到生活方式之中。只有这样，情才真，事才实，才具有感人的力量。

若表现出真实的生活，唯有努力创设一种自由写作的氛围，平等对待，理解学生，对他们所表达的思想加以引导，加以鼓励，努力消除学生的惧怕心理，让学生自由表达思想和个性，大胆写出"诚实的、自己的语言"。"发现"一次精神生活就获得一点的自由，日积月累，心灵境界不断扩大，言语生命也就不断强盛起来。教师要充分认识到作文是富于浪漫和创造的，要有开放的宽容的心态，用自己的心去关爱、肯定学生的个性化作文。

总之，作文教学要向生活"开放"，让学生走向社会，深入生活；让学生愉快地写作生活，作文教学要回归到丰富生动、真实可信、令人向往、其乐无穷的生活，努力追求、追逐"不一样"的"发现"。生活成为作文的真正源泉，作文成为打开现实的钥匙。

3. 在语文修辞教学中发展学生的形象思维

（1）修辞教学与形象思维。我国现代修辞学的奠基人陈望道先生在其《修辞学发凡》一书中说："修辞不过是调整语词使达意传情能够适切的一种努力。既不一定是修饰，更一定不是离了意和情的修饰。"这是陈望道打破前人陈规陋见的重要见解。它给我们这样的启示：修辞过程是一种复杂的思维过程，修辞训练不是一般的文字技巧的训练，它是多种思维形式综合进行的复杂思维训练，特别是形象思维的训练具有很大的作用，这在中学语文教学过程中是一个不容忽视的问题。

形象思维是人们进行审美、创造艺术形象的主要思维形式。欣赏文学语言的美，或者运用文学语言描述自然景物或人物形象，都要涉及种种修辞手法，把握语言的特点与风格，在阅读者的头脑中，或在作者的头脑中，都要进行形象思维的活动。故刘勰《文心雕龙》中说："夫缀文者情动而辞发，观文者披文以入情"。对文学作品进行创作的过程与欣赏的过程虽然在具体环节上有所不同，但在大脑的思维活动方面却有共同之处，都要用形象思维。著名美学家朱光潜说："把从感性认识所得来的各种映象加以整理和安排，来达到一定的目的，这就叫作形象思维。把许多感性形象加以分析和综合，求出每类事物的概念、原理或规律，这是从感性认识飞跃到理性认识，这种思维就是抽象思维。"作为形象思维和抽象思维的定义，朱光潜的解释也许并不完善，但是他肯定了形象思维在文学创作和审美欣赏活动中的特殊作用，也看到了抽象思维在语言表达阶段不可缺少的作用，这些见解还是值得我们参考的。

形象思维的基本思维形式不是概念，而是意象。刘煊在《文艺创造心理学》中说："意象与表象类似，但不是表象。表象是更为直接地依赖知觉，它是在知觉出现后，离开对象时立即产生的。表象的材料经过过滤可以成为意象的材料的源泉之一。""艺术家的思维与意象的关系就更密切了，因为艺术形象是由意象群直接组合而成的。"一首诗的意境或一篇小说中的典型人物形象，可以说是一连串的意象群的有机组合，是由经过提炼、调整的一连串语词表达或描述出来的。往往一句话中包含一个或几个意象，几行话、一段话或若干段话，组成一首诗或一篇散文，由一群或多群意象的组合，形成诗歌和抒情散文的意境，或小说中的人物形象。

（2）提升形象思维训练的方法。如何在修辞教学过程中加强形象思维的训练呢？根据形象思维的特点，可采取如下几点做法：

①引导学生联系作品的语言展开积极的想象和联想。例如郭小川的《祝酒歌》，要在朗诵作品的同时，想象东北林区冬天下大雪时的情景，并且联系两个比喻句，想象满天的雪花像繁星一样样纷纷坠落，森林中一棵一棵的桦树站立在那里，好像古代守卫边疆的将士……再如读苏东坡的《念奴娇·赤壁怀古》中的诗句："乱石穿空，惊涛拍岸，卷起千堆雪"，杨万里的诗句"接天莲叶无穷碧，映日荷花别样红"，甚至可以让学生通过想象，把诗歌中的景物、意境在纸上画出来。

②在写作训练过程中，要培养学生通过想象和联想。要结合题意回忆生活中感知积累起来的表象，形成与题意有关的意象，通过意象群的有机组合与调整，来安排文章的结构，决定素材的取舍，孕育文章的意境或人物形象。如写一篇山水游记，就要回忆某次形式，鼓励学生多动脑筋，积极进行想象和联想活动，如何把比喻句造得更新奇一些，如何把对偶句造得更工整巧妙一些，如何把排比句造得更有气势一些等等。杜甫有这样的诗句："为人性僻耽佳句，语不惊人死不休"。这种苦心锤炼营造佳句的精神值得今人学习。

除了多读、多写、多思以外，还要多看，多实践，让学生参加各种社会活动，多去接触、观察气象万千的自然景物，多培养丰富细腻的审美情感，多一点潜意识中信息和知识的积累，学生的修辞能力、审美鉴赏能力、创造性思维能力一定能更好地培养起来。

二、中学语文课堂中的抽象思维

当代著名的语文教育家于漪说："语文教学的着眼点，应该放在培养和训练学生的思维能力上。""在发展语言能力的同时，发展思维能力，激发想象力和创造潜能。"《普通高中语文课程标准》中也写道："养成独立思考、质疑探究的习惯，增强思维的严密性、深刻性和批判性。乐于进行交流和思想碰撞，在相互切磋中，加深领悟，共同提高。"可见，中学语文教师的教学任务不仅是传授知识，还要发展学生的思维。

（一）语文教学中进行抽象思维训练的现实意义及理论依据

语文教材中包含着丰富的思维因素，凝结着人类优秀的思维成果。因此，在语文教学中进行思维训练可谓是得天独厚。尤其是阅读教学，在阅读过程中，思维伴随阅读的始终。阅读教学就是训练、发展思维的过程。阅读教学与思维能力的培养是一个相互促进的双向过程，通过阅读教学，可以促进学生思维的发展；反过来，学生思维发展了，又能增强阅读教学的效果。

中学阶段学生的思维以抽象思维为主。它的认识加工过程包括两个阶段：一是从感性具体到思维抽象的初级加工阶段。这一阶段主要是靠抽象的分析和综合、比较和分类、抽象和概括等方法进行的。从儿童青少年的思维发展来看，中学生正处于感性具体向思维抽象、具体形象思维向形式逻辑思维过渡和发展的时期。在这一时期，应该重点培养好他们形式逻辑思维的各项能力，促使他们的思维由感性具体向着思维抽象转化，并为向辩证思维的高级发展打好基础。二是从思维抽象到思维具体的高级加工阶段。这一阶段主要是靠辩证的分析和综合的方法进行的。青少年辩证思维的形成和发展，必须通过有意识地培养和训练。尤其在中学时期，应该把学生辩证思维的培养作为重点。

（二）中学语文教学中进行抽象思维训练的具体操作方法

1. 中学语文教学中的逻辑思维训练

语文教学中进行逻辑思维训练就是教给学生一些逻辑方面的知识。培养他们的逻辑能力，促进学生逻辑思维的发展，提高阅读水平，促使他们在实践中，能自觉地运用这些知识和技能来帮助自己正确思维。阅读教学和逻辑思维训练的结合，主要表现在阅读理解和思维方法相结合。

（1）概念法与中学语文教学中的逻辑思维训练。概念是逻辑思维的最小单位，是逻辑思维的细胞。人们由概念形成命题。由命题进行推理和论证，从而进行逻辑思维。在分析文章题目时，可以通过分析概念确定文章内容及行文思路。例如，教授《中国石拱桥》一文，分析这个偏正短语，从中心词"石拱桥"到修饰限制词"中国"，要让学生了解：作者先介绍一般石拱桥的特点，再介绍中国石拱桥独特的特点。这是按照从一般到特殊的逻辑顺序展开的。

在把握文章结构时，我们还可训练学生运用概念系列来把握。例如教授朱自清的《春》，作者在文中往往是从几个不同的角度、不同的方面或者不同的部分表现事物。在阅读教学中教师可用概念系列来揭示表现事物的顺序及角度。例如，《紫藤萝瀑布》中，在教学中教师可引导学生注意几个概念"穗""朵"。加上文章第二段所写的"像一条瀑布"，这个概念系列揭示了描写事物的顺序：花瀑——花穗——花朵，即整体——局部。运用概念来分析文章。使文章在学生眼中就不是囫囵一片，而是清晰而又条理的、可以把握的东西了。

（2）比较法与中学语文教学中的逻辑思维训练。在教学过程中，我们发现中学生对文章的认识总停留在表面，对感性材料不会进行抽象的分析和综合。

抽象的分析和综合的基本要求是：能够将同类事物的个体加以分析。然后将反映该类事物的共同属性综合起来，或者将异类事物区分开来。要达到这种要求，最好是运用比较的方法。

①语句教学中的比较。教师可有意让学生增、删、替换、改动文中的一些关键词、句、段与原文比较。在比较中揣摩作者遣词造句上的艺术匠心。例如《药》中写了康大叔的一连串动作，用了"嚷""抢""扯""裹""塞""抓""捏""哼"八个动词，如果把这些动词换成叫、拿、撕、包、递、接、摸、嘀咕等，哪个好？经过比较分析，让学生意识到课文中运用这些动词，生动地刻画了康大叔凶蛮残忍、贪婪的性格，勾画出了反动统治者帮凶的丑恶嘴脸。通过词语的比较，学生树立了用词准确、贴切的观念，对文中人物形象有了更深刻的认识，也能更好地去把握文章的主题。鲁迅的《祝福》中写到四婶两次阻止祥林嫂拿祭品。第一次说："祥林嫂，你放着吧。"第二次说："你放着吧，祥林嫂。"授课时，可让学生对以上两个句子进行比较。学生们很快地发现两句表达的意思是一样的，只是语序不同了。次序不同，句子强调的内容亦不同。经过比较分析，让学生明白正是这句话，正是这毫不留情的精神压迫，使祥林嫂最终走向死亡。

②文章之间的比较。以文章为单位进行比较，是最常用的方法。文章的比较可以是课本内文章间的比较，例如，《春》和《荷塘月色》都是朱自清先生的作品，在教授《荷塘月色》时，可引导学生将两篇文章的情调和风格作比较．启发学生思考为什么会有这样的不同。从而明确这是由于社会环境的不同在作者心中引起了不同的感受。通过这种比较，让学生懂得文章与社会生活的密切关系，从而把握"知人论世"的阅读方法。

（3）推理法与中学语文教学中的逻辑思维训练。推理包括归纳推理、演绎推理、类比推理。以上三种推理在议论文中经常采用，它们分别与议论文中的例证法、引证法、类比法相通。在教授议论文的过程中，可通过例证法的教学，让学生先能够从论点出发找出典型事例的依据，再以这些事例为前提进行归纳推理，以推出所要证明的论点即结论。如在教授《简笔与繁笔》一文时，有意识地引导学生研究文章如何通过一个个恰当的实例充分证明中心论点"简笔与繁笔，各得其宜，各尽其妙"的，再提供几个论点对学生进行巩固性训练。因此，学生的归纳推理得到了较好的训练。

通过引证法的教学，让学生先能够从论点出发找出一般性的原理依据，如经典性的言论、公认的原则、公理、格言等，再以所确定的原理为前提进行演绎推理，以推出所要证明的论点即结论。如在《敬业与乐业》中，分别用"饱食终日，无所用心，难矣哉！""群居终日，言不及义，好行小慧，难矣哉！"等名句有力地论证有业的必要，教学时让学生把这些引言一一找出，研究它们是如何证明所起的作用的。

通过类比法的教学，让学生先能够找出与所论证的事物相类似的另一事物，然后进行类比推理，以推出所要证明的论点即结论。

在此基础上讨论其作用，即进一步批判"送去主义"，指出"送去主义"的危害和严重后果。阅读教学中进行辩证思维训练，既提高了学生的推理能力，又了解了议论文的论证严密特点及论证方法；既提高了阅读水平，又对写作，尤其是议论文写作有指导作用。

2. 中学语文教学中的辩证思维训练

由于中学生思维水平限制，我们不可能要求他们全部理解和掌握辩证思维的规律、范畴、方法和形式，只能从他们的实际水平出发，使他们在辩证思维的最基本的要求上受到训练。在思维方法上，主要让他们掌握辩证分析和综合的方法，所谓辩证分析和综合是指通过矛盾分析的方法将事物内在的矛盾分解为各个方面分别进行认识，然后将这些认识综合起来，形成对这一事物总体的认识。

例如，在分析《威尼斯商人》中夏洛克的形象时，教师可先让学生从人物的语言、行动、心理的表现出发去分析人物的性格，看他的性格有哪些方面的特点。通过分析，有的学生认为夏洛克自私、狠毒、冷漠和吝啬，有的学生认为他也是受迫害侮辱的形象。当学生得出以上两种抽象认识时，教师可引导学生思考这两个观点之间有怎样的联系。通过分析，要让学生明白之所以能够形成夏洛克性格这两方面的特点，最根本的原因是他是犹太人。在以上分析的基础上，即可转入思维的综合过程。这时，要以对象最本质的东西为核心，把对象的各个方面联结成一个完整的统一体。在对象的多样性统一中把握对象。对夏洛克这个形象来说，指导学生抓住种族歧视这一核心，就可对夏洛克性格的双面性有统一认识。同时，作为辩证分析和综合的终点。

教师还应当从夏洛克这一基本认识出发，通过辩证和历史的推演，进一步认识到这一人物形象的意义，种族歧视在当今社会依然存在。通过这样辩证思维的分析和综合，学生就能获得对夏洛克形象的全面具体的认识。

三、形象思维与抽象思维在语文教学中的结合

（一）语文教学中两种思维结合的理论依据

长期以来，在儿童从具体形象思维为主要形式向抽象思维为主要形式过渡的理论影响下，一些人误认为抽象思维才是人类思维的高级形式，人类只有通过抽象思维方式才能把握事物的本质，认识客观真理。因此，中学语文课比较重视学生抽象思维的训练，而忽略形象思维的发展；教学中注重对文章内容作理性的分析、概括，而缺乏对语言情味、意蕴的挖掘，对具体形象的感知，以及对作品情感因素、审美因素的体会。美国著名脑心理学家、诺贝尔奖奖金获得者斯佩里经过多年研究，探明了人脑两半球的功能分工，左脑控制抽象思维，右脑控制形象思维。这一现代脑科学的最新研究理论，从根本上纠正了长期以来的左脑优势理论和只有抽象思维才是认识的高级阶段的错误观点。它表明：在人的主观世界中，抽象思维并非把握事物本质的唯一方式，形象思维同样也能够反映事物的本质及规律，它们是人类认识客观世界的两个基本方式，不能互相代替；它们必须得到协调和平衡发展，互相补充，才能使人的创造力得到最大限度的提高，人格得到健全、发展和完善。因此，语文教学既要发展学生的抽象思维，同时也要发展学生的形象思维。

（二）语文教学中如何把握两种思维的有机结合

形象思维方法和抽象思维方法是两种不同的思维方法体系，但二者之间又存在密切的联系。二者互相渗透，互相补充，互相结合。中学语文教材中的记叙文，特别是文学作品，它是两种思维的产物，既有抽象思维，又有形象思维，因而就要求

教师在教读记叙文，特别是文学作品时，必须注意这类文章的特点，注意两种思维的结合。那么，教师应该怎样引导学生才能达到既有情感感染，又有理性分析；既能走进作品之中与人物一起体验人生的悲欢离合，又能走出作品之外，对其进行客观的分析、评价？

以语言训练为核心，注意把握好以下四个方面的有机结合，从而达到既训练抽象思维，又训练形象思维的目的。

1. 情感体验与理性分析结合

形象思维的特征之一就是具有情感性。语文教材中文学作品的艺术形象，都饱含着作者及人物的丰富情感，具有激动人心、扣人心弦的艺术魅力。学生在阅读作品的过程中，如果没有形象思维，没有感情的波澜，缺少作为主体的投入和参与，那么，即使教师作出多么细致、周密的理性分析，学生对人物形象的认识也是枯燥抽象的。而教师如果能够激发学生的形象思维，使学生入情入境，丰富他们在学习过程中的情感体验，然后再做理性分析，那结果可就大不一样了。

例如，讲《孔乙己》这篇小说时，文中有一处描写孔乙己到酒店喝酒的情形："孔乙己一到店，所有喝酒的人便都看着他笑，有的叫道，'孔乙己，你脸上又添上新伤疤了！'他不回答，对柜里说，'温两碗酒，要一碟茴香豆。'便排出九文大钱……"

阅读这段文字，并不是让学生首先研究分析"排出"这个词语如何运用得准确生动，而是引导学生体会孔乙己在看到别人的"笑"，听到别人的"话"之后，"排出九文大钱"时是怎样的心态，揣摩"排出"这一动词的丰富内涵，并让学生做出孔乙己排出九文大钱的动作，来表现孔乙己的心理和神情，让学生走进孔乙己的内心世界，体验孔乙己的思想感情。然后，再对"排出"这一动词使用的妙处作理性的分析：如果换成"拿出""摸出"，表达效果好不好？为什么？由于有了对"排出九文大钱"这一动作的丰富内涵的体验、感受，学生对作品语言的理解深化了，认识到"排出"一词准确写出了孔乙己拿钱买酒时的得意神情，以及他要在平日取笑他的短衣帮面前摆摆阔气、聊以自慰的心理，如果换成"拿出""摸出"，都不足以表现孔乙己的这种神情及心理。

这些教学活动绝不只是为了激发学生的学习兴趣，它是一种伴随着学生全身心投入、参与的情感体验的认识活动。在这个情感体验与理性分析交融的过程中，学生对语言运用的认识更加丰富深刻，知识记忆更加持久。重要的是，学生在这个过程中，得到的不仅是语文知识、语文能力，还有品德、情感、审美、心理等多方面的全方位发展。

2. 形象感知与归纳概括结合

在语文教学中，对人物形象的思想性格的归纳概括不应是简单的、抽象的，而应是具体的、生动的。通过挖掘、体味作品中形象化的语言，使之留下深刻印象，从而引发学生想象，头脑中浮现出以作品语言描述的艺术形象为基本原型的，且带有自己经验色彩的新的形象。学生有了深切的形象感受作为基础，他们对人物思想性格的理解才是准确鲜明的。

例如，《药》这篇小说中的康大叔是个封建统治者的爪牙和帮凶的形象，学生对这个反面人物思想性格的归纳概括，是通过挖掘、体味作品中形象化的语言之后得出的。康大叔的眼光"像两把刀，刺得老栓缩小了一半"，一只手"摊着"，向老栓要钱，一只手"撮着"一个鲜红的、血淋淋的人血馒头，同时还嚷道"怕什么？怎的不拿！"接着"便抢过灯笼"，"扯下纸罩，裹了馒头，塞与老栓；一手抓过洋钱捏一捏，转身去了。"教师用表情、声音、动作对加点词语加以强调，使人物形象变得更加鲜明，让学生头脑中伴随着栩栩如生的形象，归纳概括人物的思想性格：这是一个多么凶狠、贪婪、粗野、蛮横的人物。

第三节　中学语文课堂的感悟思维教学法

朱熹的"一旦豁然贯通"的说法，便含有"顿悟"的意思。所以我们可这样定义：感悟教学法强调的就是"自悟，顿悟"。语文教学在文字语法之余重视这种感悟，说说议议想想写写，就是感受的过程，它就是"领悟"。自觉、灵感等的产生都在领悟中突发，这种突发的领悟就是"顿悟"也可说是一种创造性思维。所以在语文教学过程中运用感悟式教学法，意义是重大的。

一、感悟思维教学法定义

所谓的"感悟"，就是"感受，领悟"。"书读百遍，其义自见"，读就是感受的过程，它就是"领悟"。自觉、灵感等的产生都在领悟中突发，这种突发的领悟就是"顿悟"也可说是一种创造性思维。所以在语文教学过程中运用感悟式教学法，意义是重大的。

二、感悟思维教学基本原则

感悟教学法的基本定义强调的是"自悟，顿悟"，于是需要考虑的第二个问题则是"感悟教学法的基本原则"。"自悟"，即告诉我们"悟"的主体是"自我"，即学生自我阅读，自我感悟。所以基本原则是要尊重学生的"自悟"。

长期以来，教师或以自己的心得强加于学生；或用教参的答案固定了教学方向，限制学生的自由；或强调阅读技法，而忽视个体的情感体验；或以群体阅读代替个体阅读；或以作者的感受来人为提升学生的领悟。这种不从接受者的角度引导学生阅读的教学造成主体错位，使学生认为阅读就是应付教师的提问，就是琢磨作品的答案，而与自己无关，以致迷失了自己。这样谈何"自悟，顿悟"。以别人的"感"使学生"悟"甚至用别人的"悟"取代学生的"悟"，这是剥夺学生感悟，剥夺学生感悟就是扼杀学生思想活力的教学专制。

在此我们强调学生在阅读中的"自悟"，但并不排斥教师的引导。教师的作用应是激励、引导、评价学生的阅读活动。"引"是激发学生的阅读兴趣，确定阅读的目标，制定阅读步骤；"导"则是指导阅读方法，组织交流，进行评价。

三、感悟思维教学中引导的重要性

教师的引导是非常重要的。学生能读懂的课文，并不代表能读懂其深刻含义。在这种情况下，教师则应激励学生仔细揣摩，激发学生深入思考，获得更加深刻的领悟。例如教学郁达夫写的《故都的秋》，教师考虑的是要根据阅读材料的主体情趣，提供条件和环境，让学生把自己的最先感知，最深感受表达出来。但在设想教程时，觉得有难度。《故都的秋》的作者，在作品中所表达的心境是20世纪20年代人物的心境。

作为现在的学生要去体会那时人物的心情，恐怕很难产生共鸣。可以作三步尝试：

（一）引导学生把握全文的主体情趣

《故都的秋》全文的主体情趣即"清、静、悲、凉"，文从故都"秋晨""秋槐""秋蝉""秋雨""秋果"五个方面的景物，紧扣"故都"和"秋"两个词语，表现了"故都之秋"的"清、静、悲凉"的特点，表达了作者是对故都的一往情深，渗透着作者消极与积极情绪在纠结与斗争的痕迹。文章语言朴素、自然、清丽、流畅，运用多种修辞手法，以多角度表现"秋味"，景物描写饱含深情。

（二）引导学生感"语"悟情

如文中有这样一段描写："皇城人海中一椽破屋，清晨起来，泡一碗浓茶，向院里一坐，仰头看见的是那很高很高碧绿的天地；耳边是飞鸽的飞声，低头细数着槐树底一丝漏下的月光和破壁腰中蓝色牵牛花加上那疏落尖细且长的秋草的陪衬。"让学生品味选段中的"破屋""破壁""疏落""秋草"，悲凉秋意涌上心头。特别是文中一段"扫街的在树影下一阵扫后，灰土上留下来的一条条扫帚的丝纹，看上去既觉得细腻，又觉得清闲。"学生体味眼前所描绘的景物，引发心中皆有的感情，他们便心领神会，觉得无比真切，无比自然。

（三）引导学生感文悟情

"文"即作品的整体。感"语"是作品的局部阅读，但更应注重的是整体阅读。格式塔心理学派的研究表明：感觉并不是各种感觉要素的复合，所谓知觉并不是先感知到各种成分再注意到整体，而是先感知到整体的现象而后才注意到构成整体的诸成分。再以《故都的秋》为例。引导学生理解此作品可以从表现手法、结构、表达方式等方面入手，但都离不开内容。任何孤立的理解都没多大的意义。前面我谈到的利用《故都的秋》的语言悟情，但离开作品的整体，所悟的情则显得淡然。如果把文中的议论抒情一段与借景抒情一段综合起来理解，使学生感悟更深刻。

因为作者在议论抒情一段中强调不同时代，不同国别，不同阶层，不同境遇的古今中外文学人士，尤其是诗人都有着共同的感受即"深沉、幽远、严厉、萧索的感触来"。作者将自己的主观情思作纵向考察和横向比较，强调秋给人的悲凉感受。学生读之，仿佛自己的某些感触也得到恰到好处的表现，从而更深层次地感悟郁达夫先生创设的"清、静、悲、凉"的意境，理解作者特有的苦闷、阴郁、落寞的心情。

四、感悟思维教学的基本规律

（一）感知

人们对于事物的认识，总是从感知开始的。比如《林黛玉进贾府》，学生对林黛玉这种寄人篱下的弱者形象以及博学多才、多愁善感的形象有所认知。再调动自己记忆海洋中的这类形象，于是在认知中产生认同感，调动起同情和厌恶的情绪。"物色之动，心亦摇焉"，感知与情绪活动高度和谐，学生的感知力在不知不觉中充分激发。

（二）凝思

思维是学生掌握知识的中心环节。要正确地理解事物，牢固掌握知识，就必须通过积极的思维活动。感悟思维教学法很重要的一点便是引导学生会思。会思即要敢于质疑。"疑"是探求知识的起点，也是激发学生的支点。南宋理学家朱熹说"读书无疑者，须教有疑；有疑者，却要无疑"，可见学生在学习过程中能否思考出问题，然后质疑，解疑，就是他能否真正学到知识，并把知识转化为能力的关键。

（三）过程

感悟重在过程，即对文章感受、理解、吸收的过程。很多文章不是一读就懂的，感悟首先在于读感，有所得。如读《荷塘月色》，可以让学生自己去体会美词佳句；让学生自己去感受"朦胧的月色、幽幽的荷香、斑驳的树影和渺茫的歌声"，让学生自己去感受"颇不宁静"的心思，去感受"独处的妙处"这样的一个过程，说来容易，学生读来却难了。一要认真读，讲究心定，二要仔细领会，三要寻根问底，讲究毅力。

五、感悟思维教学法的策略分析

实施感悟思维教学法，教师是关键。教师要改变原有的教学观念，大胆发现，大胆创设情境，把学生导入"思考的境地"，让学生"知情、知美、明理"，确定了这一前提，那么，谈的便是策略问题。

（一）引发想象

想象对于文学作品的审美感受的重要性在于：有了它才能提供感受的广阔天地。文学是语言的艺术，必须以作品的语言为根据去充分发挥想象力，它才会以具体、生动的面貌呈现于头脑中。而只有当在头脑中或多或少地有了形象在浮动，才有体验和感受。引发想象可利用幻灯、画片，实景等情景教学手段。

（二）引发联想

感悟离不开联想。例如纵横交错的联想，从视、听、味、闻、触等知觉上激起反响，给人以深刻感悟。有的联想具有深远感，给人崇高和壮美。如让学生读王之涣的《登鹳雀楼》：白日依山尽，黄河入海流，欲穷千里目，更上一层楼。杜甫诗中的名句"星垂平野阔，月滴大江流。"王维诗中的名句"大漠孤烟直，长河落日圆。"都是收放得宜的联想，从中感悟其深远、壮大、崇高的美感。

（三）激发情感

情感激发方式是多种多样的，读，可以有表情地高声朗读，可体验作品崇高，悲凉或激昂或欢悦。听，让学生听配乐朗读，加深体会。并结合学生的思想实际，掌握学生的心理特点，导出他们的真情。这种方法较适宜写作引导。

为了激发学生的情感感悟，教师可以设计一个话题作文，内容如下：一群年轻人到处寻找快乐，却遇到了许多烦恼、忧愁和痛苦。他们向苏格拉底求救："快乐到底在哪里？"苏格拉底说："你们还是先帮助我造一条船吧！"这群年轻人暂时把寻找快乐的事放到一边，找来造船的工具……终于造出了一条漂亮的船。新船下水了，他们把苏格拉底请上船，一边合力荡桨，一边齐声唱起歌来。苏格拉底问"孩子们，你们快乐吗？"他们齐声回答说"快乐极了！"请学生根据这个故事以"快乐"为题，写篇作文。出这道题目的意图是：让学生明确什么是快乐；明确快乐是时时存在的，关键在你如何去寻找，感受快乐。

第四节　中学语文课堂思维能力教学案例解析
——以《卧薪尝胆》为例

一、案例背景

近年来，思维教学已经引起了教育界的广泛关注。其中，思维策略很重要，它之所以重要，原因之一就是只有教师先树立某种策略，学生才能把教师当成一个典范，也就是老师要通过身教来影响学生。学生沉浸在这种情境中，会自发地模仿教师的角色，有时也会潜移默化地受到老师的影响。

二、案例讲解

在执教讲解《卧薪尝胆》，为引导学生理解"勾践为什么要卧薪尝胆"时，教师可以设置这样一个环节：读了描写勾践如何卧薪尝胆的小节后，故意大发感叹："这勾践真是疯了！在吴国受尽了屈辱，好不容易回到了自己的国家，作为一国之君还不好好享受一番，卧什么薪，尝什么胆呀？"被教师这么一激，许多学生争先恐后地举起了手，气氛前所未有的热烈。于是教师干脆以越国大臣的身份与他们进行了一番有趣的对话。

教师先请了一个手举得最高的学生，然后做了一个拱手的动作恭恭敬敬地说道："大王啊，您在吴国受尽了苦难，好不容易回到了自己的国度，为什么不好好享享清福，还要卧薪尝胆呢？"该学生也俨然进入了角色，大声说："我卧薪尝胆是因为要使我国早日强盛起来。"瞧，该学生已经把自己当作两千多年前的越王了，只是这样的理解显然还未到点子上。于是，教师又故作不解地问道："恕为臣愚钝，难道卧薪尝胆就能使我国早日强盛起来吗？""哦……"该学生似有所悟，教师略略停顿了一下，让所有的学生都有思考的时间。果然，又有学生举手道："勾践卧薪尝胆能使自己想起在吴国所受的种种屈辱，不忘报仇雪恨。"教师一听，心想：很好，比刚才理解得深入了，但还未到火候。于是，教师趁热打铁："大王啊，那您非要用这种使自己肉体受折磨的方式吗？比如说在房间内贴上提醒自己的话也不是可以了吗？""唉，你怎么不明白呢？因为我不想让安逸的生活消磨掉自己的斗志，所以要用卧薪尝胆这种使自己痛苦的方式来时时激励自己报仇雪恨。"该学生已完全进入角色，脸涨得通红，显得很激动。"哦，原来如此，我总算了解了大王的心意。"表面上，教师装作恍然大悟，心里却窃喜不已。

三、案例评析

（一）思维训练

在上述的案例中教师故意隐藏了对勾践卧薪尝胆的原因的真实看法，发表了"这勾践真是疯了！在吴国受尽了屈辱，好不容易回到了自己的国家，作为一国之君还不好好享受一番，卧什么薪，尝什么胆呀？"这样的偏激言论，扮演了一个"不知鸿鹄之志"的大臣的角色。随后与学生们展开了一系列的对话，从而训练了学生的思维能力。

教师尝试使用的就是以思维为基础的问答策略，或者说是对话策略，对话也正是这种方法的特征，这种策略鼓励教师和学生以及学生之间进行交流。这种交流既可以是口头的，也可以是书面的。在这种策略中，教师提出问题以刺激学生的思维和讨论。其实，通常这些问题并没有固定的正确答案，所以通常反馈也并不是简单的"对"或"错"。相反，教师乐于评论或补充学生的发言，甚至会隐藏自己的真实看法，故意发表一些偏激意见，扮演一个代言人的反面角色。所以，在这种策略中，教师和学生之间的界限趋于模糊，教师更像向导或协助者，而不是传统意义上的老夫子。与以事实为基础的问答策略不一样，对话策略法喜欢对个别问题追根问底。本案例其实是对"勾践为什么卧薪尝胆"这一问题反复追问。学生之间的互动也比较多。

一般说来，对话策略最利于发展学生的高级思维技能，原因有两点。一是只有这种策略中，学生才进行真正意义上的思考，而不是仅仅复述书本上的答案或教师的授课就可以过关。上述案例中学生的答案就是如此。二是在对话策略中，教师和学生一起思考，扮演了一个最佳典范，向学生亲身示范他们应该做什么，也就是让学生进行批评性的思考。学生不就是在批评我的偏激言论中寻找到了最合理的解释吗？

有一点也是我们必须意识到的：任何教学策略都可能成功，也可能失败。对话策略能启发学生思维，但处理不当也可以使课堂讨论变得杂乱无章、离题万里。如果讨论漫无目的，教师就要发表评论或再次提问，把讨论拉到问题的中心。比如，在案例中，第一位学生的回答显然是不够中切的，所以教师及时又进行了追问。教师尤其要注意的是：不能把对话策略作为自己备课不充分的替代方案。事实上，如果运用对话策略的教师要取得成功的话，教师对所讲的内容要有丰富的背景知识，而且教师必须认真考虑要向学生提出哪些问题。

（二）情景教学

上述案例中，其实要解决的问题就是"勾践为什么卧薪尝胆？"但如果直接这样问的话，学生一定会感到索然无味，创设了这样一个"君臣对话"的情景后，原本枯燥的问题变得生动了，原本离我们遥不可及的历史成了现实。这就是情景教学。情景教学就是通过设计出一些真实性和准真实性的具体场合的情形和景象，为语言功能提供充足的实例，并活化所教语言知识。这种情景的生动性与形象性，有助于学生把知识融于生动的情景之中，提高学生的学习兴趣，改变以往教学枯燥无味的局面。创设的情景越活泼、生动、准确，学生就越能理解所传递的信息，触景生情，激活思维，激发表达思想的欲望。正如古希腊大哲学家、教育学家苏格拉底曾经说过的话："没有一种方式，比师生之间的对话更能提高沟通能力，更能启发思维能力。"

【思考题】

（1）中学语文课堂思维教学的基本策略是什么？基本目标又是什么？

（2）简述形象思维与抽象思维对语文教学的重要性。

（3）什么是感悟式思维教学法？感悟式思维教学的基本原则和规律是什么？

（4）请根据本章所学知识设计思维教学相关的创新案例。

参考文献

[1] 黄燕.中学语文阅读教学创新探索[D].重庆：西南师范大学，2002.

[2] 朱早霞.新课改背景下语文教学思路与方法创新探索[J].甘肃教育，2020（17）：62-63.

[3] 黄翠英.中学语文教学中培养学生创新能力的途径和方法探析[J].自贡师范高等专科学校学报，2003（04）：

[4] 刘志林.中学语文教学法创新教学模式探析[J].新课程（中），2019（10）：145.

[5] 杨平.中学语文作文教学中存在的问题及方法的创新[J].新课程（下），2019（09）：142-143.

[6] 马玉琴.创新教学方式方法构建中学语文高效课堂[J].天津教育，2019（26）：99-101.

[7] 武永明，卫灿金.适应时代要求，改革语文学科教育类课程与教学[J].上海师范大学学报（教育版），2000，29（01）：100-103.

[8] 向俊.创新教学方式方法构建中学语文高效课堂[J].试题与研究，2019（11）：52.

[9] 王文荣.浅谈基于教学理念创新的中学语文教学方法改良[J].新课程(下),2019(01)：137.

[10] 耿百龙.中学语文阅读教学的探索与研究[D].长春：东北师范大学，2006.

[11] 阴玮杰.中学语文创新教学模式探究[J].作文成功之路（上），2018（12）：47-48.

[12] 叶华，张素君.中学语文课整合创新教学方法的实践分析[J].课外语文，2018(33)：171.

[13] 张惠芝.谈语文教学中的创新思维培养[J].甘肃科技，2007（01）：247-248+239.

[14] 白仲勋.中学语文中创新阅读教学方法分析[J].高考,2018(12):51.

[15] 潘星江.优化教学方法让学生"乐"学语文[J].考试周刊,2018(29):42.

[16] 杨长材.中学语文课堂教学方法与创新探讨[J].文理导航(上旬),2018(01):18.

[17] 王立群.创新教学方式方法构建中学语文高效课堂[J].教育现代化,2017,4(51):194–195.

[18] 祁世海.浅谈中学语文教学方法的创新[J].中国校外教育,2017(29):114–115.

[19] 赵庆波.中学语文教学方法探析[J].学园,2017(28):55.

[20] 何山.高中语文作文教学的创新教学方法研究[J].课外语文,2016(24):64.

[21] 李素娟.初中语文作文教学方法创新的必要性及策略[J].中国教师,2016(S2):147.

[22] 钱海凌.高中语文教学如何渗透创新学习方法[J].作文成功之路(上),2016(05):78.

[23] 任冬艺.中学语文课堂教学的特征与方法的创新[J].考试周刊,2008(02):16.

[24] 王银海.中学语文阅读教学创新方法浅析[J].青少年日记(教育教学研究),2016(04):72.

[25] 郑标.中学语文课堂教学方法与手段的创新[J].新课程(下),2015(10):88.

[26] 张欣欣.中学语文阅读教学创新方法[J].科学中国人,2015(30):292.

[27] 马东峰.中学语文课堂中古典小说教学方法的创新研究[J].课外语文,2015(18):93.

[28] 晏发清.初中语文教学模式的创新策略探讨[J].课外语文,2015(16):103.

[29] 王国锋.初中语文作文教学中的评改方法创新[J].作文成功之路(下),2015(07):32.

[30] 黄玉芳.中学语文教学中培养学生创新思维方法浅探[J].中学课程辅导(教师通讯),2015(14):15.

[31] 王爽."理念"创新重于"方法"创新——浅谈中学语文教学改革中的创新[J].赤子(上中旬),2015(12):297.

[32] 张富学.浅谈中学语文教学存在的问题及创新教学的方法[J].语数外学习(初中版中旬),2014(12):34–35.

[33] 付桥生.浅谈新课标下初中语文教学的创新方法[J].课程教育研究,2014(14):45.

[34] 陆立云. 初中作文教学现状与创新方法 [J]. 作文成功之路（下），2013（09）：13.

[35] 周松森. 新课改下高中语文教学创新的思考 [J]. 成才之路，2013（20）：84.

[36] 矫海滨. 解析中学语文的教学方法创新 [J]. 生物技术世界，2013（06）：96.

[37] 赵艳慧. 中学语文教学方法的改变与创新 [C]// 中华教育理论与实践科研论文成果选编（第四卷），2013：317-318.

[38] 郑荣贞. 中学语文教学方法的改变与创新 [J]. 新课程（中旬），2012（07）：114.

[39] 陈麓伊. 中学语文古诗词教学创新方法初探 [J]. 现代语文（教学研究版），2012（05）：54-55.

[40] 刘国荣. 中学语文作文创新教学方法探析 [J]. 教师博览（科研版），2012（04）：32.

[41] 张强. 中学语文教学理念和方法创新探究 [J]. 考试周刊，2012（30）：38-39.

[42] 刘琼. 如何在中学语文课程中进行阅读教学 [J]. 教育教学论坛，2012（08）：152-153.